·書系緣起·

早在二千多年前，中國的道家大師莊子已看穿知識的奧祕。
莊子在《齊物論》中道出態度的大道理：莫若以明。

莫若以明是對知識的態度，而小小的態度往往成就天淵之別的結果。

「樞始得其環中，以應無窮。是亦一無窮，非亦一無窮也。
故曰：莫若以明。」

是誰或是什麼誤導我們中國人的教育傳統成為閉塞一族？答
案已不重要，現在，大家只需著眼未來。

共勉之。

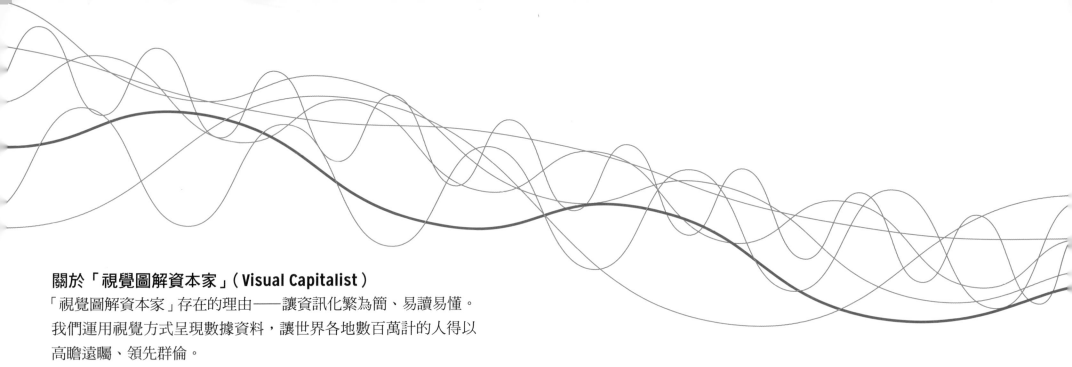

關於「視覺圖解資本家」（Visual Capitalist）

「視覺圖解資本家」存在的理由——讓資訊化繁為簡、易讀易懂。
我們運用視覺方式呈現數據資料，讓世界各地數百萬計的人得以
高瞻遠矚、領先群倫。

如需更多「視覺圖解資本家」內容，請至 visualcapitalist.com/
subscribe 訂閱免費每日電子報。

本書由「視覺圖解資本家」團隊撰寫、設計和編輯

總編輯

傑夫·戴斯賈丁斯　總編輯
（Jeff Desjardins）

編輯群

尼克·勞特利（Nick Routley）　主編
阿蘭·阿里（Aran Ali）　撰文者
卡門·昂（Carmen Ang）　撰文者
桃樂思·紐菲爾德（Dorothy Neufeld）　撰文者
戈文德·布他達（Govind Bhutada）　撰文者
伊曼·高許（Iman Ghosh）　撰文者
珍娜·羅斯（Jenna Ross）　撰文者
凱蒂·瓊斯（Katie Jones）　撰文者
馬庫斯·盧（Marcus Lu）　撰文者
尼可拉斯·勒潘（Nicholas LePan）　撰文者
奧姆裡·瓦拉赫（Omri Wallach）　撰文者
瑟拉斯·伍德（Theras Wood）　撰文者

創意團隊

梅麗莎·哈維斯托（Melissa Haavisto）　創意總監
亞歷杭卓·丹德（Alejandra Dander）　平面設計師
艾美·郭（Amy Kuo）　平面設計師
貝內特·斯萊特（Bennett Slater）　平面設計師
克萊頓·瓦德茲沃思（Clayton Wadsworth）　插畫家
哈里森·謝爾（Harrison Schell）　平面設計師
珍妮佛·韋斯特（Jennifer West）　平面設計師
喬伊斯·馬（Joyce Ma）　平面設計師
米蘭達·史密斯（Miranda Smith）　平面設計師
佩尼亞·賈姆謝德（Pernia Jamshed）　平面設計師
羅茜·伊森（Rosey Eason）　平面設計師
薩布麗娜·福汀（Sabrina Fortin）　平面設計師
薩布麗娜·林（Sabrina Lam）　平面設計師

特別感謝

艾許莉·卡羅爾（Ashley Karol）　編輯
莎琳娜·翁（Salina Vuong）　編輯／業務總監
奧蕾莉亞·阿里坦托 Aurelia Aritanto）　事業發展
克里斯·巴雷特（Chris Barrett）　事業發展
喬治亞·塔克（Georgia Tucker）　事業發展
簡·莫爾（Jan Moir）　事業發展
路易絲·斯托達特（Louise Stoddart）　傳播經理
莉迪亞·阿德利（Lydia Adeli）　業務助理
米歇爾·竹中（Michelle Takenaka）　行銷助理

訊號

【全視覺圖解】決定全球經濟大局的 27 個關鍵趨勢

傑夫・戴斯賈丁斯 ——著

柯文敏 ——譯

SIGNALS

CHARTING THE NEW DIRECTION OF THE GLOBAL ECONOMY

JEFF DESJARDINS

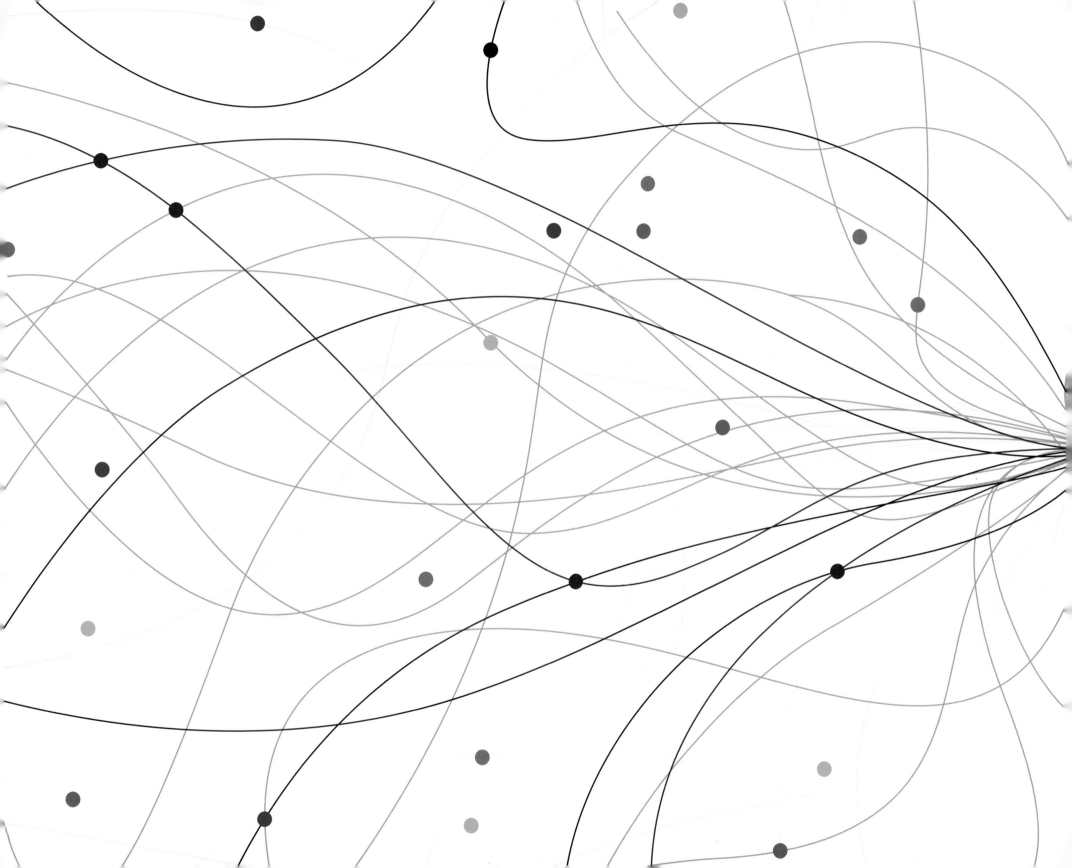

「雖然我們渴求智慧，但資訊多到把我們淹沒。

這世界今後將由整合者主宰，
他們能在對的時間整合對的資訊，
慎思明辨，並做出明智的決策。」

——愛德華‧奧斯本‧威爾森
（E.O. Wilson）

你知道世界

現存資料量比已知
宇宙中的恆星的
四十倍還要多嗎？

雖然我們很難參透資料領域有多重要，但這一切只是開端。

事實上，在接下來的三年裡，這個世界將創造的新數據，會比人類歷史上所有年代產生的總和還要多。

雜訊愈來愈多

資訊爆炸看似無窮無盡，但人腦判讀處理資料的能力卻有限。

對於決策者來說，手握更多資料正逐漸成為一把雙刃劍。我們希望這些資料能提供有益見解，讓我們更深入了解這個世界——不過，有很多時候，新資料到頭來都會落得理不清、愈理愈亂，甚至還相互矛盾，把我們的信念攪得更複雜了。

資料愈多，無可避免會涉及更錯綜複雜的情況，儘管世界上的訊息唾手可得，但是要歸結出能造就未來趨勢的根源，卻比以往還要難。

訊號搜尋

儘管我們都認為雜訊讓資訊愈來愈模糊曖昧，但仍舊相信有些再清楚不過的重點，即所謂的訊號，能透過視覺化的力量躍然紙上，被大家讀懂。

我們團隊評估了數以千計的資料集，進而選定一套框架重點說明二十七個訊號，而這些訊號有助於拼湊未來經濟、社會和市場的走向。

有些訊號正交互運作，從而加速了現有趨勢；而其他似乎注定要來場正面衝突。縱使我們很難知道這些訊號最終帶來的影響未來會如何，但我們相信本書可以作為一個起點，引領你穿梭這個複雜而挑戰重重的世界。

傑夫‧戴斯賈丁斯（Jeff Desjardins）
「視覺圖解資本家」（Visual Capitalist）總編輯

何謂訊號？

在本書中，我們僅會側重在簡單扼要介紹一些即將定義未來十年全球經濟趨勢的重要資訊。

我們標出的每個訊號皆為一系列從雜訊分離出來的資訊。這些訊號往往已是塑造社會和市場的根源——根本的轉變，並且在未來幾年還會持續存在。

如何看懂訊號

● 1 ● 2 ● 3 ● 4

本書涵蓋了許多面向，我們為讓這些主題讀起來更輕鬆，將以相同基本架構說明每個訊號。

1

起源故事

每個訊號的第一面跨頁探討的是，訊號在產生之前的孕育過程，有時前後差別很大。這些概念圖不只是擺好看的——它們擺滿了有用的訊息。

2

定義訊號

我們在此跨頁會介紹這個訊號，並提供清楚易懂、數據導向的理由來解釋為何該訊號值得關注。

並非所有訊號都毫無差異

 訊號範圍 廣（4／5）　▶ ▶ ▶　訊號範圍是對社會、經濟的潛在影響

 訊噪比 中等（3／5）　▶ ▶ ▶　訊噪比是訊號清晰度的測量指標

在閱讀期間，請注意（「解讀包」）這個指示標誌。它將對於定義複雜概念有所幫助，並會解釋這些資料是如何轉化為視覺圖像的。

解碼訊號

我們在此會從不同角度提供更多有關該訊號的背景資訊。

3

分析影響

這一跨頁將探討該訊號會如何影響世界。有時會探索不同的訊號如何交錯縱橫。

4

所有資料來源皆有清楚標註，書後並附完整參考文獻。

 除非特別說明，所列金額均以美元為單位。

目錄

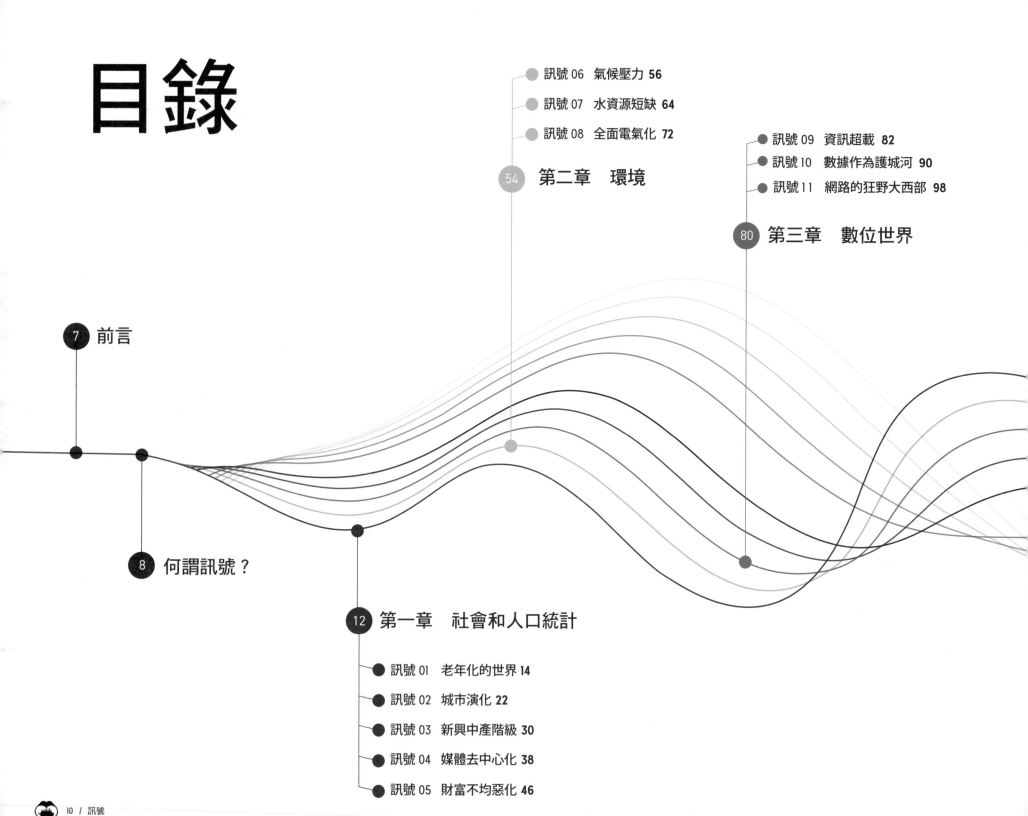

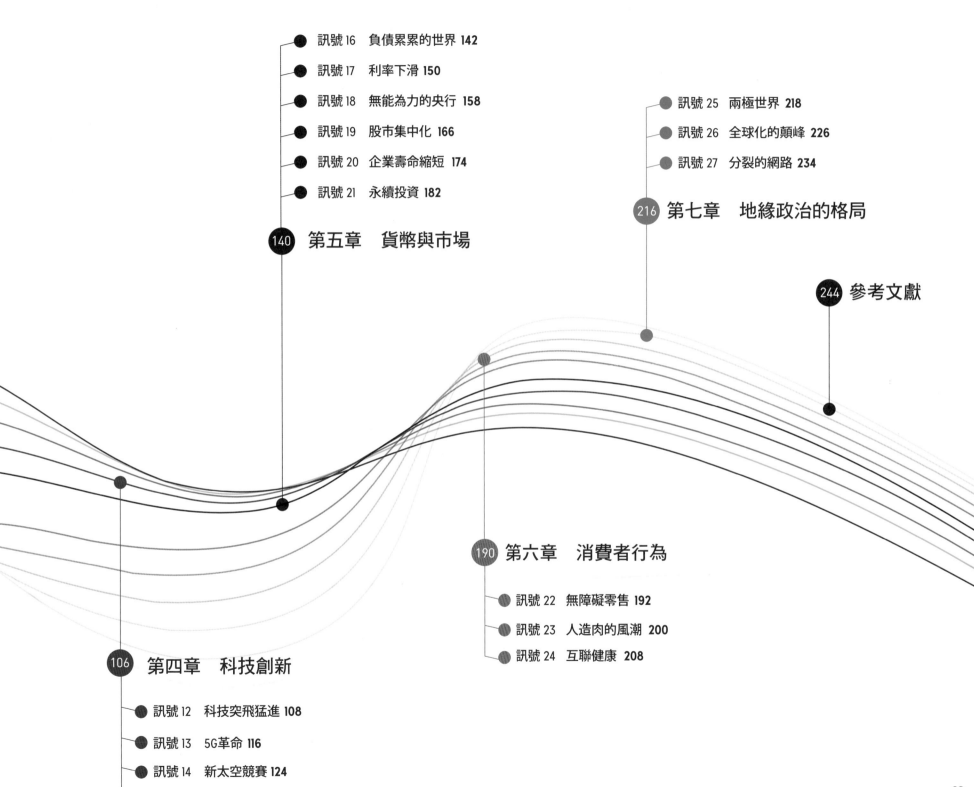

CHAPTER 01

社會和
人口統計

訊號數／ 05

人類一直處在不斷變動的狀態中,但能夠量化這些變化是較近期的發展。

今日,我們在數據的幫助之下,有了許多種方式可以檢視地球上近八十億人口。然而,就社會而言,從可靠而廣泛的數據方可採擷最清楚明亮的訊號:

- 世界上的人們都住在哪,這種情況正怎樣改變呢?
- 明日的消費者來自何方?
- 財富正在增加還是縮水,兩者都在發生嗎?
- 人口快速高齡化如何影響這一切?

我們在本章將以一萬英尺的視角概觀社會,為本書接下來的內容提供背景概述。你將會看到一股總體驅力在幕後不斷迴圈運作之際,所有你能想到的訊號和結果幾乎無一不受影響的大局面。

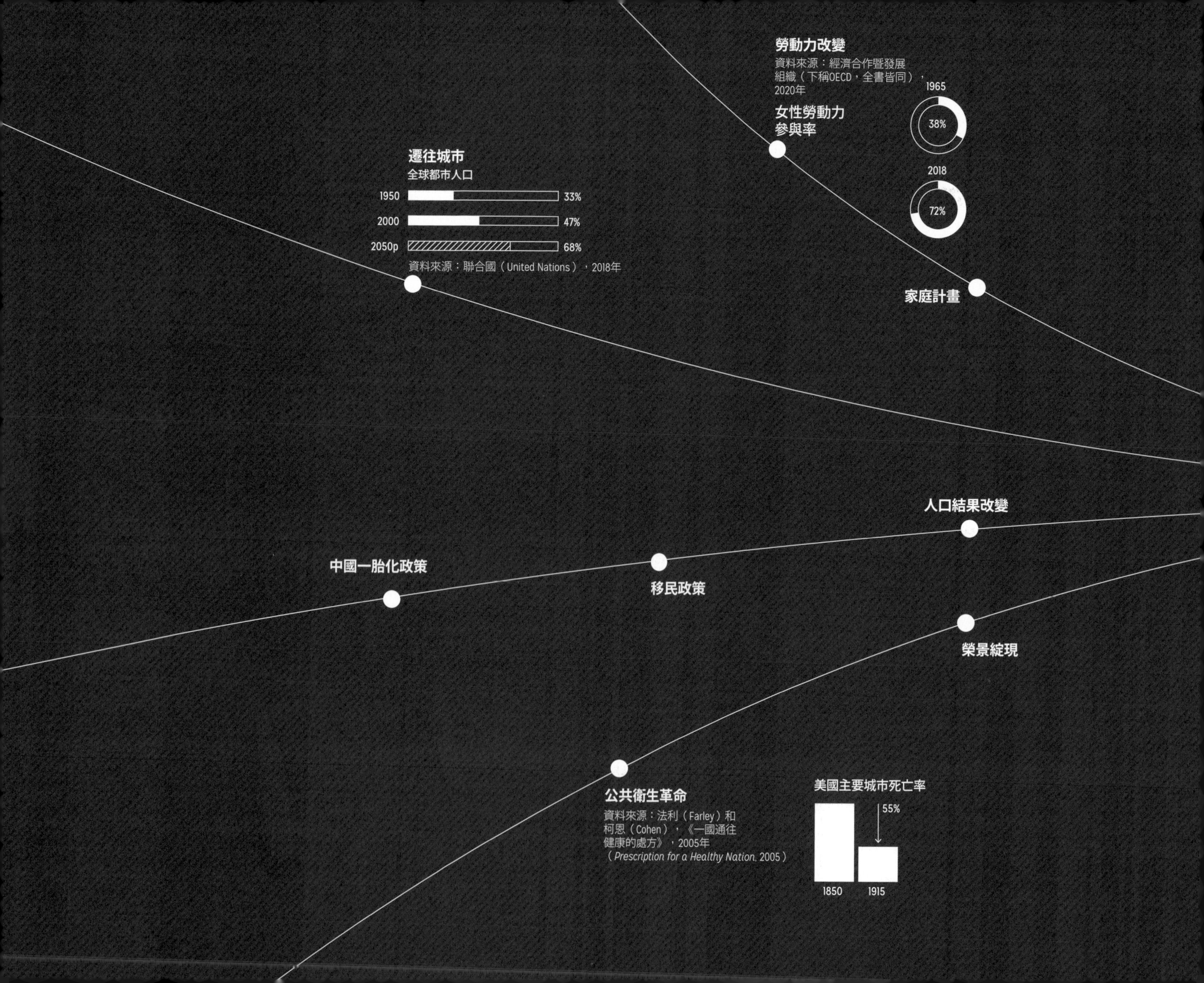

勞動力改變

資料來源：經濟合作暨發展組織（下稱OECD，全書皆同），2020年

女性勞動力參與率

1965

38%

2018

72%

家庭計畫

遷往城市

全球都市人口

1950		33%
2000		47%
2050p		68%

資料來源：聯合國（United Nations），2018年

人口結果改變

中國一胎化政策

移民政策

榮景綻現

公共衛生革命

資料來源：法利（Farley）和柯恩（Cohen），《一國通往健康的處方》，2005年（ *Prescription for a Healthy Nation*, 2005）

美國主要城市死亡率

55%

1850　1915

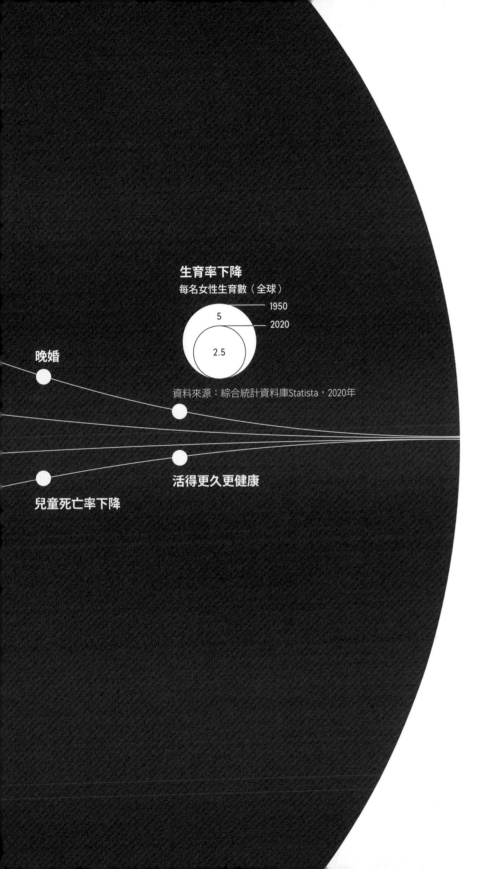

生育率下降
每名女性生育數（全球）

5　1950

2020

2.5

資料來源：綜合統計資料庫Statista，2020年

晚婚

兒童死亡率下降

活得更久更健康

訊號 01

老年化的
世界

老年化的世界

訊號範圍
極廣（5／5）

訊噪比
極高（5／5）

人口平均年齡自 1970 年以來，每年都在上升，這種情況預計至少會延續到二十二世紀初。

世界在變老

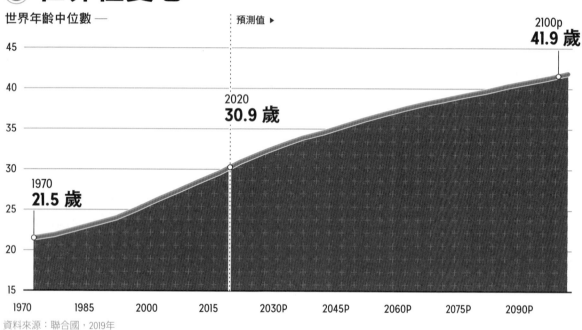

世界年齡中位數 —

預測值 ▶

2100p
41.9 歲

2020
30.9 歲

1970
21.5 歲

1970	1985	2000	2015	2030P	2045P	2060P	2075P	2090P

資料來源：聯合國，2019年

十九世紀以前

普通人並非活得特別久或很富裕。

這種情況在第二次世界大戰後開始有了轉變。時代在進步，使得我們的健康獲得改善，世界也變得日趨富裕。因此，現時人們到老還活得很好是正常的。

這帶來什麼挑戰呢？人們愈活愈久，相繼而來的是小孩愈生愈少——這種不平衡改變了社會的人口組成，給政府、企業和投資人等製造獨特的問題和機會。

世界人口 65歲以上

2019 **7.03 億** ⟶ 2050P **15.5 億**

資料來源：聯合國，2019年

65歲以上人口數

按地理區域分，2019 & 2050P 資料來源：聯合國，2019年

變動百分比

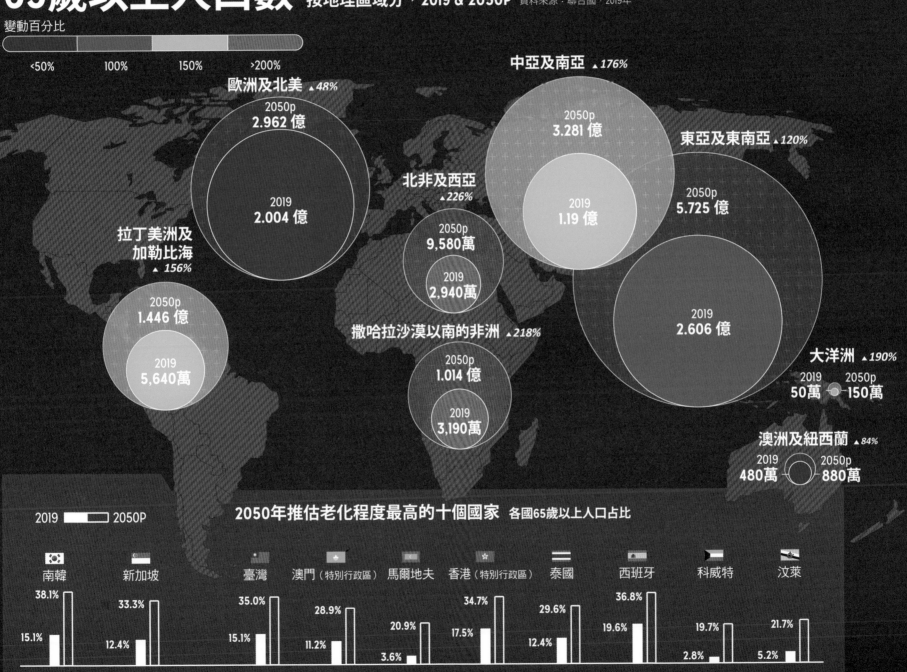

<50% 100% 150% >200%

歐洲及北美 ▲48%
2050p
2.962 億
2019
2.004 億

中亞及南亞 ▲176%
2050p
3.281 億
2019
1.19 億

東亞及東南亞 ▲120%
2050p
5.725 億
2019
2.606 億

北非及西亞 ▲226%
2050p
9,580萬
2019
2,940萬

拉丁美洲及加勒比海 ▲156%
2050p
1.446 億
2019
5,640萬

撒哈拉沙漠以南的非洲 ▲218%
2050p
1.014 億
2019
3,190萬

大洋洲 ▲190%
2019 **50萬** 2050p **150萬**

澳洲及紐西蘭 ▲84%
2019 **480萬** 2050p **880萬**

2050年推估老化程度最高的十個國家 各國65歲以上人口占比

2019 ☐ 2050P

國家	2019	2050P
南韓	15.1%	38.1%
新加坡	12.4%	33.3%
臺灣	15.1%	35.0%
澳門（特別行政區）	11.2%	28.9%
馬爾地夫	3.6%	20.9%
香港（特別行政區）	17.5%	34.7%
泰國	12.4%	29.6%
西班牙	19.6%	36.8%
科威特	2.8%	19.7%
汶萊	5.2%	21.7%

全世界人口按年齡組分布圖 1950～2100p

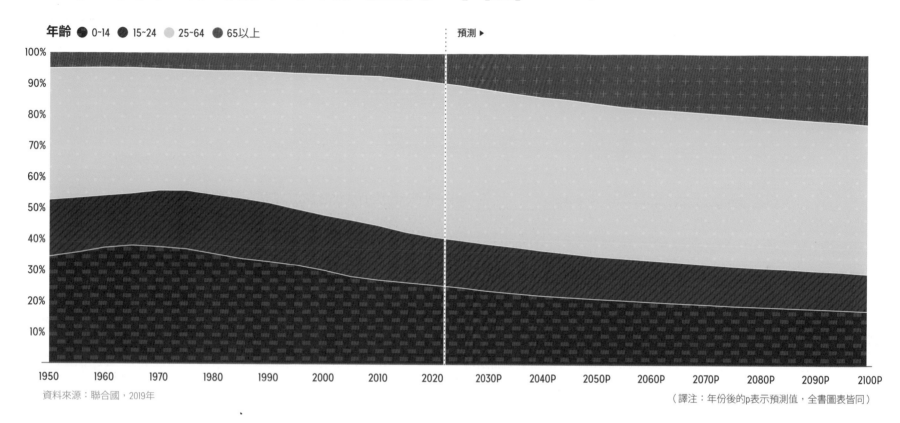

年齡　● 0~14　● 15~24　● 25~64　● 65以上　　　　　預測 ▶

資料來源：聯合國，2019年

（譯注：年份後的p表示預測值，全書圖表皆同）

世界人口 65歲以上　● 男　● 女

資料來源：聯合國，2019年

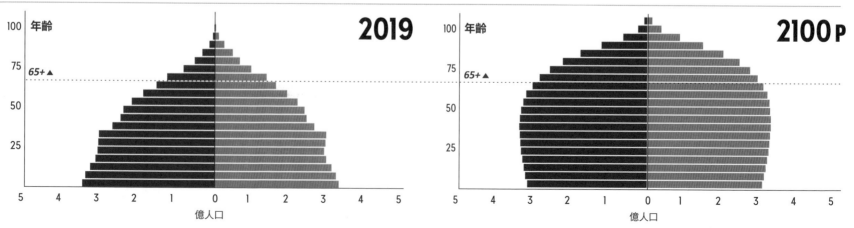

人口統計的涵義

全世界人口平均來說漸趨老化，有些國家與其他國家相比之下所受衝擊較大。高齡人口撫養比（OADR，下稱扶老比）是用來衡量該影響程度的指標，是指工作年齡人口相對於年齡較大、在經濟上較不活躍的老年人口的比率。

各區域扶老比

1990～2050P

- ⓘ 歐洲及北美 ——
- ⓘⓘ 東亞及東南亞 ——
- ⓘⓘⓘ 澳洲及紐西蘭 ——
- ⓘⓥ 拉丁美洲及加勒比海 ——
- ⓥ 全世界 ——
- ⓥⓘ 北非及西亞 ——
- ⓥⓘⓘ 中亞及南亞 ——
- ⓥⓘⓘⓘ 大洋洲 ——
- ⓘⓧ 撒哈拉沙漠以南的非洲 ——

扶老比

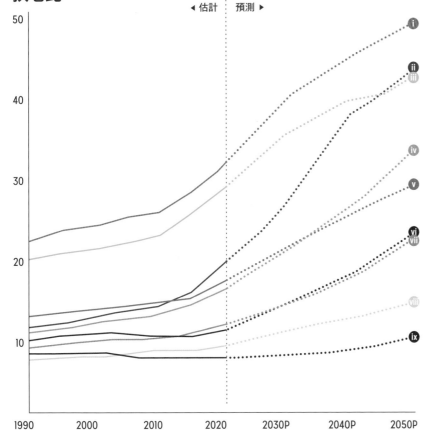

資料來源：聯合國，2019年

扶老比最高的國家

下列是扶老比的三種計算方式，以及2050年推估最高的國家。

常規法
每百位工作年齡人口（20～64歲）扶養的中老年人（65歲以上）人口數

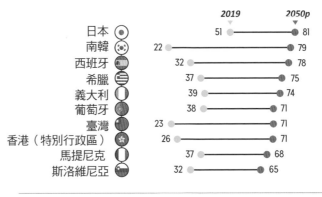

	2019	2050p
日本	51	81
南韓	22	79
西班牙	32	78
希臘	37	75
義大利	39	74
葡萄牙	38	71
臺灣	23	71
香港（特別行政區）	26	71
馬提尼克	37	68
斯洛維尼亞	32	65

前瞻法
使用預期餘命來衡量，而不是年齡本身 *

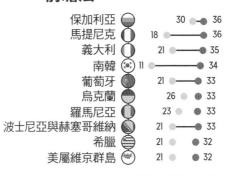

保加利亞	30	36
馬提尼克	18	36
義大利	21	35
南韓	11	34
葡萄牙	21	33
烏克蘭	26	33
羅馬尼亞	23	33
波士尼亞與赫塞哥維納	21	33
希臘	21	32
美屬維京群島	21	32

*這方法將老年定義在尚可期待生存年數有十五年的人數，相對於20歲到老年之間的人數。它掌握到預期壽命漸增的情況。

經濟效益法
65歲以上有效消費者人數除以所有年齡段之有效工作人口數**

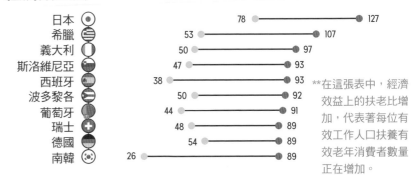

日本	78	127
希臘	53	107
義大利	50	97
斯洛維尼亞	47	93
西班牙	38	93
波多黎各	50	92
葡萄牙	44	91
瑞士	48	89
德國	54	89
南韓	26	89

**在這張表中，經濟效益上的扶老比增加，代表著每位有效工作人口扶養有效老年消費者數量正在增加。

資料來源：聯合國，2019年

退休缺口

根據世界經濟論壇（World Economic Forum）分析，全球2050年退休金缺口估計將從67兆美元攀升到428兆美元。

各國儲蓄缺口

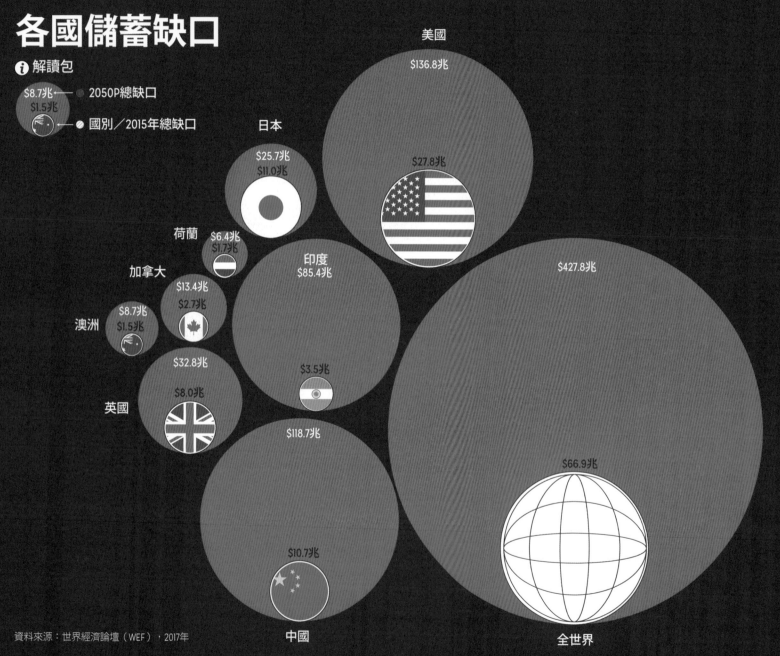

ⓘ 解讀包

$8.7兆 ← ● 2050P總缺口
$1.5兆

● ← ◎ 國別／2015年總缺口

美國
$136.8兆
$27.8兆

日本
$25.7兆
$11.0兆

荷蘭
$6.4兆
$1.7兆

印度
$85.4兆
$3.5兆

$427.8兆
$66.9兆

加拿大
$13.4兆
$2.7兆

澳洲
$8.7兆
$1.5兆

英國
$32.8兆
$8.0兆

$118.7兆
$10.7兆

中國

全世界

資料來源：世界經濟論壇（WEF），2017年

老年人口的資金來源

按消費百分比

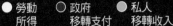

● 勞動　○ 政府　◑ 私人　◔ 投資所得
　所得　　移轉支付　移轉收入

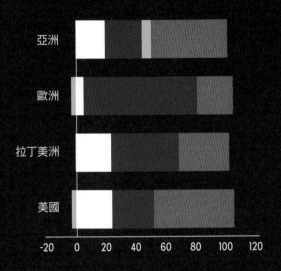

| | -20 | 0 | 20 | 40 | 60 | 80 | 100 | 120 |

亞洲

歐洲

拉丁美洲

美國

財政障礙

高齡化將對全球經濟帶來怎麼樣的影響？
這在某種程度上取決於老年人口支持體系
的結構：

財政支持率
● 2035P　◔ 2055P

美國	德國	中國	英國
-10%	-16%	-15%	-9%
-12%	-23%	-24%	-14%

財政支持率衡量政府預計的稅收收入和
公共轉移性支付的比例。

舉例來說，美國估計到 2055 年稅收收入
需增加12%（或政府支出減少 12%）才
能抵消人口老化的影響。

資料來源：國民移轉帳（NTA），2016年；世界經濟
論壇，2017年

人口老齡化改變了我們的社會結構。

對決策者來說，它無疑引發一系列挑戰——但也為企業家
和投資者敲開了新機遇。這個不斷壯大的群體創造了 15 兆
美元的市場，帶動所謂的銀髮經濟現象，雄心勃勃的科技
創新者和有前瞻性的健康企業早已從中挖到商機。

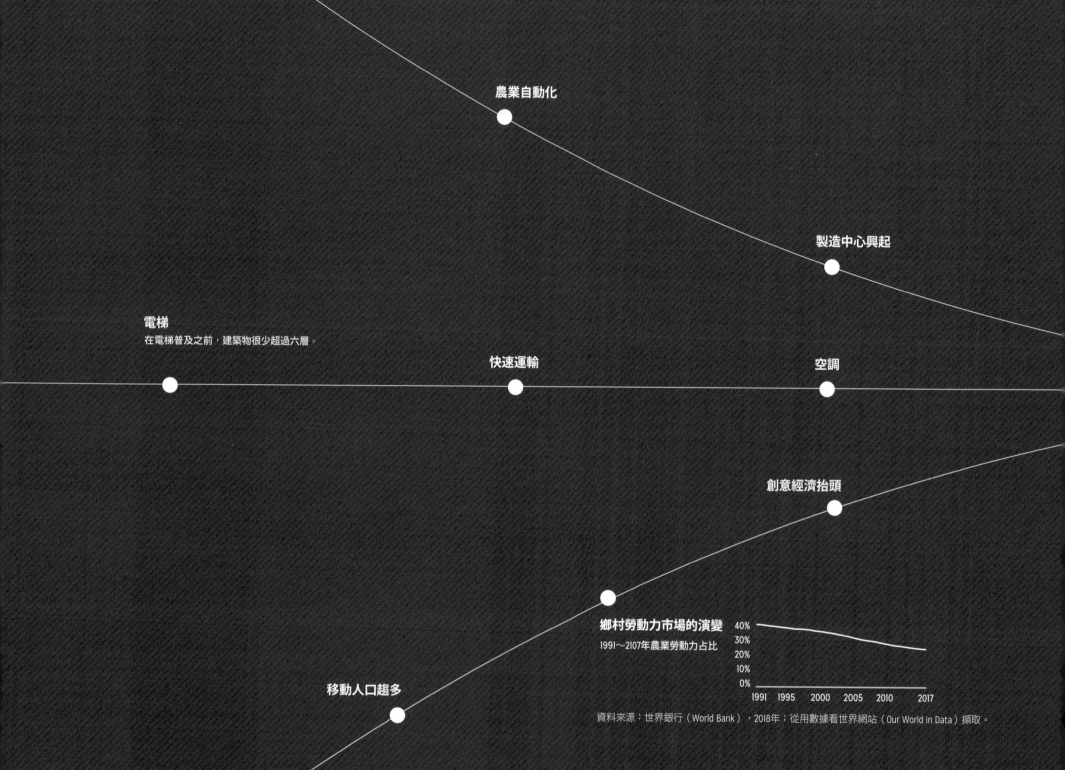

農業自動化

製造中心興起

電梯
在電梯普及之前，建築物很少超過六層。

快速運輸

空調

創意經濟抬頭

鄉村勞動力市場的演變
1991～2107年農業勞動力占比

移動人口超多

40%
30%
20%
10%
0%
1991　1995　2000　2005　2010　2017

資料來源：世界銀行（World Bank），2018年；從用數據看世界網站（Our World in Data）擷取。

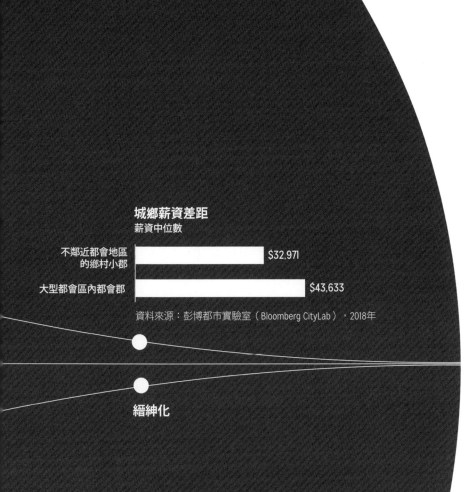

城鄉薪資差距
薪資中位數

不鄰近都會地區
的鄉村小郡 $32,971

大型都會區內都會郡 $43,633

資料來源：彭博都市實驗室（Bloomberg CityLab），2018年

縉紳化

訊號 02

城市演化

城市演化

訊號範圍
極廣（5／5）

訊噪比
極高（5／5）

在世界上許多地方，從鄉村湧入都市的腳步將會加快。

訊號 全球城鄉人口

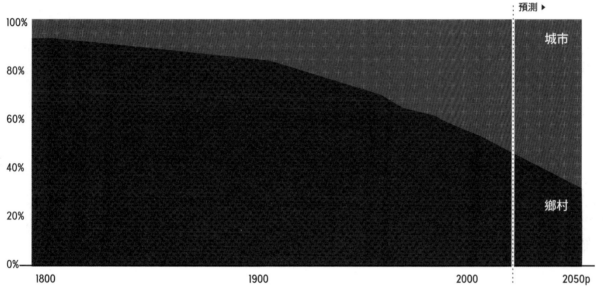

預測 ▶

100%

城市

80%

60%

40%

鄉村

20%

0%

1800　　　　　　1900　　　　　　2000　　2050p

資料來源：用數據看世界，2019年

馬克吐溫（Mark Twain）曾說，

「歷史不會重演，但就像文章韻腳，類似事件總會再發生。」就世界各地的都市化趨勢而言，情況確實如此。奈及利亞村民搬到拉哥斯周圍的臨時住宅區，與英國農民在1700年代搬到日益發達的市中心，兩者在動機上並沒有什麼不同。經濟的推拉因素起了作用，許多非洲和亞洲國家的農村人口比例仍然很高，在未來幾十年都將面臨重大轉變。

國內生產毛額＊（GDP）的都市集中度

全球 **80%** 以上的GDP來自都市 ⟶

都市	鄉村

＊譯注：下稱GDP，全書皆同。
資料來源：世界銀行，2020年

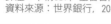

全球百大都市規模

不僅城市數目會增加，都會地區的規模也會持續不斷成長。

在未來幾年的全球舞台上，將有一批全新的城市在規模和重要性上有所提升。從前曾是全球最大的城市也將變得相對一般了。

人口

這些圖圈顯示前一百大都市的人口中位數。

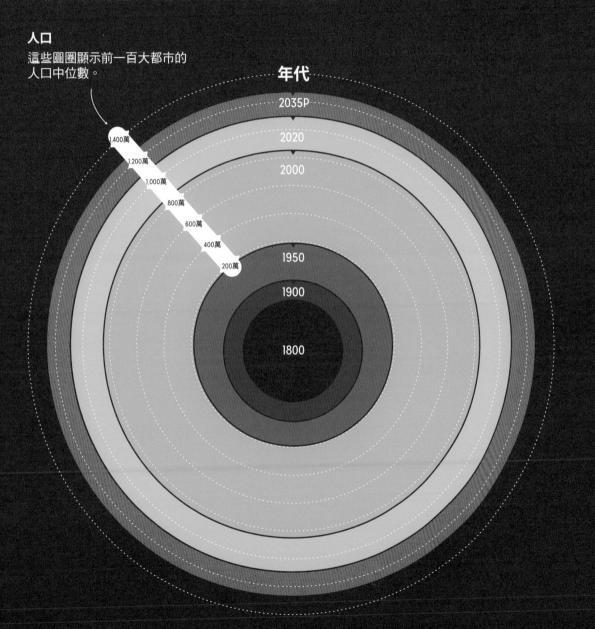

年代

2035P
2020
2000
1950
1900
1800

1,400萬
1,200萬
1,000萬
800萬
600萬
400萬
200萬

全球都市人口排名

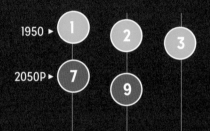

	紐約	東京	倫敦
1950 ▶	1	2	3
2050P ▶	7	9	
			52

資料來源：全球城市研究所（Global Cities Institute），2014年

資料來源：國際環境發展學會（International Institute for Environmental and Development），2020年

人口分布

世界各地的人口將仿效領先經濟體，繼續在都市聚落或巨型區域周圍積聚。

一個國家都市聚落的居住人口占比

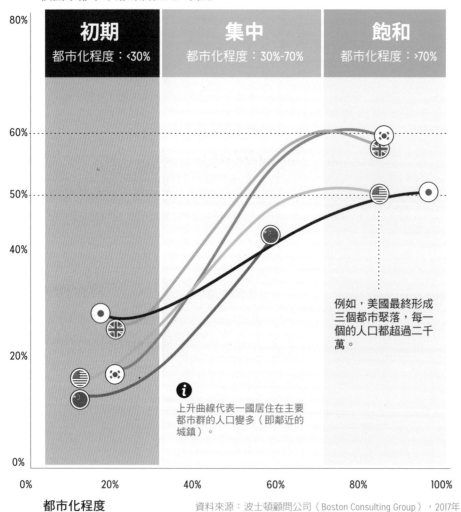

圖例：
- 中國
- 日本
- 南韓
- 美國
- 英國

初期 都市化程度：<30%

集中 都市化程度：30%-70%

飽和 都市化程度：>70%

例如，美國最終形成三個都市聚落，每一個的人口都超過二千萬。

ⓘ 上升曲線代表一國居住在主要都市群的人口變多（即鄰近的城鎮）。

都市化程度

資料來源：波士頓顧問公司（Boston Consulting Group），2017年

群聚效應

從歷史角度看，隨著國家都市化，會有更多的人口位於巨型區域內。這些鄰近都市聚落大抵共享著經濟和社會鏈。中國正遵循這條道路，相信急速都市化的開發中國家也將沿著類似的軌跡發展。以下例舉三個都市聚落。

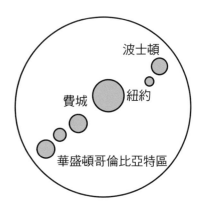

波士頓
費城 紐約
華盛頓哥倫比亞特區

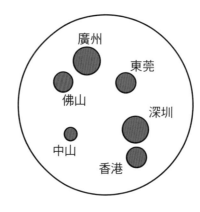

廣州
東莞
佛山
中山 深圳
香港

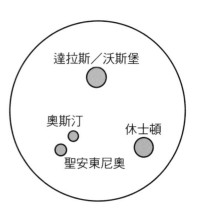

達拉斯／沃斯堡
奧斯汀 休士頓
聖安東尼奧

中國在未來二十至三十年，都市聚落預計發展到更成熟的狀態，五個主要都市聚落將占全國總人口的50～60%。

全世界四十個都市聚落占總人口約20%，總計GDP卻達50%。

都市聚落可以跨越國界，在歐洲，從阿姆斯特丹跨到布魯塞爾之巨型區域即為一例。

開發中國家的都市成長 1995～2035p

開發中國家的城鎮正走在蓬勃發展的軌跡上。

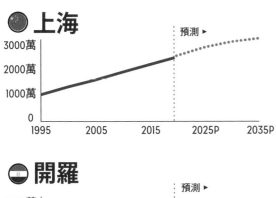

上海

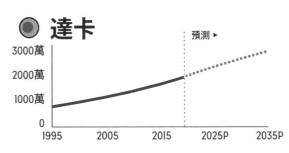

達卡

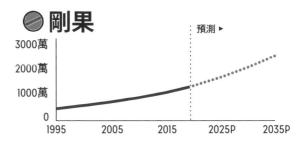

剛果

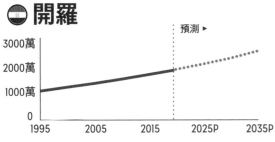

開羅

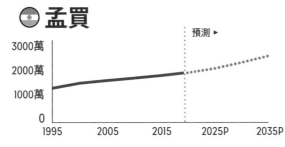

孟買

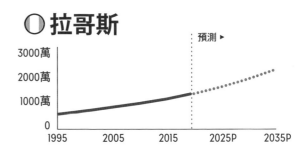

拉哥斯

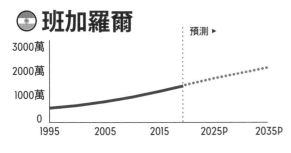

班加羅爾

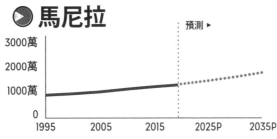

馬尼拉

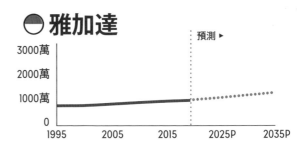

雅加達

許多成熟的城市也將持續成長，儘管成長趨緩。

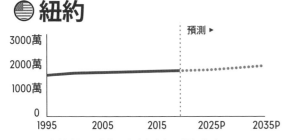

紐約

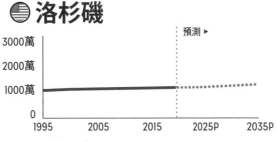

洛杉磯

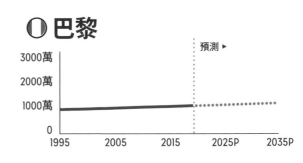

巴黎

資料來源：聯合國全球都市化展望報告（UN World Urbanization Prospects），2018年

都市未來的樣貌：

智慧化

現代都會區將利用感測器驅動的資料收集系統，充分發揮城市服務的運作效能。同樣地，科技將促進公民與政府服務之間的溝通交流。

煥然一新

從頭開始建設城市並無新意，但城市計畫的數量和規模正推向新高峰。建設嶄新的城市，其目的是要成為擺脫現有人口中心限制的經濟引擎。

超大特大

自1960年代以來，東京一直是世界最大都市，但未來十年內，這個王冠很可能要讓給一個印度城市。

範例：
- ◉ 南韓松島新都
- ◉ 中國雄安新區

範例：
- ◉ 中國蘭州新區
- ◉ 沙烏地阿拉伯阿布都拉國王經濟城

範例：
- ◉ 印度德里
- ◯ 印尼雅加達

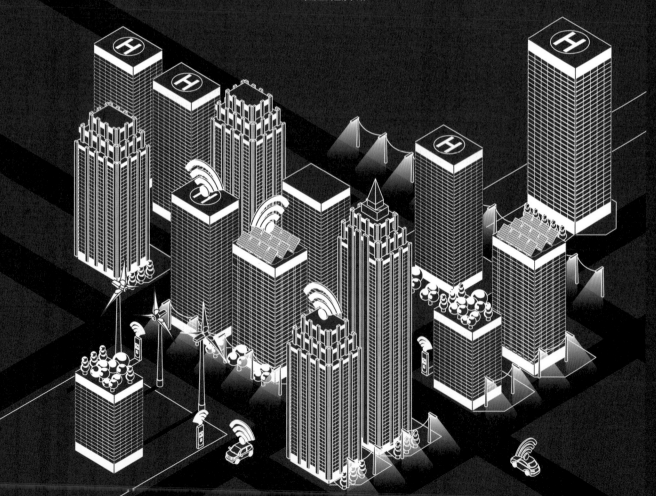

城市演化和氣候壓力

不和諧 ⊗

爪哇海

35.6%

雅加達
2050

海平面上升
雅加達

印尼最大的城市正在以每年二十五公分的速度下沉，預計到2050年，三分之一的城市面積可能就要被海水淹沒。

資料來源：世界科技研究新聞資訊網（Phys.org），2019年

強度增加

等級 3	等級 4	等級 5

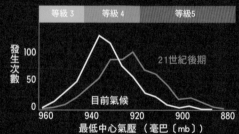

21世紀後期

目前氣候

發生次數

100
50

960 940 920 900 880

最低中心氣壓 （毫巴〔mb〕）

暴風嚴重性
邁阿密

隨著更嚴重的颶風襲擊該地區，邁阿密已然很容易遭受洪水侵襲，預估至2100年，該地區可能會有二百五十萬居民淪為氣候難民。

資料來源：美國國家海洋暨大氣總署（NOAA），2020年

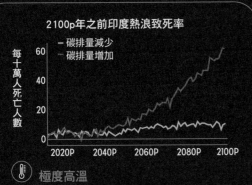

2100p年之前印度熱浪致死率

— 碳排量減少
— 碳排量增加

每十萬人死亡人數

60
40
20

2020P　2040P　2060P　2080P　2100P

🌡 極度高溫

德里

德里目前的夏季平均氣溫為31.5℃，預計到2100年將上升至35℃以上。印度正走在鋼索上，都市居民將受到氣溫升高的劇烈衝擊。

資料來源：房地產數據分析公司CoreLogic，2019年

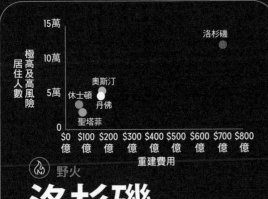

極高及高風險居住人數

15萬
10萬
5萬
0

洛杉磯

奧斯汀
休士頓
丹佛
聖塔菲

$0億 $100億 $200億 $300億 $400億 $500億 $600億 $700億 $800億

重建費用

🔥 野火

洛杉磯

洛杉磯有廣大地域都位於野火極高風險區內。它是美國最高風險城市之一，野火肆虐後的重建成本迄今為止是最高的。

資料來源：芝加哥大學（UChicago），2019 年

都市生活在人類歷史上首度變成常態。

在非洲和亞洲，都市將持續發展壯大，在某些情況下，會暴增到空前的規模。就像二十一世紀初中國發生大舉移民一樣，都市化規模將對社會和全球經濟產生既廣且深的影響。

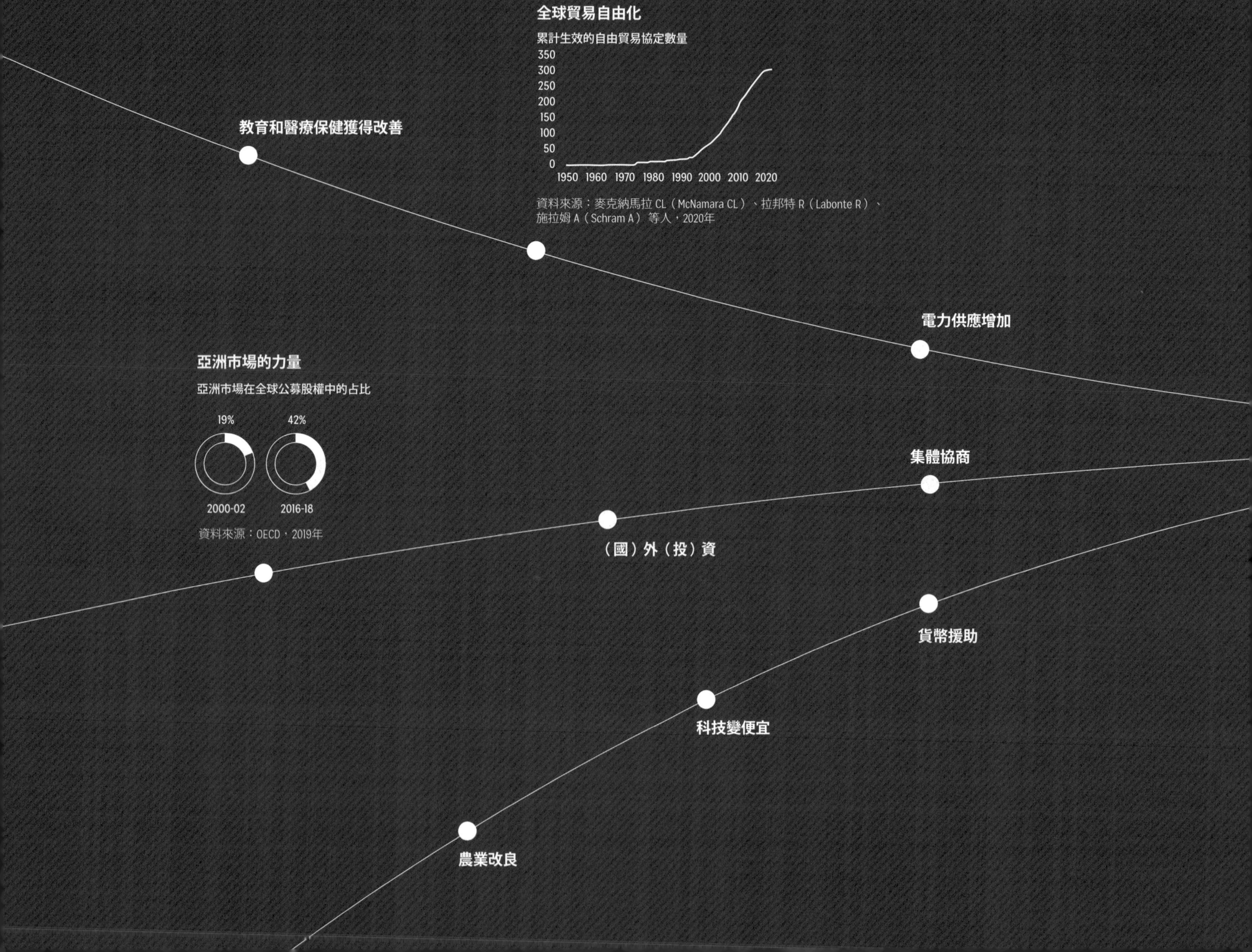

全球貿易自由化
累計生效的自由貿易協定數量
350
300
250
200
150
100
50
0
1950 1960 1970 1980 1990 2000 2010 2020
資料來源：麥克納馬拉 CL（McNamara CL）、拉邦特 R（Labonte R）、施拉姆 A（Schram A）等人，2020年
教育和醫療保健獲得改善
電力供應增加
亞洲市場的力量
亞洲市場在全球公募股權中的占比
19%
42%
2000-02
2016-18
資料來源：OECD，2019年
集體協商
（國）外（投）資
貨幣援助
科技變便宜
農業改良

網際網路擴散發展

印度行動裝置普及率每增加
10%，GDP即增加1.2%

資料來源：美國全球領導力聯盟（USGLC），2017年

更便宜的金融服務

訊號 03

新興
中產階級

新興中產階級

生活貧困中的人比以往要少，而愈來愈多人進入中產階級。

 訊號範圍
極廣（5／5）

 訊噪比
極高（5／5）

訊號 全球各所得級距的人

在人類歷史上，絕大多數的情況是，
財富集中在全球一小部分人的口袋中。今日，
這種差距正慢慢拉平。

2018年出現全球大轉折，因為一半的家庭擁有足夠的
可自由支配支出，被歸為「中產階級」或「富人」。
這種持續轉變將對世界經濟產生巨大影響，因為添購
家用電器和度假這類消費模式將繼續增加。

儘管貧窮問題尚未根除，極端所得分配依然存在，但
全球中產階級仍不斷成長。

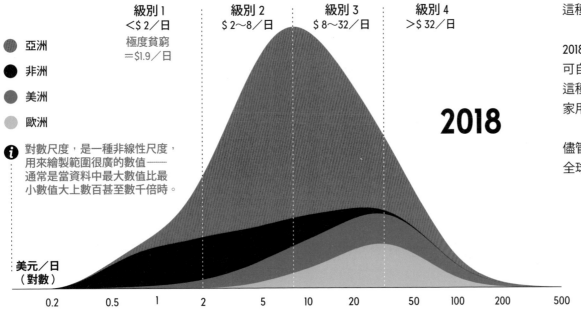

級別1
<$2／日
極度貧窮
＝$1.9／日

級別2
$2～8／日

級別3
$8～32／日

級別4
>$32／日

- 亞洲
- 非洲
- 美洲
- 歐洲

ℹ 對數尺度，是一種非線性尺度，
用來繪製範圍很廣的數值──
通常是當資料中最大數值比最
小數值大上數百甚至數千倍時。

美元／日
（對數）

2018

0.2　0.5　1　2　5　10　20　50　100　200　500

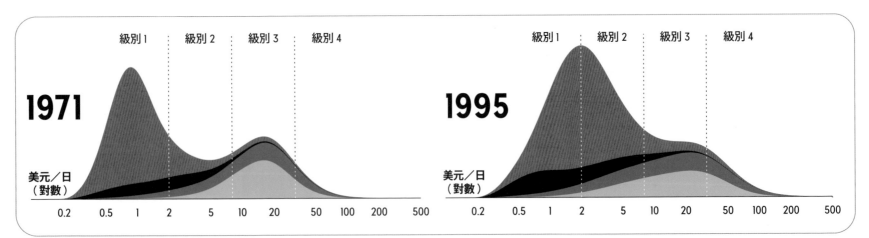

級別1　級別2　級別3　級別4

1971

美元／日
（對數）

0.2　0.5　1　2　5　10　20　50　100　200　500

級別1　級別2　級別3　級別4

1995

美元／日
（對數）

0.2　0.5　1　2　5　10　20　50　100　200　500

資料來源：蓋普曼德基金會（Gapminder），2019年

全球所得分配扁平化

隨著人們擺脫貧窮，全球人口所得分配變得更加平均。

各所得水準占世界人口比例

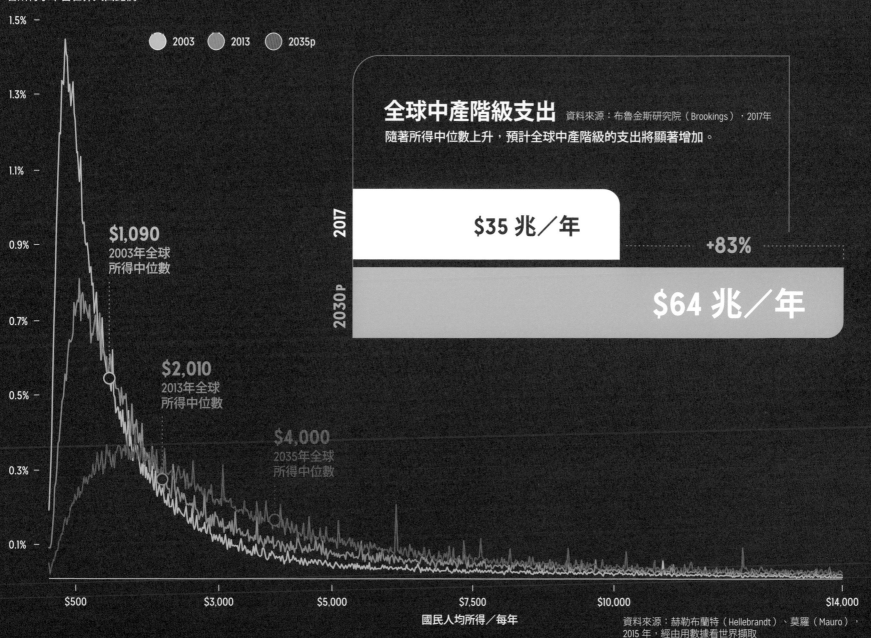

○ 2003　◐ 2013　○ 2035p

$1,090
2003年全球
所得中位數

$2,010
2013年全球
所得中位數

$4,000
2035年全球
所得中位數

1.5% —
1.3% —
1.1% —
0.9% —
0.7% —
0.5% —
0.3% —
0.1% —

國民人均所得／每年

$500　　$3,000　　$5,000　　$7,500　　$10,000　　$14,000

全球中產階級支出　資料來源：布魯金斯研究院（Brookings），2017年

隨著所得中位數上升，預計全球中產階級的支出將顯著增加。

2017　**$35 兆／年**

+83%

2030P　**$64 兆／年**

資料來源：赫勒布蘭特（Hellebrandt）、莫羅（Mauro），
2015 年，經由用數據看世界擷取

全球中產階級興起

世界上現在有超過一半的人被歸為中產階級。
這一數字預計到2030年會達到全球人口的三分之二。

按財富類別劃分的人口數量

資料來源：布魯金斯研究院，2018年

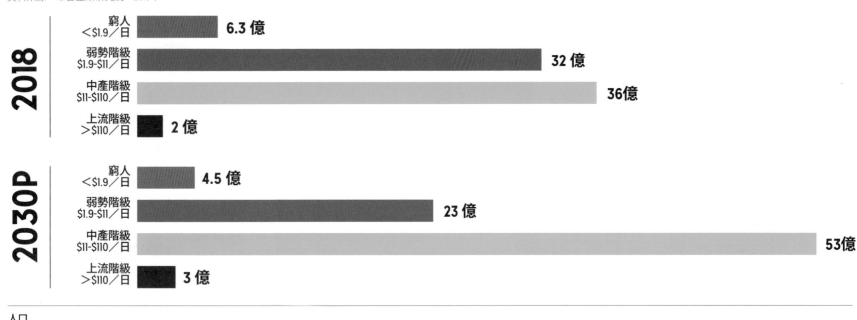

2018

- 窮人 <$1.9／日　**6.3 億**
- 弱勢階級 $1.9-$11／日　**32 億**
- 中產階級 $11-$110／日　**36億**
- 上流階級 >$110／日　**2 億**

2030P

- 窮人 <$1.9／日　**4.5 億**
- 弱勢階級 $1.9-$11／日　**23 億**
- 中產階級 $11-$110／日　**53億**
- 上流階級 >$110／日　**3 億**

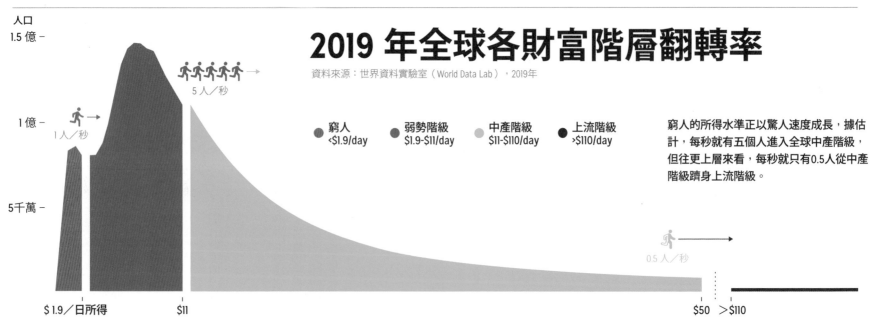

人口
1.5 億 —

1 人／秒

5 人／秒

1 億 —

5千萬 —

2019 年全球各財富階層翻轉率

資料來源：世界資料實驗室（World Data Lab），2019年

- ● 窮人 <$1.9/day
- ● 弱勢階級 $1.9-$11/day
- ● 中產階級 $11-$110/day
- ● 上流階級 >$110/day

窮人的所得水準正以驚人速度成長，據估計，每秒就有五個人進入全球中產階級，但往更上層來看，每秒就只有0.5人從中產階級躋身上流階級。

0.5 人／秒

$1.9／日所得　　$11　　　　　　　　　　　　　$50　>$110

亞洲中產階級
成長最快

印度
3.8億

中國
3.5億

亞洲其他地區
2.1億

世界其他地區
1.3億

下一批達到中產階級的十億人當中，

預計有 **88%** 會出現在亞洲。

中產階級成長率

美國、歐洲及日本
0.5%／年

中國及印度
6.0%／年

資料來源：布魯金斯研究院，2017年

中產階級的崛起是全球現象，但各國步伐並不一致。
中國、印度和其他新興國家是驅動中產階級成長的主因。

中產階級人口占全球人口比例
資料來源：西班牙凱克薩銀行（Caixa 銀行），2019年

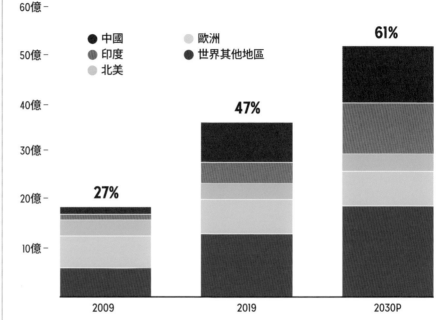

- 中國
- 印度
- 北美
- 歐洲
- 世界其他地區

27%　47%　61%

2009　2019　2030P

按購買力評價（PPP）衡量全球中產階級支出增加（以美元計）
資料來源：西班牙凱克薩銀行，2019年

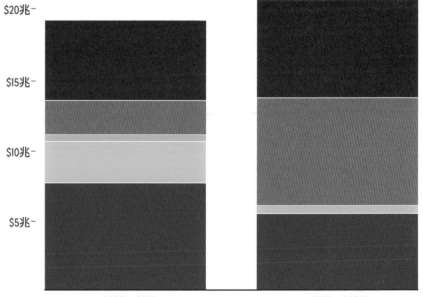

2009～2019　2019～2030P

熱門消費趨勢

所得變高，從肉類到教育等產品和服務的消費隨之增加。
新興中產階級把錢花在哪裡了？

2017 年肉類消費 vs. GDP

隨著新興經濟體收入上升，肉類消費量水漲船高。

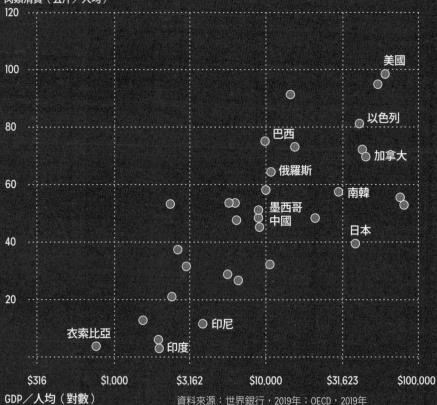

肉類消費（公斤／人均）

GDP／人均（對數）

資料來源：世界銀行，2019年；OECD，2019年

1980～2018 年美國家庭支出占比消長

一般美國消費者醫療保健支出占比較高，
而食品和交通等其他生活必需品則下降。

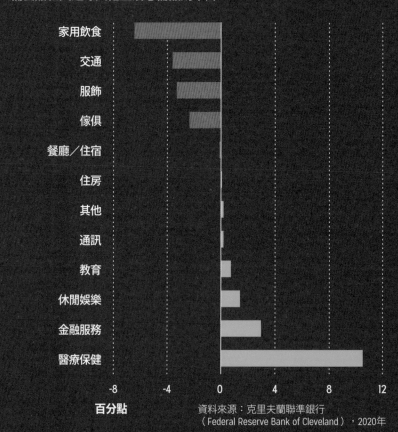

百分點

資料來源：克里夫蘭聯準銀行
（Federal Reserve Bank of Cleveland），2020年

各地區消費支出占比差異　資料來源：世界經濟論壇，2015年

變得更美　　吃得更好　　居家美化　　移動性／連結性　　找樂子　　找幸福　其他

中國

美國

0%　10%　20%　30%　40%　50%　60%　70%　80%　90%　100%

全球消費風向變變變

都會區不斷成長，挾帶較年輕的工作年齡
人口，將呈現最大的消費成長幅度——尤
其是教育支出。

2030年中產階級消費變動

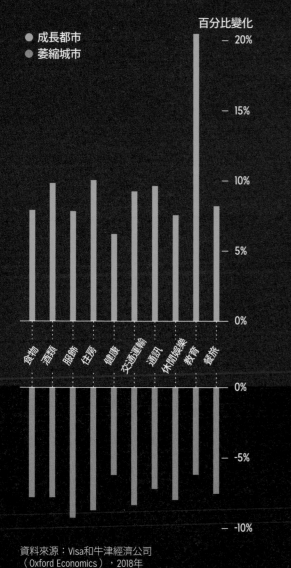

● 成長都市
● 萎縮城市

百分比變化

資料來源：Visa和牛津經濟公司
（Oxford Economics），2018年

新興中產階級
將帶動消費。

由於新興國家快速成長，其中產階級人口連同消費支出
將迅速超越世界其他地區。

然而，這些地區的中產階級往往更脆弱，非正式就業比
例較高，因而支出會比先進國家還不穩定。

智慧型手機革命

每1美元的數位廣告支
出中有0.68美元用於臉
書（Facebook）或 Google。

資料來源：eMarketer，2019年

科技接管

媒體寡占

1980年代之前，這三大
電視網在各方面主導著
美國電視收視市場。

資料來源：廣播與電子媒介學刊，
（Journal of Broadcasting & Electronic Media），2008年

進入門檻降低

美國國家廣播公司（NBC）
哥倫比亞廣播公司（CBS）
美國廣播公司（ABC）

免費數位平台

42億社群媒體使用者

資料來源：維奧斯社廣告公司
（We Are Social），2021年

追劇

串流科技

隨選新聞與內容

量重於值的內容

廣告價格

「逐底競賽」

史上第一個橫幅廣告的點擊率
（CTR）是44%。到了2013年，
點擊率只剩0.1%。

資料來源：科技部落格混搭（Mashable），2013年

演算法

喪失威信

2012～2021年
美國人信任傳統媒體的比例

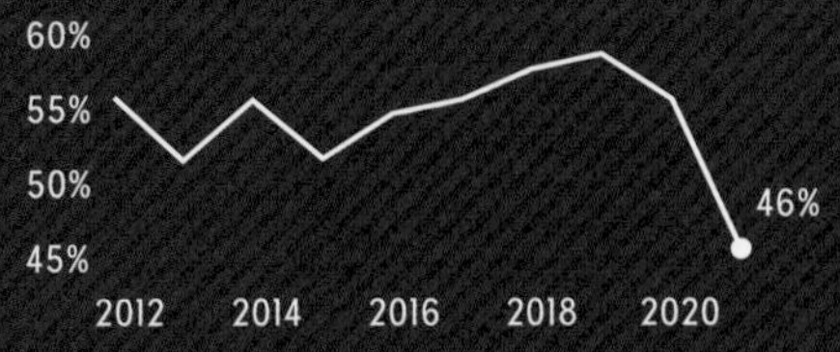

60%
55%
50%
45%

2012　2014　2016　2018　2020

46%

資料來源：2021年愛德曼公關公司全球信任度
調查報告（2021 Edelman Trust Barometer），
經由值得（Axios）數位新聞網擷取

訊號 04

媒體
去中心化

媒體去中心化

科技逐漸推動媒體民主化,也讓這個傳統上寡占的市場百花齊放。
但是,進入門檻降低也帶來新問題,包括以科技為導向的新守門人。

訊號範圍	訊噪比
廣(4／5)	中等(3／5)

時代變遷下媒體類型的選擇

美國數據

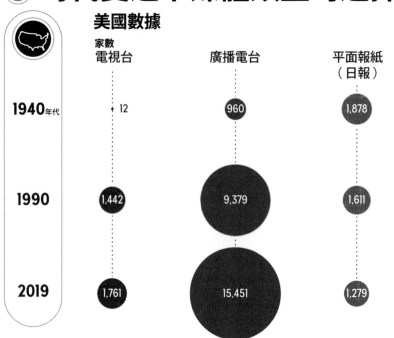

家數	電視台	廣播電台	平面報紙（日報）
1940年代	12	960	1,878
1990	1,442	9,379	1,611
2019	1,761	15,451	1,279

全球數據

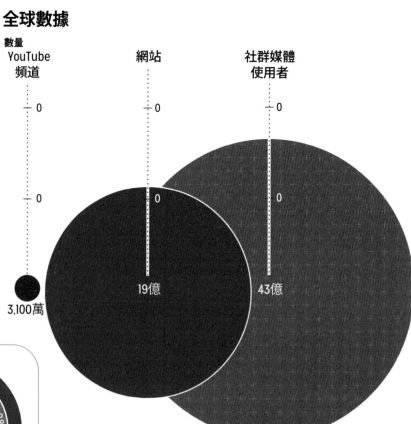

數量	YouTube 頻道	網站	社群媒體 使用者
1940年代	0	0	0
1990	0	0	0
2019	3,100萬	19億	43億

「你昨天從哪得到消息的?」(美國)1994年

- 電視
- 報紙
- 廣播
- 無

73% 53% 47% 8%

美國人透過以下社群媒體網站取得最新消息的比例 2019年

- 臉書
- YouTube
- 推特（Twitter）
- Instagram

52% 28% 17% 14%

資料來源:皮尤研究中心（Pew Research Center）,1996年　　資料來源:皮尤研究中心,2019年

資料來源:綜合統計資料庫Statista,2019年;
綜合統計資料庫Statista,2020年;網際網路
即時統計,2021年;維奧斯社廣告公司,2021年

進入門檻降低

由於進入門檻高築，媒體市場歷來一直是寡占的。

● 傳統媒體　　● 現代數位媒體

資本成本	人才	地理性	權威性	合法性	時間性
印刷機、設備和工作室需要大量的初始投資	聘雇電台節目主持人、新聞從業人員和記者	地理界限限制了競爭和天然的經濟護城河	在廣播、電視和新聞中建立聲譽曠日費時，但卻可能毀於一旦	電台數量和可用頻段受到廣電許可證的侷限	要等這些條件俱全，可能需要數月甚至數年
裝置和網際網路連線	自己來或找人合作	只有國家級防火牆限制得住（即中國）	即使沒有聲譽，內容也可以「病毒式傳播」	鬆散且難以執行的數位媒體法規	立即傳播全世界

結果

幾乎沒有進入障礙了，每個人和品牌現在都是自媒體公司——每分鐘有數百萬條內容在發布。

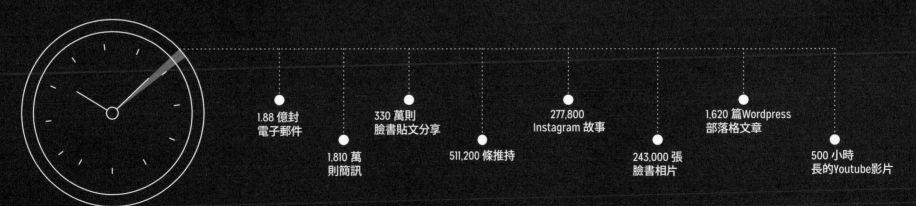

- 1.88 億封電子郵件
- 1,810 萬則簡訊
- 330 萬則臉書貼文分享
- 511,200 條推持
- 277,800 Instagram 故事
- 243,000 張臉書相片
- 1,620 篇Wordpress部落格文章
- 500 小時長的Youtube影片

資料來源：商業智慧分析平台公司Domo，2019年；Wordpress，2020年；綜合統計資料庫Statista，2019年

篩選內容大雜燴

較之1980年代，人類現在每天消化的訊息量多了大約五倍——這與每天新產生2.5千億位元組的數據相比，只是皮毛而已。
雖然人腦不可能利用這麼多訊息，但演算法可以。

演算法1：1個人化

ℹ️ 簡單來說，演算法是電腦程式的指令。從Google搜尋結果到如何處理Instagram上的內容，它們是這一切背後潛藏的魔法。

根據可用數據
使用演算法來優化顧客體驗。

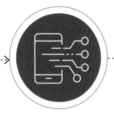

記錄顧客創造新互動所產生的
數據，並且進一步優化。

運用歷史數據打造能
預測顧客行為和結果的分析模型。

資料來源：布魯克斯・貝爾（Brooks Bell），2019年

雖然這種個人化演算法可以預測你想看到什麼，但它還是有缺點：

過濾泡泡

媒介消費者被困在他們的「泡泡」中，因為演算法會排除與他們的世界觀相左的訊息。

釣魚文章

媒體公司以誤導性標題或其他手段優化內容，吸引點閱，提高演算法的影響力。

憤怒文化

憤怒也會吸引點擊，因此使用者和媒體鼓吹利用憤怒，其實是在圖利自己。

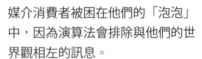
「贏家通吃」的內容

內容的觀看次數遵循強大的動力法則，其中最親演算法的內容設計，將踩著所有其他內容向上竄紅。

散播惡訊息

內容傳播並不是因為事實效力，而是演算法被訓練用來推播任何能創造互動的內容。

缺乏問責制

由於演算法並未創作內容，因此問責制出現脫節問題。

新的造王者

內容民主化已大大改變了媒體樣貌，將內容創作交給數位使用者——
但卻把策劃和營利留給科技巨頭（Big Tech）及其強大的演算法。

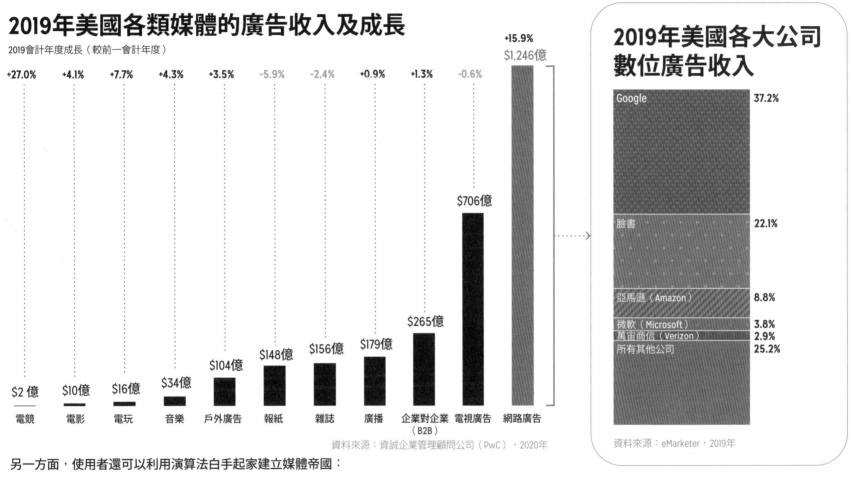

2019年美國各類媒體的廣告收入及成長

2019會計年度成長（較前一會計年度）

+27.0%	+4.1%	+7.7%	+4.3%	+3.5%	-5.9%	-2.4%	+0.9%	+1.3%	-0.6%	+15.9%
										$1,246億
									$706億	
								$265億		
				$104億	$148億	$156億	$179億			
$2 億	$10億	$16億	$34億							
電競	電影	電玩	音樂	戶外廣告	報紙	雜誌	廣播	企業對企業（B2B）	電視廣告	網路廣告

資料來源：資誠企業管理顧問公司（PwC），2020年

2019年美國各大公司數位廣告收入

Google	37.2%
臉書	22.1%
亞馬遜（Amazon）	8.8%
微軟（Microsoft）	3.8%
萬宙商信（Verizon）	2.9%
所有其他公司	25.2%

資料來源：eMarketer，2019年

另一方面，使用者還可以利用演算法白手起家建立媒體帝國：

收入最高的Youtube網紅

傑佛瑞·斯塔（Jeffree Star）	$1,500萬
比利皮（Blippi）	—
普雷斯頓·阿斯門特（Preston Arsement）	$1,900萬
	$2,000萬
大衛·多伯里克（David Dobrik）	$1,550萬
	$1,700萬
娜斯提亞（Nastya）	$1,850萬
馬克普利爾（Markiplier）／瑞德和林克（Rhett and Link）	$1,950萬
玩籃小子（Dude Perfect）	$2,300萬
野獸先生（Mr. Beast）	$2,400萬
萊恩·卡吉（Ryan Kaji）	$2,950萬

在撰寫本書時，萊恩·卡吉年僅九歲。

YouTube 資料收錄期間為 2019 年 6 月 1 日至 2020 年 6 月 1 日。資料來源：《富比士》（Forbes），2020年

漣漪效應：媒體和社會

媒體信任度

美國人每十個人當中有七個表示，他們失去對媒體的信任有超過十年（2008～2018年）了。

| 26%信任度不變 | 66% 信任度下挫 |

4%信任度上升

資料來源：蓋洛普（Gallup），2018年

地方新聞的消亡
新聞沙漠：沒有正規報紙的郡

美國自 2004 年以來淨損失了 2,155 家報紙，有 24% 的報紙相繼消失。

報紙家數　● 0　● 1

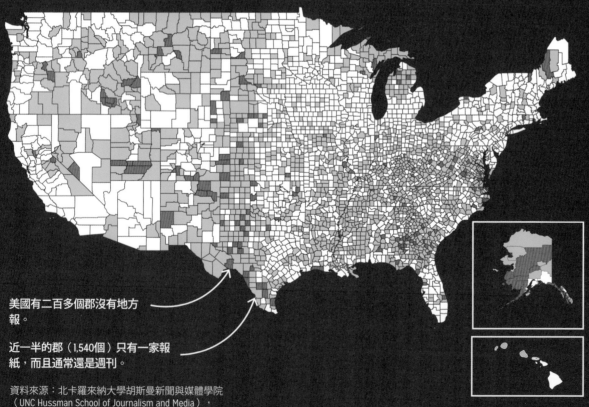

美國有二百多個郡沒有地方報。

近一半的郡（1,540個）只有一家報紙，而且通常還是週刊。

資料來源：北卡羅來納大學胡斯曼新聞與媒體學院
（UNC Hussman School of Journalism and Media），
2020年

沒有報紙的郡
人口統計資料

● 新聞沙漠　● 全美

平均貧窮率
18%
12%

平均所得中位數
$45,000
$61,937

平均年齡中位數
42
38

居民具備大學或更高學歷的平均比例
19%
33%

資料來源：美國新聞沙漠（U.S. News Deserts），2020年

顛覆傳統媒體模式

新聞媒體為應對新媒體的格局，
已策略性轉向訂閱制，現在只有
14% 的高階主管把廣告當作主要
收益來源。

根據新聞媒體主管表示，
2020年最重要的收益流

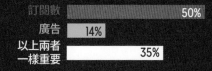

訂閱數	50%
廣告	14%
以上兩者一樣重要	35%

資料來源：路透社新聞研究所（Reuters Institute），
2020年

兩極化
對前三十大新聞刊物和網路
的信任和不信任度

民主黨人
信任22個
消息來源

共和黨人
不信任20個
消息來源

■ 信任者 比不信任者多的
消息來源

■ 不信任者 比信任者多的
消息來源

□ 信任者和不信任者一樣
多的消息來源

資料來源：皮尤研究中心，2019年

傳統媒體的進入障礙
已經消失。

從某種意義上說，媒體開放更多的聲音和意見加入 ——
但它也促成一種轉變，讓科技巨頭躍為掌管曝光度和營
利的關鍵守門人。

結果是，媒體環境變得沒那麼可靠，而且更加兩極分
化。如果每個問題都是個成長的機會，那麼當前的媒體
環境已臻成熟。

它會更加去中心化，還是說科技巨頭會繼續鞏固對媒體
的控制？

生活成本上漲

工會成員數下降
美國工會工人

20%

10.5%

0%

1985   2018

資料來源：美國勞工部勞動統計局
（Bureau of Labor Statistics），2018年

薪資成長不均

醫療成本增高
美國醫療保健類消費者物價指數

600

300

0

1960   1980   2000   2020

資料來源：美國勞工部勞動統計局，2020年

向上流動機會情況減少

財富組成不同了

金融證券報酬變高

股票市場參與不均等

對高等教育的需求增加

高技能工作大幅成長

高階主管股票酬薪制

學費變貴

2000～2020年全國大學平均漲幅

■ 私立　　◫ 本州生

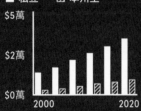

$5萬

$2萬

$0萬　2000　　　2020

資料來源：美國新聞（U.S. News），2019年

訊號 05

財富不均惡化

財富不均惡化

世界上絕大多數富豪都在美國,這顯然在提醒我們,美國國內財富不均日益加劇。

各國淨資產超過 5,000 萬美元的成年人數目

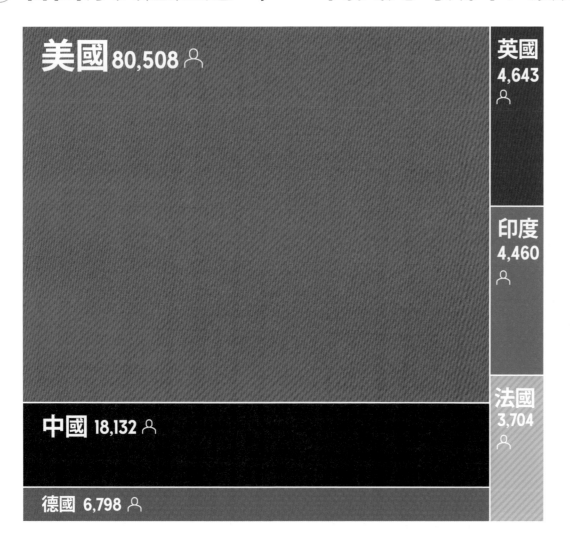

美國 80,508 👤

英國 4,643 👤

印度 4,460 👤

法國 3,704 👤

中國 18,132 👤

德國 6,798 👤

財富不均的問題在人類歷史上由來已久。就在三十年前,世界上36%的人口還生活在極度貧窮中。

雖然這個比例到了2018年已經下降至9%,許多已開發國家正在經歷一種新形式的經濟差距──而超級富豪人數激增就是例證。

這趨勢在美國最為普遍,這裡有超過八萬人的資產淨值高達5,000萬美元或更高。這個數字比(左圖)其他五國加總起來還要多,占全世界總數的 48%。

資料來源:用數據看世界,2019年

資料來源:瑞士信貸(Credit Suisse),2019年

美國的財富差距

儘管美國是世界上最富裕的國家，但就財富中位數而言，它落後其他幾個已開發國家。

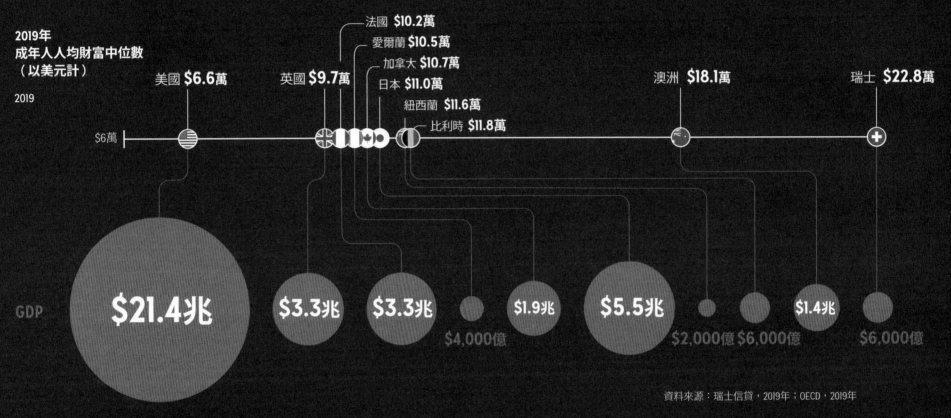

2019年
成年人人均財富中位數
（以美元計）

2019

$6萬

美國 $6.6萬
英國 $9.7萬
法國 $10.2萬
愛爾蘭 $10.5萬
加拿大 $10.7萬
日本 $11.0萬
紐西蘭 $11.6萬
比利時 $11.8萬
澳洲 $18.1萬
瑞士 $22.8萬

GDP

$21.4兆
$3.3兆
$3.3兆
$4,000億
$1.9兆
$5.5兆
$2,000億 $6,000億
$1.4兆
$6,000億

資料來源：瑞士信貸，2019年；OECD，2019年

2020年前十大億萬富豪的財富與該國GDP之關係

世界前十大億萬富豪的財富總和已經超過許多國家的GDP。

◀ 財富總合
GDP ▶

世界前十大億萬富豪

哥倫比亞　南非　瑞士　比利時

在前十大富豪中，有八位
出生在美國。

$8,200億　$7,420億　$7,260億　$6,140億　$5,980億

資料來源：《富比士》，2020年；OECD，2020年

美國財富不均趨勢

自 1990 年以來，美國前 10% 有錢人的財富增加了數兆美元。然而，處於底層 50% 的人卻財富停滯。

各財富階層在總財富中的占比

● 底層 50%　● 50%～90%　● 頂層 10%

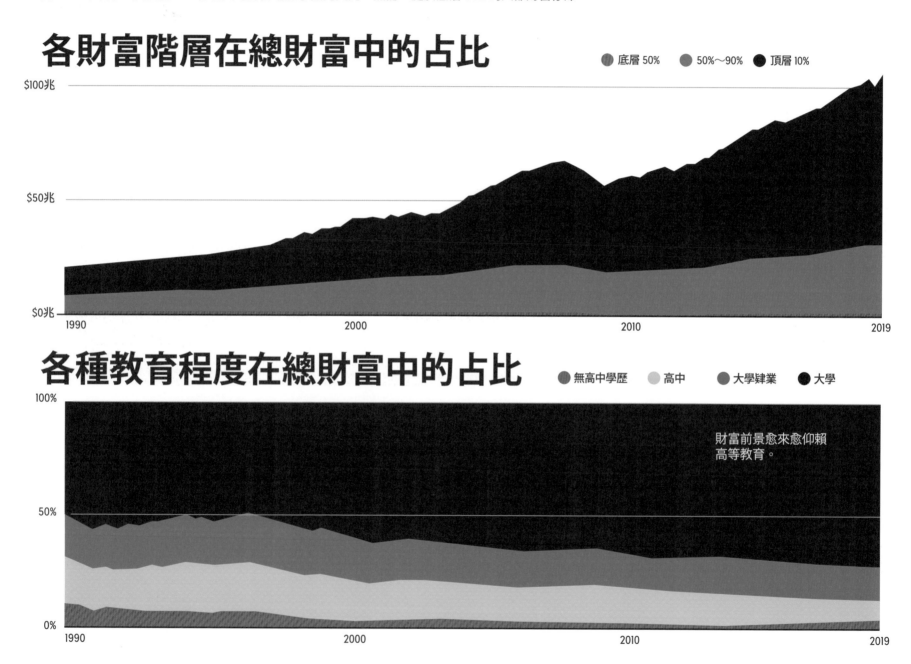

財富前景愈來愈仰賴
高等教育。

各種教育程度在總財富中的占比

● 無高中學歷　● 高中　● 大學肄業　● 大學

資料來源：美國聯邦準備理事會（Federal Reserve，下稱美國聯準會），2019年

財富不均的源頭

造成財富差距的一個關鍵因素是，美國頂層 10% 的有錢人和底下90%持有資產的差異。

美國持有資產比重

占總資產的百分比

● 頂層 10%　● 底下 90%

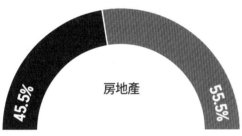

底下90%者的財富大部分來自他們的家庭。

頂層 10% 者握有絕大多數的金融證券。

資料來源：美國聯準會，2019年

市場參與度不均等

從不同的視角來看這個問題，情況也差不多，即低收入家庭對股票市場的參與程度明顯較低。

美國有投入股市的家庭百分比

按家庭所得組別分

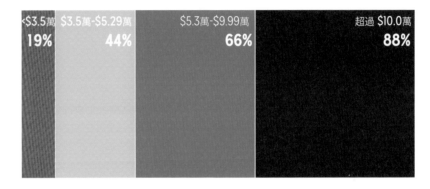

<$3.5萬	$3.5萬-$5.29萬	$5.3萬-$9.99萬	超過 $10.0萬
19%	44%	66%	88%

資料來源：皮尤研究中心，2020年

1990年1月～2020年6月市場歷史績效：股票 vs. 房地產

—— 標普／凱斯－席勒全國房價指數
（S&P/Case-Shiller U.S. National Home Price Index）

—— 標普500 （S&P）

股票報酬率一直優於房地產。

結果是，底下90%的人大多錯失滾滾財源。

資料來源：美國聯準會，2020年；
雅虎財經（Yahoo Finance），2020年

企業內的不平等

除了基本薪資外，高層主管獎酬待遇通常包括股票選擇權和獎勵，
這兩者的獲利皆可能要好很多。

執行長（CEO）已實現薪酬 vs. 標普500指數

—— 執行長已實現薪酬　　　　　—— 標普500指數（以2019年美元計價）

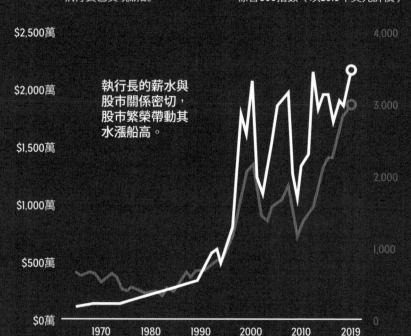

執行長的薪水與
股市關係密切，
股市繁榮帶動其
水漲船高。

資料來源：經濟政策研究所（Economic Policy Institute），2020年

執行長與員工薪酬比　比值

1970	1980	1990	2000	2010	2019
24倍	37倍	77倍	366倍	213倍	320倍

執行長和普通員工
收入差距目前高達
三百二十倍。

資料來源：經濟政策研究所，2020年

集體協商日漸式微

加入工會的工人收入通常比未入會者高出13.2%。然而，不斷改變的
工作結構和反工會的橫逆導致參與率下降。

工會成員比例

—— 加拿大　　—— 德國　　—— 英國　　—— 法國

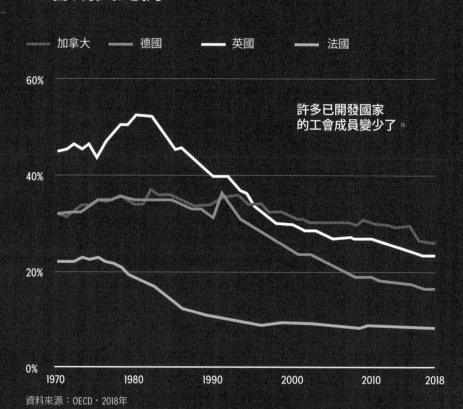

許多已開發國家
的工會成員變少了。

資料來源：OECD，2018年

美國的財富不平等加劇

隨著工會成員人數減少，美國最有錢的10%者在該國總收入的占比一直在增加。

—— 前10%頂層富豪的
　　收入占全體收入比重

—— 工會成員

40%

0%

1920　　　　　　　　　　　2020

資料來源：經濟政策研究所，2019年

大多數美國人認為經濟不平等現象很嚴重——
但誰該負責縮減這差距？

對於美國經濟不平等程度的看法

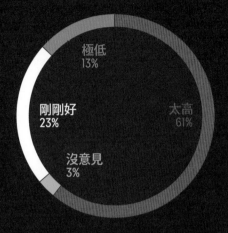

極低
13%

剛剛好
23%

太高
61%

沒意見
3%

對於誰該負責縮減不平等的差距之意見

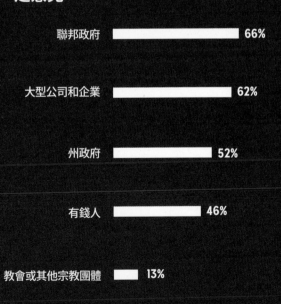

聯邦政府　66%

大型公司和企業　62%

州政府　52%

有錢人　46%

教會或其他宗教團體　13%

資料來源：皮尤研究中心，2019年

美國的財富差距
幾乎沒有縮減的跡象。

由於較少接觸股票和其他金融證券，美國低收入家庭累積財富的速度，將難以趕上頂層家庭。

這可能會帶來長遠的影響，因為這一代人的經濟不平等，往往與下一代人在機會上的不平等脫不了關係。

02

環境

訊號數／03

從商業角度來看，每一個問題都藏著一個機會。

是的，全世界面臨著氣候變遷和水資源短缺等重大挑戰，我們身為社會的一員，必須要深入探討以解決這些問題。

但大家往往忽略了這個事實結果：隨著消費者和投資人要求企業善盡環境保護，有大量的機會等著我們去發現。今日有野心的企業家和投資人，現在有機會參與這段教人振奮的轉型過程，以因應未來的需求。

本章將檢視我們認為會影響商業的關鍵環境訊號。

最前面兩個訊號對整個地球的永續性有直接影響。第三個則是這些問題的局部改善方案，這種解決之道正蓄勢待發，並將影響全球各大洲的基礎設施和人們的日常生活。

火山爆發

自然產生的溫室氣體

化石燃料消耗量
全球初級能源消耗量（化石燃料）

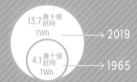

13.7 萬十億瓩時 TWh → 2019

4.1 萬十億瓩時 TWh → 1965

資料來源：英國石油公司（BP），2019年

農業部門的成長

工業革命

碳排量
大氣二氧化碳（CO2）濃度（單位：百萬分之一〔ppm〕）

420

0

1960　　　2020

資料來源：用數據看世界，2020年

森林砍伐

人口成長
1800～2010年人口成長和累計森林砍伐

—— 森林砍伐　　⋯⋯ 人口

22 億公頃　　　　　80億人

6　　　　　　　　　0億人
1800　　　　2010

資料來源：聯合國糧食及農業組織（FAO），2012年

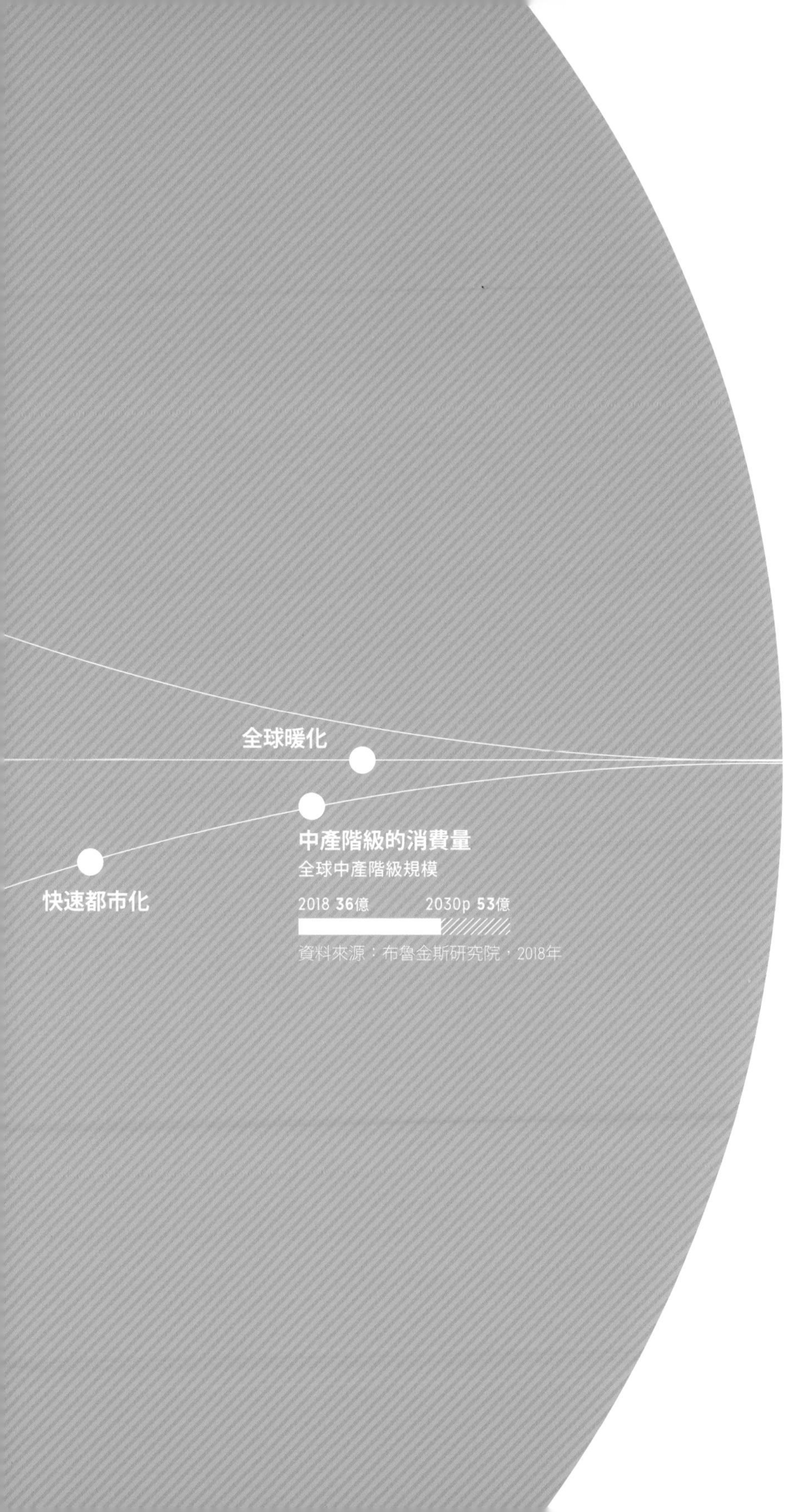

氣候壓力

全球暖化

中產階級的消費量
全球中產階級規模

2018 **36億**　　2030p **53億**

資料來源：布魯金斯研究院，2018年

快速都市化

氣候壓力

全球氣溫穩步上升，企業和政府要迎戰氣候所帶來的壓力愈來愈大。

訊號範圍
極廣（5／5）

訊噪比
高（4／5）

1850～2020年全球地表溫度

— 地表氣溫
— 全球陸地海洋平均表面溫度（GMST）

相對於1850～1900年的溫度變化

**全球暖化正在加劇，
尤其是乾旱地區。**
自1850年以來，陸地增溫的速
幾乎是全球平均值的兩倍。

自工業革命以來，
我們為了支持人口激增和快速
都市化，以空前的速度消耗資
源。不過，我們也感受到了熱
壓力。溫室氣體（GHGs）增加
（主要是二氧化碳排放）讓氣
溫上升了。

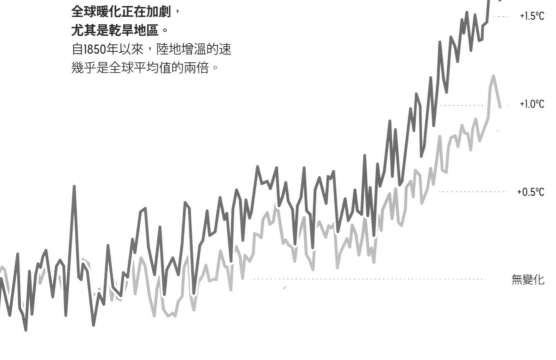

大氣二氧化碳（CO₂）濃度
（單位：百萬分之一〔ppm〕）

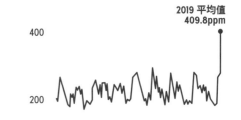

2019 平均值
409.8ppm

西元前（BCE）80萬年　　　2019

資料來源：政府間氣候變遷小組（IPCC），2020年

資料來源：美國國家海洋暨大氣總署，2020年

全球溫室氣體排放的來源？

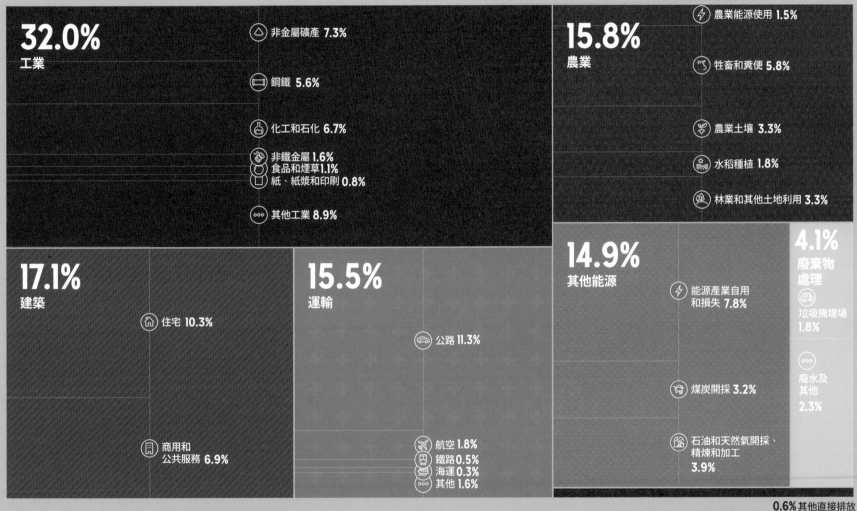

32.0%
工業

非金屬礦產 **7.3%**

鋼鐵 **5.6%**

化工和石化 **6.7%**

非鐵金屬 **1.6%**
食品和煙草 **1.1%**
紙、紙漿和印刷 **0.8%**

其他工業 **8.9%**

15.8%
農業

農業能源使用 **1.5%**

牲畜和糞便 **5.8%**

農業土壤 **3.3%**

水稻種植 **1.8%**

林業和其他土地利用 **3.3%**

17.1%
建築

住宅 **10.3%**

商用和
公共服務 **6.9%**

15.5%
運輸

公路 **11.3%**

航空 **1.8%**
鐵路 **0.5%**
海運 **0.3%**
其他 **1.6%**

14.9%
其他能源

能源產業自用
和損失 **7.8%**

煤炭開採 **3.2%**

石油和天然氣開採、
精煉和加工
3.9%

4.1%
廢棄物
處理

垃圾掩埋場
1.8%

廢水及
其他
2.3%

0.6% 其他直接排放

部門　　　　　　　農業　　　　　　　運輸　　　　　　　住宅　　　　　　　土地利用

排放示例

 乳牛和其他牲畜
每日排氣產生
甲烷（CH₄）。

 以化石燃料發動的
汽車和飛機直接排
放二氧化碳。

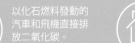 家用暖氣直接使用
燃料（即天然氣）
或電源，其中一些
來自化石燃料。

 為擴張農業容積砍伐
森林。

資料來源：美國市場研究機構領航（Navigant），2019年

世界各國二氧化碳排放量

2018年占全世界的比重（單位：十億噸〔Gt〕）

- 美洲
- 歐洲及中東
- 亞太地區
- 非洲

2018年人均碳排量
（單位：噸）

沙烏地阿拉伯 **18.5**
澳洲 **16.9**
美國 **16.6**
加拿大 **15.3**
南韓 **12.9**
俄羅斯 **11.7**
日本 **9.1**
德國 **9.1**
波蘭 **9.1**
伊朗 **8.8**
南非 **8.1**
中國 **7.1**
英國 **5.6**
義大利 **5.6**
土耳其 **5.2**
法國 **5.2**
墨西哥 **3.8**
印尼 **2.3**
巴西 **2.2**
印度 **2.0**

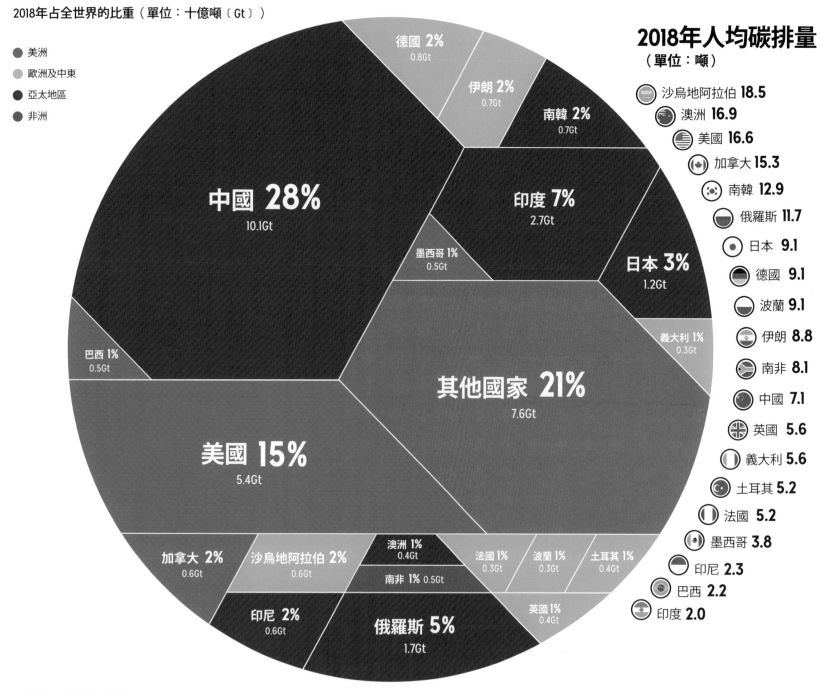

德國 2%　0.8Gt
伊朗 2%　0.7Gt
南韓 2%　0.7Gt
中國 28%　10.1Gt
印度 7%　2.7Gt
墨西哥 1%　0.5Gt
日本 3%　1.2Gt
巴西 1%　0.5Gt
義大利 1%　0.3Gt
其他國家 21%　7.6Gt
美國 15%　5.4Gt
加拿大 2%　0.6Gt
沙烏地阿拉伯 2%　0.6Gt
澳洲 1%　0.4Gt
法國 1%　0.3Gt
波蘭 1%　0.3Gt
土耳其 1%　0.4Gt
南非 1% 0.5Gt
英國 1%　0.4Gt
印尼 2%　0.6Gt
俄羅斯 5%　1.7Gt

資料來源：憂思科學家聯盟（Union of Concerned Scientists），2020年

對人類和生態系統的風險

氣候變遷導致地表過程改變

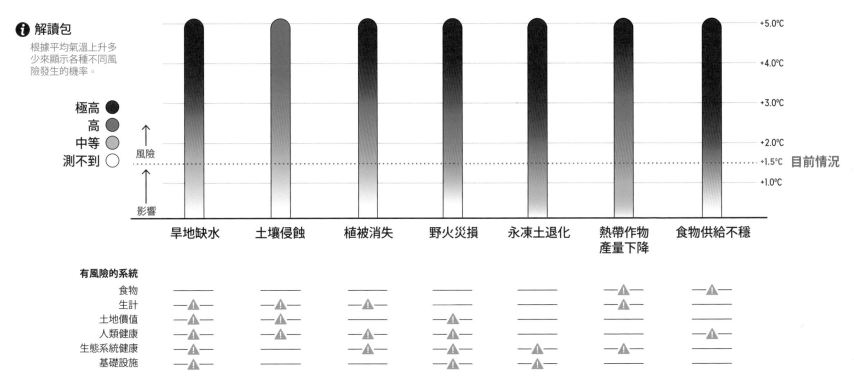

① 解讀包

根據平均氣溫上升多少來顯示各種不同風險發生的機率。

極高 ●
高 ●
中等 ●
測不到 ○

風險 ↑
影響 ↑

+5.0°C
+4.0°C
+3.0°C
+2.0°C
+1.5°C 目前情況
+1.0°C

旱地缺水　土壤侵蝕　植被消失　野火災損　永凍土退化　熱帶作物產量下降　食物供給不穩

有風險的系統

	旱地缺水	土壤侵蝕	植被消失	野火災損	永凍土退化	熱帶作物產量下降	食物供給不穩
食物						⚠	⚠
生計	⚠	⚠	⚠			⚠	
土地價值	⚠	⚠					
人類健康	⚠	⚠	⚠	⚠			⚠
生態系統健康	⚠		⚠	⚠	⚠	⚠	
基礎設施	⚠			⚠	⚠		

資料來源：政府間氣候變遷小組，2020年

氣候變遷與極端天氣事件之間的關聯

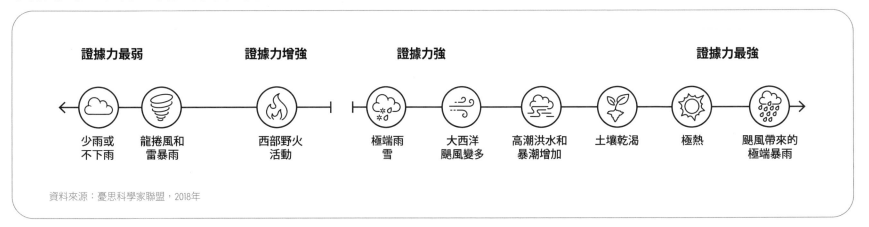

證據力最弱　　　證據力增強　　　證據力強　　　　　　　　證據力最強

少雨或不下雨　龍捲風和雷暴雨　西部野火活動　極端雨雪　大西洋颶風變多　高潮洪水和暴潮增加　土壤乾渴　極熱　颶風帶來的極端暴雨

資料來源：憂思科學家聯盟，2018年

氣候壓力：劇烈蒸騰

2000～2100年三種政策組合對氣候變遷的預測

全球平均溫室氣體排放量（以十億噸二氧化碳當量計）

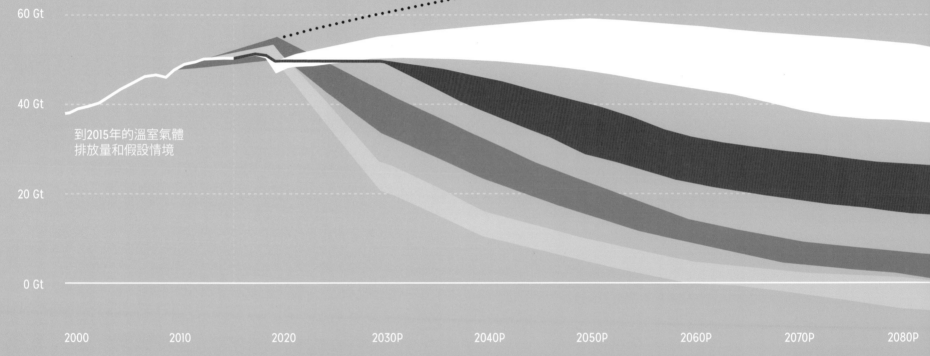

到2015年的溫室氣體
排放量和假設情境

資料來源：氣候行動追蹤組織（Climate Action Tracker），2021年

2050年之前氣候變遷對經濟的預期影響

2050年之前平均實質GDP減損幅度

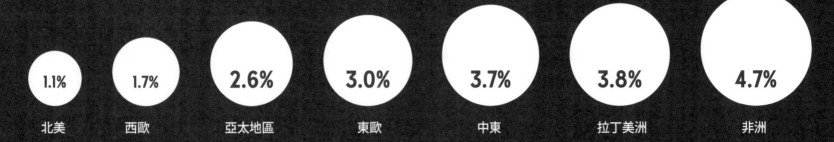

1.1%	1.7%	2.6%	3.0%	3.7%	3.8%	4.7%
北美	西歐	亞太地區	東歐	中東	拉丁美洲	非洲

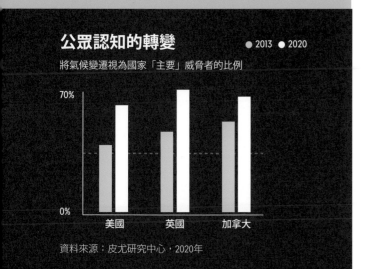

4.1-4.8°C 沒有任何氣候政策

如果各國不實施任何政策減緩氣候變遷，預計碳排量會增加。

2.7-3.1°C 當前政策

現行政策下的預計碳排量。

2.0-2.4°C 承諾和目標

如果各國實現各自承諾的目標以遏阻全球暖化，預計可減少碳排量。

1.6-1.7°C

1.3-1.5°C

2090P　　2100P

公眾認知的轉變　　● 2013　● 2020

將氣候變遷視為國家「主要」威脅者的比例

70%

0%

美國　　英國　　加拿大

資料來源：皮尤研究中心，2020年

氣候變遷已升高為重大議題。

它不僅涉及科學家，還關乎企業領導人和普羅大眾。

這個問題錯綜複雜，會構成長期威脅，但這樣的威脅也可以化作戰略投資人、企業家和決策者的機會。

眼見氣候壓力升高，世界將如何因應？

淡水資源有限

用水量不斷增加
全球淡水用量（單位：兆立方公尺）

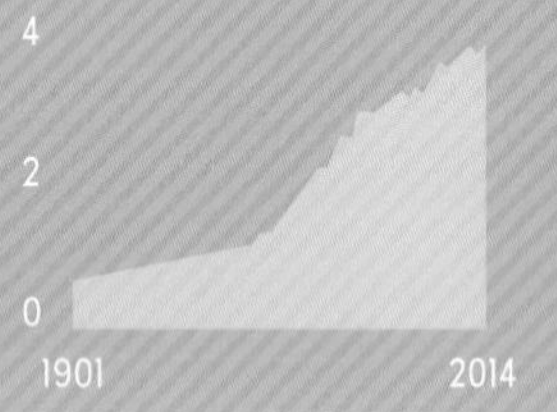

資料來源：用數據看世界，2014年

氣候乾旱下的人口成長

搶水衝突

城市貧民窟數量成長

■■■■□□□□□□□

十分之三的人無法立即取得
安全飲用水。

資料來源：世界衛生組織（WHO），2019年

水電大壩

河川湖泊的水質汙染

灌溉農業

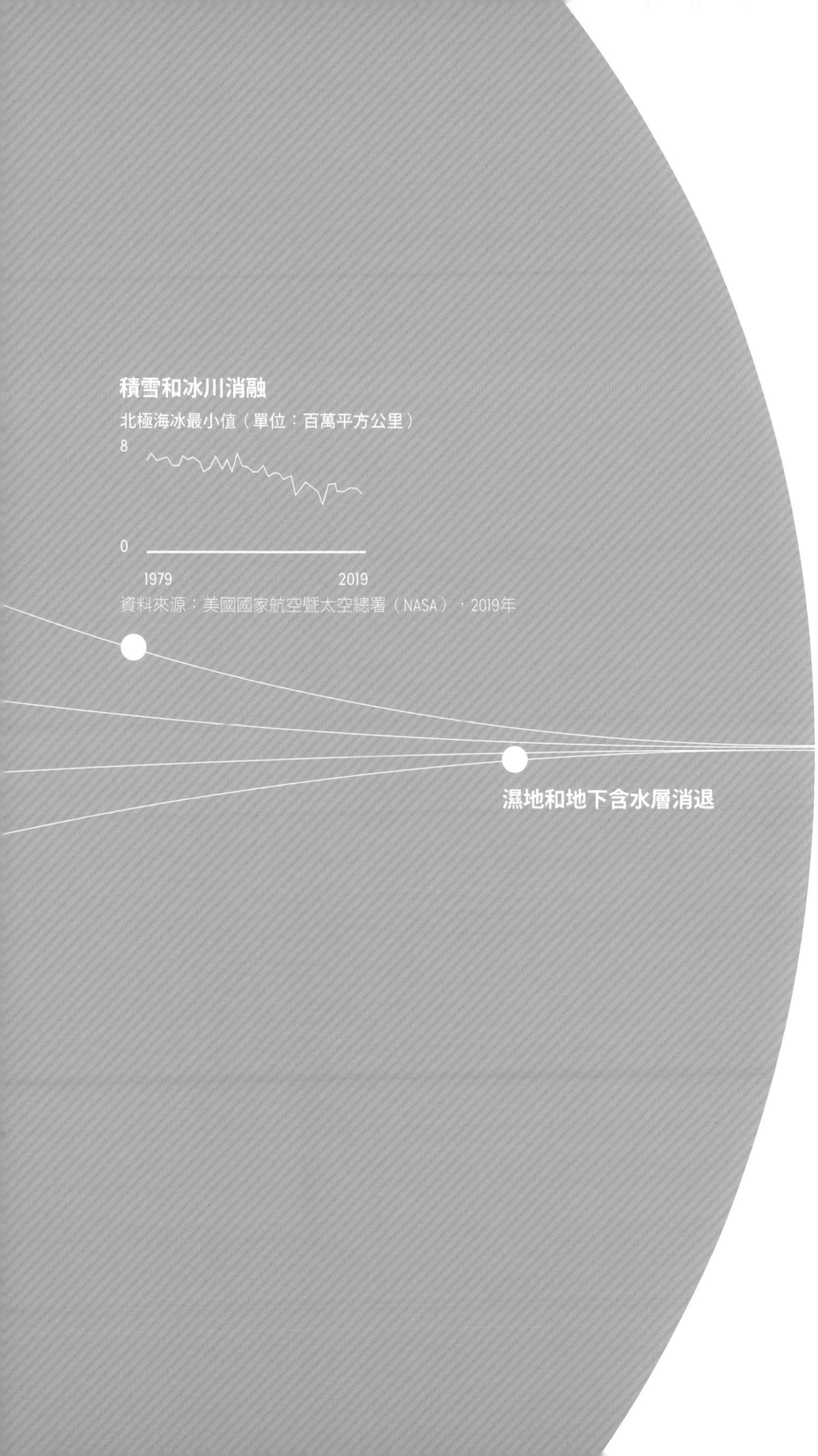
積雪和冰川消融
北極海冰最小值（單位：百萬平方公里）
8
0
1979
2019
資料來源：美國國家航空暨太空總署（NASA），2019年
濕地和地下含水層消退

訊號 07

水資源短缺

缺水危機

全球人口成長，用水需求繼而日增，
對原本就吃緊的供應情況造成巨大壓力。

 訊號

2040年國家水資源壓力

 訊號範圍
極廣（5／5）

 訊噪比
極高（5／5）

取水量與原水量的比例

低 ← ● ● ● ● ● → 極高
　　<10%　10-20%　20-40%　40-80%　>80%

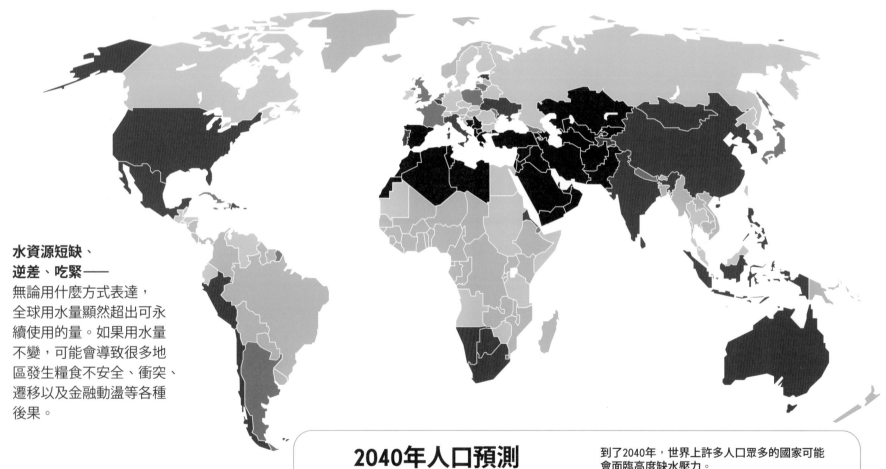

**水資源短缺、
逆差、吃緊——**

無論用什麼方式表達，
全球用水量顯然超出可永
續使用的量。如果用水量
不變，可能會導致很多地
區發生糧食不安全、衝突、
遷移以及金融動盪等各種
後果。

資料來源：世界資源研究所（World Resources Institute），
2015年；聯合國，2019年

2040年人口預測

到了2040年，世界上許多人口眾多的國家可能
會面臨高度缺水壓力。

 中國 **1,407,803,754**　　 印度 **1,610,413,933**　　 美國 **359,173,981**

水資源是不平等的

一個國家的淡水供應可能因地理位置不同而有極大差異，
而財富和人口結構等其他因素，可能會加劇不平等的情況。

生活在水資源壓力下的人口數

30億 ···· ■ 無水資源壓力　　■ 低水資源壓力　　■ 中等水資源壓力　　■ 嚴重水資源壓力

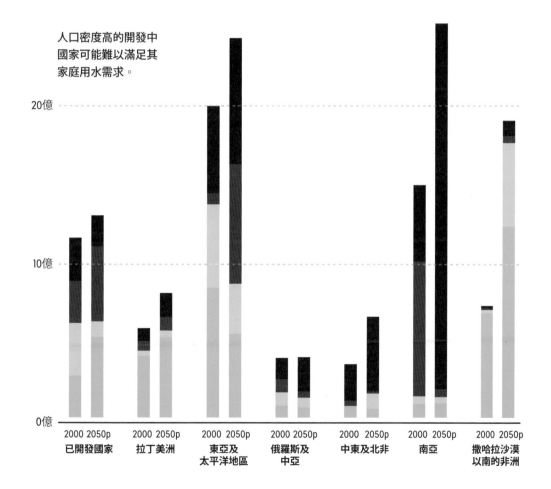

人口密度高的開發中
國家可能難以滿足其
家庭用水需求。

20億

10億

0億

| 2000 | 2050p | 2000 | 2050p | 2000 | 2050p | 2000 | 2050p | 2000 | 2050p | 2000 | 2050p | 2000 | 2050p |
| 已開發國家 | | 拉丁美洲 | | 東亞及太平洋地區 | | 俄羅斯及中亞 | | 中東及北非 | | 南亞 | | 撒哈拉沙漠以南的非洲 | |

假設沒提出新政策。

資料來源：聯合國水資源組織（UN Water），2020年

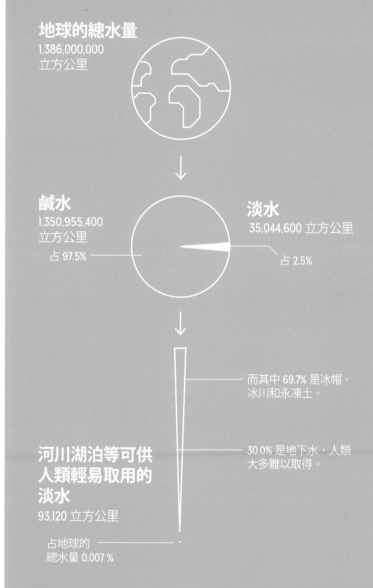

全球水資源分布

世界水供應，以及（更為重要的）淡水資源極
其稀缺。

地球的總水量
1,386,000,000
立方公里

鹹水
1,350,955,400
立方公里

占 97.5%

淡水
35,044,600 立方公里

占 2.5%

── 而其中 69.7% 是冰帽、
冰川和永凍土。

── 30.0% 是地下水，人類
大多難以取得。

河川湖泊等可供
人類輕易取用的
淡水
93,120 立方公里

占地球的
總水量 0.007 %

資料來源：美國地質調查所（U.S. Geological Survey），2019年

全球用水趨勢

自1960年以來，家庭用水增加了600%以上，成長速度遠遠超過農業和工業部門。

全球各部門需水量的成長概況

取水量增加百分比

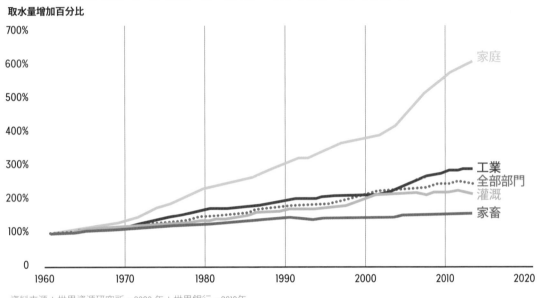

資料來源：世界資源研究所，2020 年；世界銀行，2019年

家庭用水需求持續成長來自於都市人口成長，他們通常更容易取得水資源和衛生設備。

城市人口占總人口百分比

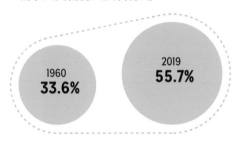

1960 **33.6%**

2019 **55.7%**

雖然農業部門的成長速度不如其他部門來得快，但農業取水需求高於任何其他部門，並且在不久的將來很可能仍然是最大的用水標的（按量計）。

全球各部門用水

● 初級能源生產　● 發電　● 工業　家庭　農業

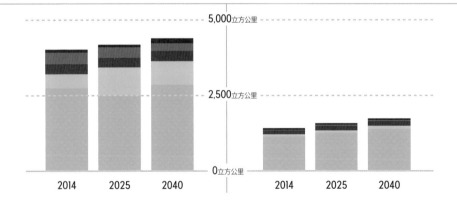

取水量

取水的總量。其中的一部分通常會回到原來的取水源。

5,000立方公里

2,500立方公里

0立方公里

2014　2025　2040　　2014　2025　2040

耗水量

取水量中使用後就永久消失的部分。

資料來源：聯合國水資源組織，2019年

農業水足跡趨增

飲食偏好的轉變可能會推升農業部門用水量。

食品的水足跡

動物性製品所耗費的水足跡往往比植物作物要多得多。

生產每公斤食物所消耗的水（單位：公升）

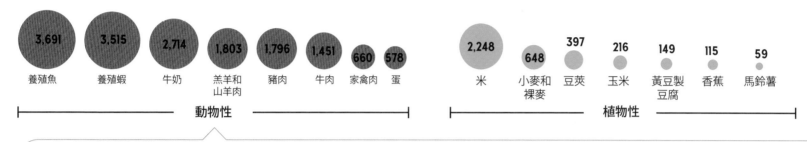

養殖魚	養殖蝦	牛奶	羔羊和山羊肉	豬肉	牛肉	家禽肉	蛋	米	小麥和裸麥	豆莢	玉米	黃豆製豆腐	香蕉	馬鈴薯
3,691	3,515	2,714	1,803	1,796	1,451	660	578	2,248	648	397	216	149	115	59

動物性 ──── 植物性 ────

全球肉類消費成長

2018～2028年變動百分比

- ● 已開發國家
- ● 開發中國家

隨著愈來愈多的人（特別是在開發中國家）進入中產階級，全球食肉量攀升。

資料來源：OCED及聯合國糧食及農業組織，2019年

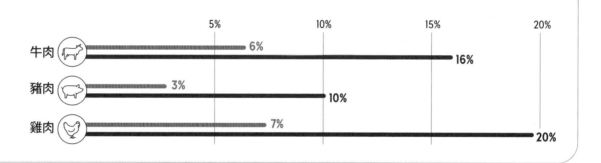

牛肉	6%	16%
豬肉	3%	10%
雞肉	7%	20%

汙染帶來的挑戰

擴大食品生產也讓農藥使用量增加，徒增水汙染的風險。

1990～2017年全球農藥使用量

每年消耗噸數（單位：百萬噸〔Mt〕）

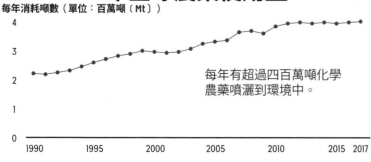

每年有超過四百萬噸化學農藥噴灑到環境中。

資料來源：聯合國糧食及農業組織，2019年

1990～2017年各地區農藥消耗量

成長百分比

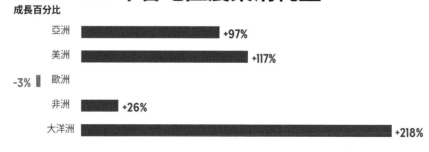

亞洲	+97%
美洲	+117%
歐洲	-3%
非洲	+26%
大洋洲	+218%

漣漪效應

近幾十年來，有關水資源的衝突事件遽增。

1930～2018年涉及水資源的暴力事件

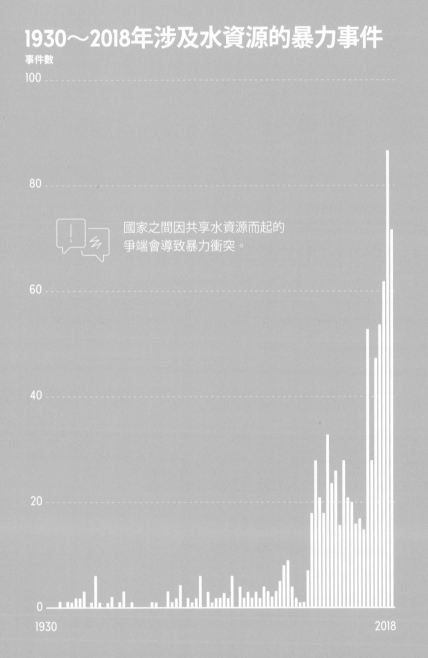

事件數

國家之間因共享水資源而起的爭端會導致暴力衝突。

1930　　　　　　　　　　　　　　　2018

縮小落差

想減輕水資源短缺的威脅，可能需要在全球落實重大政策改革。

全球可能預計要付出 1.04 兆美元的成本——相當於全球 GDP 的 1.21 %。

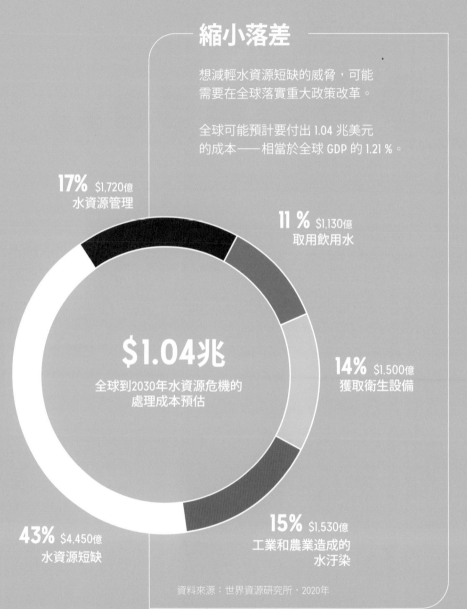

17% $1,720億
水資源管理

11 % $1,130億
取用飲用水

14% $1,500億
獲取衛生設備

15% $1,530億
工業和農業造成的
水汙染

43% $4,450億
水資源短缺

$1.04兆
全球到2030年水資源危機的
處理成本預估

資料來源：世界資源研究所，2020年

資料來源：葛雷易克（Gleick, P.）等人，2018年；世界資源研究所，2020年

大海中的一滴水

雖然全球水資源危機的管理成本可能高達1.04兆美元，但看似沒有更好的辦法。

未能實施有效的水資源政策，例如繼續擺爛「一切照舊」，可能會導致缺水重災區的GDP下降達10%之多。

預測2050年GDP的變動

GDP變動

○ -10%　◐ -6%　◑ -2%　● 0%　◑ +1%　◐ +2%　○ +6%

水資源政策
維持不變

推動有效的
水資源政策

資料來源：全球調適委員會（Global Commission on Adaptation）
2019年；世界銀行，2016年

水是關乎生活各層面的重要資源。

而它也正好供不應求。用水需求不斷上升之際，預計許多國家未來將面臨旱象和其他水資源問題。

為全球缺水危機制定良方將是一項昂貴又複雜棘手的挑戰，但卻是世界終需迎戰的課題。

脫碳

可再生能源

電池容量增加

馬達強度

彈性負載
具彈性能力的建物管理系統可以調度暖器和
洗衣機等設備的電力需求，繼而每年省下一
大筆錢。

-24% 　每年尖峰淨負載（千瓦）

-40% 　每年縮減電量（千瓦時〔MWh〕）

-23% 　每年二氧化碳排放量（噸）

資料來源：洛磯山研究院（RMI），2018年

電動車獎勵措施

電網強度和連接度

2019 年，世界上仍有10%的
人口用不上電。

資料來源：世界銀行，2019年

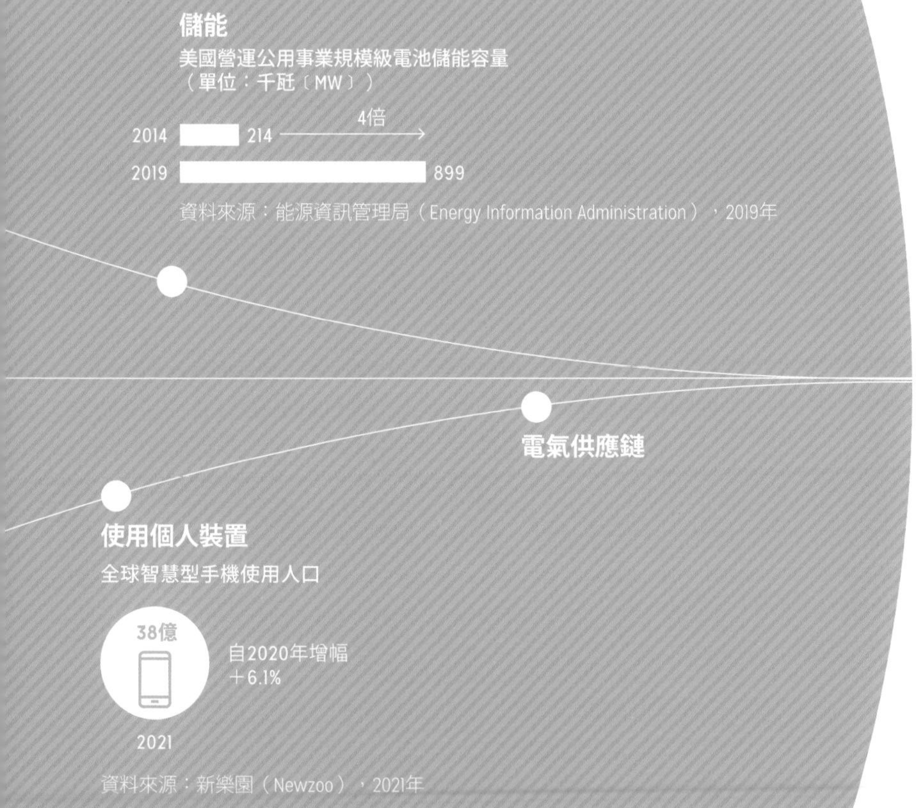
儲能
美國營運公用事業規模級電池儲能容量
（單位：千瓩〔MW〕）
2014 214
4倍
2019 899
資料來源：能源資訊管理局（Energy Information Administration），2019年
電氣供應鏈
使用個人裝置
全球智慧型手機使用人口
38億
2021
自2020年增幅
＋6.1%
資料來源：新樂園（Newzoo），2021年

訊號 08

全面電氣化

全面電氣化

基於各界普遍希望降低對化石燃料的依賴，預計未來幾十年的耗電量將會增加。
然而，增幅多少主要取決於各種產業和科技進展的速度。

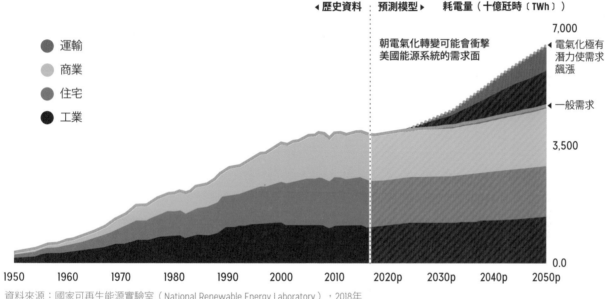

訊號
1950～2050年美國在不同設定情境下耗電量預估

◀歷史資料　預測模型▶　耗電量（十億瓩時〔TWh〕）

7,000

朝電氣化轉變可能會衝擊
美國能源系統的需求面

◀ 電氣化極有
潛力使需求
飆漲

● 運輸

● 商業

● 住宅

● 工業

◀ 一般需求

3,500

0.0

1950　1960　1970　1980　1990　2000　2010　2020p　2030p　2040p　2050p

資料來源：國家可再生能源實驗室（National Renewable Energy Laboratory），2018年

完全電氣化是應對氣候變遷
最強大、最顛覆的方法之一。

這不單單是接觸或使用電子設
備的普及。這是一場推動大多
數產品和服務依賴電力的轉型
革命。

再加上全球大力推動再生電力
及能源需求激增，電氣化正順
利進展中，但一切才剛開始而
已。

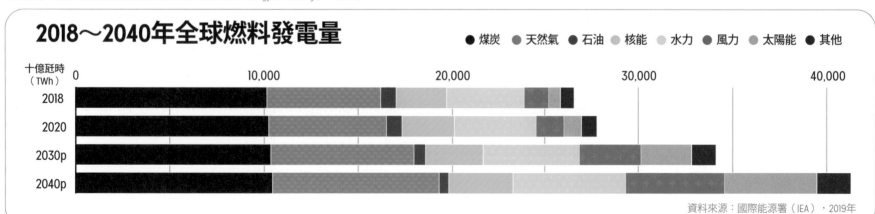

2018～2040年全球燃料發電量

● 煤炭　● 天然氣　● 石油　● 核能　水力　● 風力　太陽能　● 其他

十億瓩時
（TWh）　0　　　　　10,000　　　　　20,000　　　　　30,000　　　　　40,000

2018

2020

2030p

2040p

資料來源：國際能源署（IEA），2019年

電氣化將是何種景象？

交通運輸和工業部門相當有潛力電氣化。

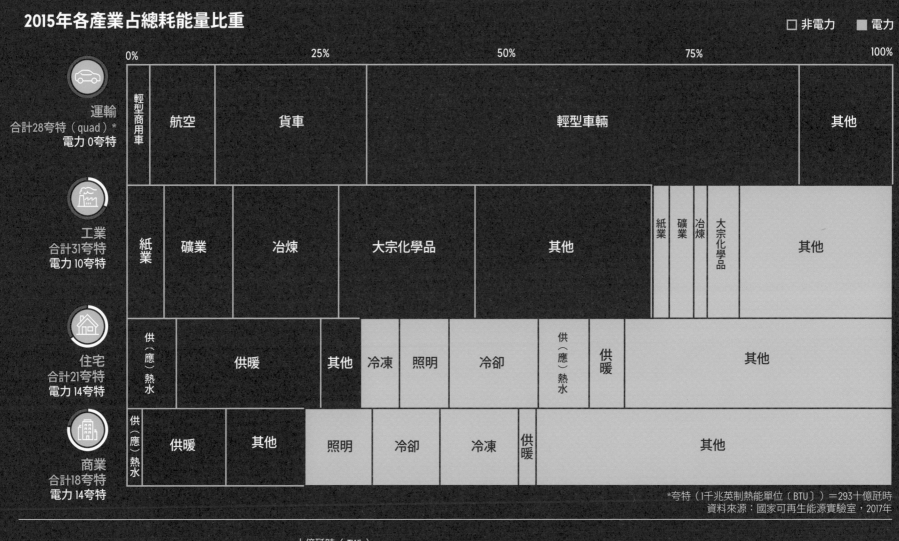

2015年各產業占總耗能量比重

□ 非電力　■ 電力

| | 0% | 25% | 50% | 75% | 100% |

運輸
合計28夸特（quad）*
電力 0夸特

輕型商用車 | 航空 | 貨車 | 輕型車輛 | 其他

工業
合計31夸特
電力 10夸特

紙業 | 礦業 | 冶煉 | 大宗化學品 | 其他 ｜ 紙業 | 礦業 | 冶煉 | 大宗化學品 | 其他

住宅
合計21夸特
電力 14夸特

供（應）熱水 | 供暖 | 其他 | 冷凍 | 照明 | 冷卻 | 供（應）熱水 | 供暖 | 其他

商業
合計18夸特
電力 14夸特

供（應）熱水 | 供暖 | 其他 | 照明 | 冷卻 | 冷凍 | 供暖 | 其他

*夸特（1千兆英制熱能單位〔BTU〕）＝293十億瓩時
資料來源：國家可再生能源實驗室，2017年

2000～2040年全球電力需求上升

電氣化是大勢所趨，全球已日益增加的
電力需求將有明顯的躍升。

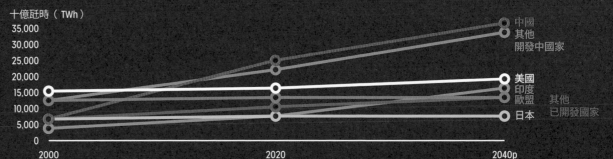

十億瓩時（TWh）

35,000
30,000
25,000
20,000
15,000
10,000
5,000
0

中國
其他開發中國家

美國
印度
歐盟
日本
其他已開發國家

2000　　　2020　　　2040p

資料來源：國際能源署，2019年

電氣化大戰鬥

電氣化將為工業部門帶來很大衝擊，但也會在交通、建築和我們日常生活的許多其他方面看到顯著影響。

2018～2040年各終端消費用途的電力需求成長

（以十億瓩時〔TWh〕計）　　● 已開發經濟體　　● 開發中經濟體

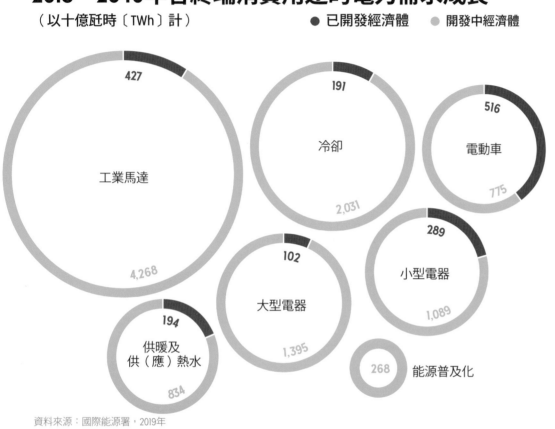

工業馬達　427　4,268

冷卻　191　2,031

電動車　516　775

供暖及供（應）熱水　194　834

大型電器　102　1,395

小型電器　289　1,089

能源普及化　268

資料來源：國際能源署，2019年

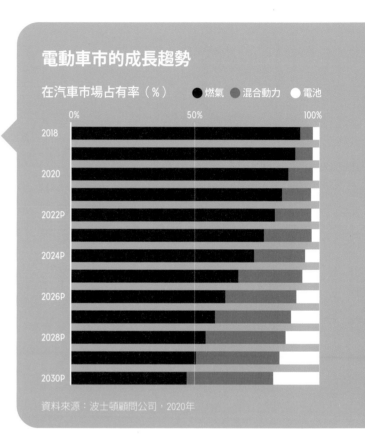

電動車市的成長趨勢

在汽車市場占有率（%）　　● 燃氣　● 混合動力　○ 電池

	0%	50%	100%
2018			
2020			
2022P			
2024P			
2026P			
2028P			
2030P			

資料來源：波士頓顧問公司，2020年

熱泵的經濟性和減排量　　● 天然氣　● 熱泵（電力）

電氣化有一種應用是在建築中使用熱泵，可連結或脫離電網運作，節省鉅額費用和大幅提升減排效果。

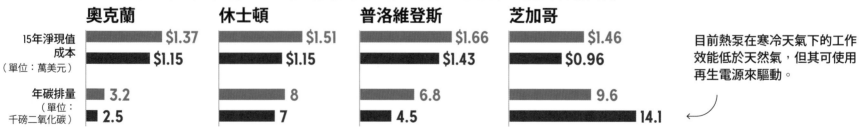

	奧克蘭	休士頓	普洛維登斯	芝加哥
15年淨現值成本（單位：萬美元）天然氣	$1.37	$1.51	$1.66	$1.46
熱泵（電力）	$1.15	$1.15	$1.43	$0.96
年碳排量（單位：千磅二氧化碳）天然氣	3.2	8	6.8	9.6
熱泵（電力）	2.5	7	4.5	14.1

目前熱泵在寒冷天氣下的工作效能低於天然氣，但其可使用再生電源來驅動。

資料來源：洛磯山研究院，2018年

電從哪來？

要妥善利用電氣化來減排，使用再生能源勢在必行。再生能源發電不僅異軍突起，拓展速度也超出預期。

全球各類發電裝置容量

十億瓦（Gw）

預測 ▶

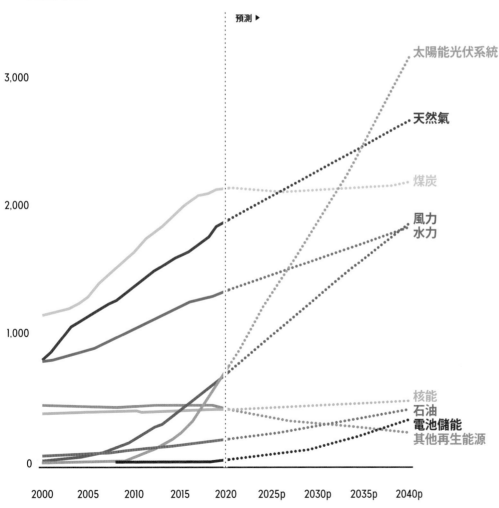

太陽能光伏系統

天然氣

煤炭

風力
水力

核能
石油
電池儲能
其他再生能源

3,000

2,000

1,000

0

2000　2005　2010　2015　2020　2025p　2030p　2035p　2040p

德國各類能源的
電力成本預估

每千瓩時全部發電成本

$250

太陽能光伏系統

德國已達到所有再生能源技術都比現有天然氣和煤炭的發電成本還便宜。其他歐洲國家也有類似的轉型路徑。

$125

風力

2015～2018年平均價格
煤炭
核能
天然氣複循環

$0

2010　2015　2018　2020年中　2020年末

資料來源：國際能源署，2020年

資料來源：麥肯錫（McKinsey），2019年

百分之百綠電化（尚）未實現

新式電氣化產品會推高必需金屬的需求，並且還有許多不同的情境可能會發生，電氣化最終會帶來什麼影響還很難說。

再生能源比化石燃料更便宜之預測

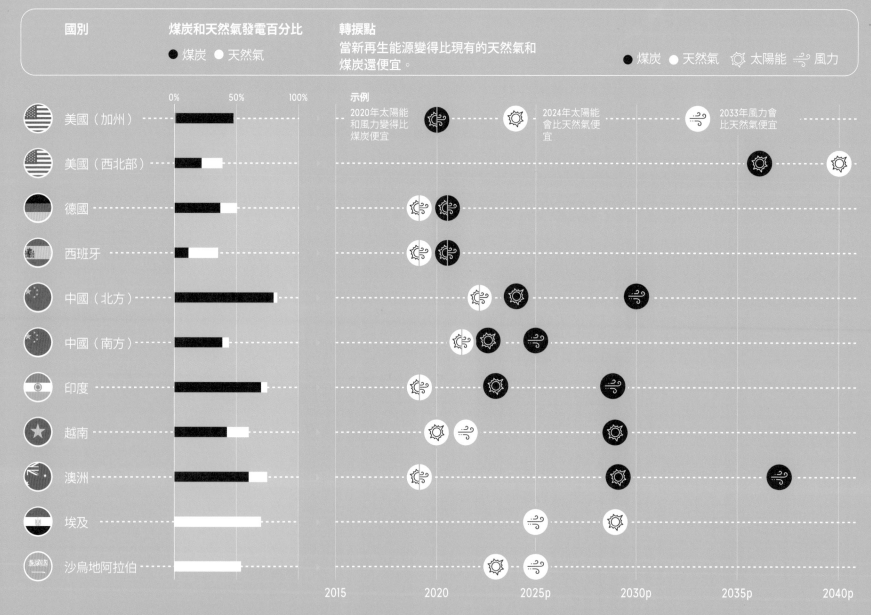

資料來源：麥肯錫，2019年

2018～2028年
電池金屬需求上漲

■ 鋰　■ 石墨陽極
□ 鈷　■ 鎳

（單位：百萬噸）

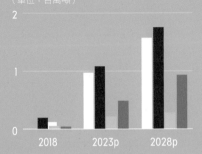

資料來源：基準礦業情報（Benchmark Minerals），2019年

2018～2030年電池
成本降低的可能情景

電池組成本（單位：美元／每瓩時）（$/kWh）

— 2019年新估值
— 2017年基準預測值
— 2017年低預測值

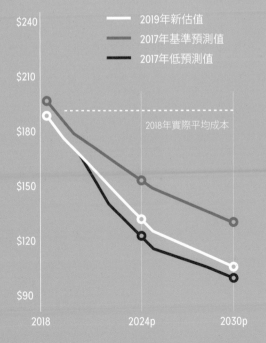

2018年實際平均成本

資料來源：波士頓顧問公司，2020年

電氣化的過程
將創造出不可思議的產品，
並翻轉產業界。

它是應對氣候變遷的工具，為更先進的電動車、電力系統
和儲存性能創造了發展條件。

有鑑於自動化和再生能源等其他領域的科技飆速進展，電
氣化將極有可能帶來重大變革。

CHAPTER

03

數位世界

訊號數／03

在位元和位元組所建構的無形領域裡，不乏需要分析和利用的數據。

雖然令人眼花撩亂的訊息爆增可能會有些傷腦筋，但這種訊息騷擾正演變為世界科技巨頭的關鍵競爭優勢。

在本章中將看到這種獨特的對比。我們會告訴你，人類為管理資訊超載而開發的應對機制，以及科技巨頭在另一端如何在複雜的資料庫中累積這些應對機制的數據，並從中萃取新價值。

而在這種新二分法的前沿地帶上，存在著網路犯罪日益猖獗的「狂野大西部」。在那裡，不法分子即便是犯規踩紅線，仍大肆使用數位工具為自己牟利。

我們與數位世界的聯繫逐漸成為工作和生活中不可或缺的一部分，隨著我們把更多時間花在與位元和位元組打交道，這些訊號將持續定義我們如何與科技相互影響的未來。

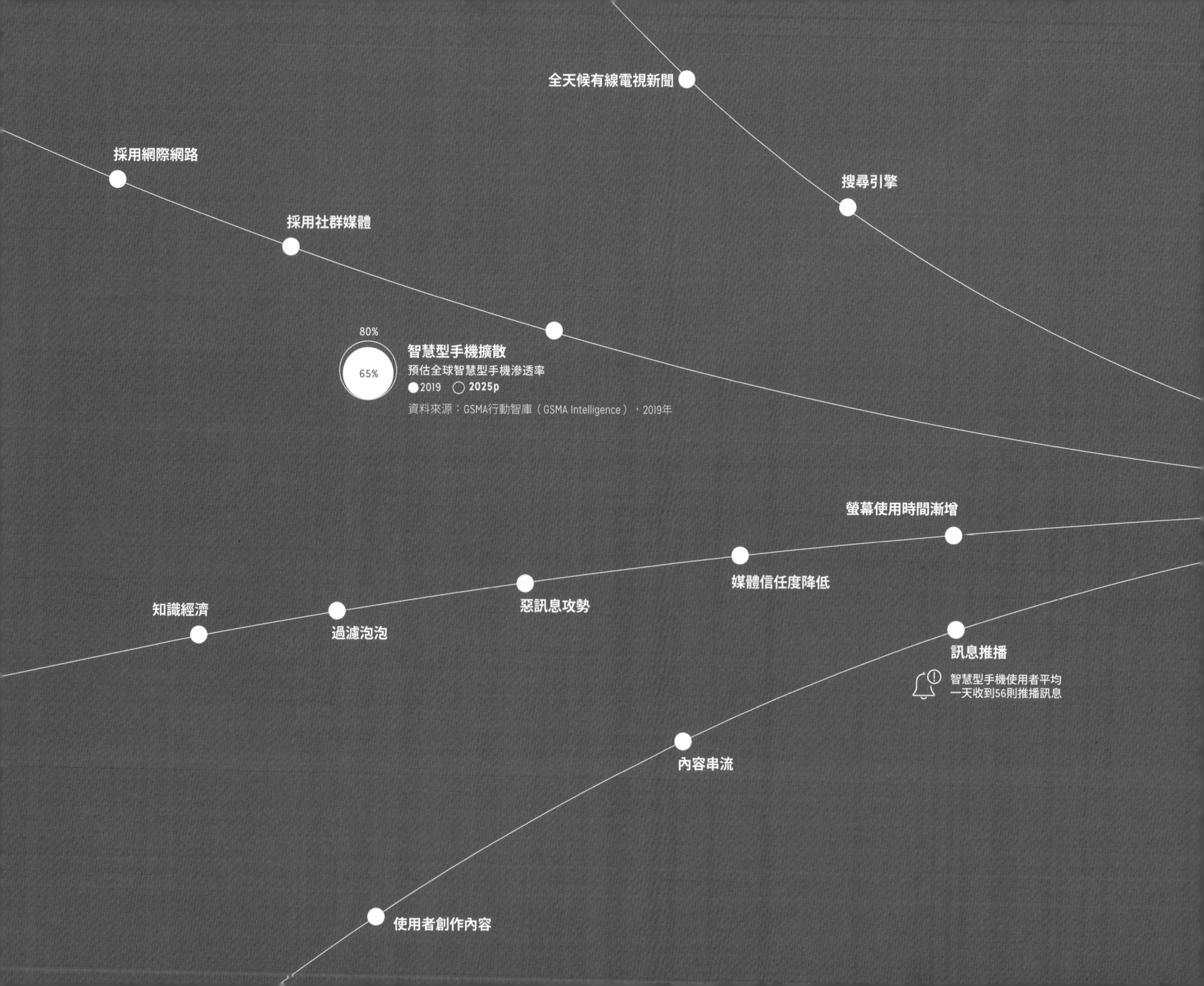

全天候有線電視新聞

採用網際網路

搜尋引擎

採用社群媒體

80%

智慧型手機擴散
預估全球智慧型手機滲透率
● 2019　○ 2025p

65%

資料來源：GSMA行動智庫（GSMA Intelligence），2019年

螢幕使用時間漸增

媒體信任度降低

知識經濟

惡訊息攻勢

過濾泡泡

訊息推播

智慧型手機使用者平均
一天收到56則推播訊息

內容串流

使用者創作內容

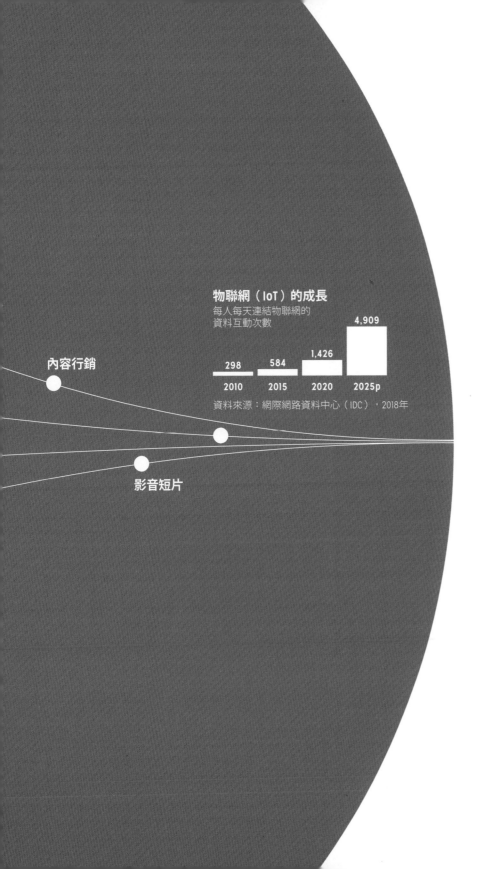

物聯網（IoT）的成長
每人每天連結物聯網的
資料互動次數

4,909

1,426

584

298

2010　2015　2020　2025p

資料來源：網際網路資料中心（IDC），2018年

內容行銷

影音短片

訊號 09

資訊超載

資訊超載

人類正在創造、分析和消耗比以往更多的資料。我們能否應對這種不斷堆升的訊息浪潮？

 訊號範圍
極廣（5／5）

 訊噪比
極高（5／5）

 訊號

全世界資料量（包含擷取、創造、複製）

皆位元組*（zettabytes）

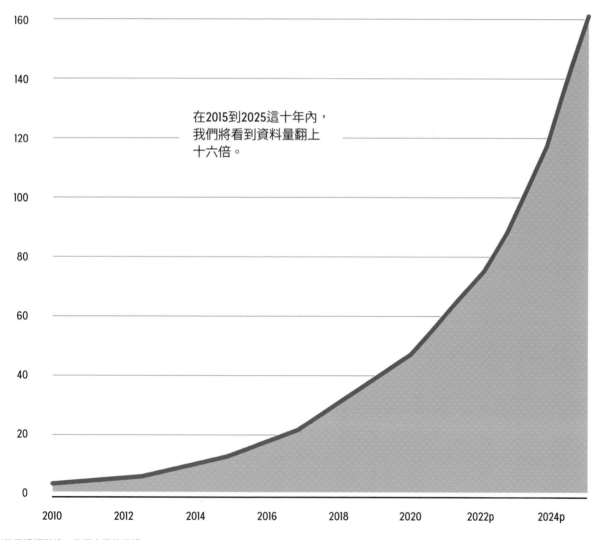

在2015到2025這十年內，我們將看到資料量翻上十六倍。

2010　2012　2014　2016　2018　2020　2022p　2024p

創造、發布和共享內容無敵簡單。
同樣地，連接設備激增導致新數據量急劇增加。海量資訊唾手可得，但要採擷洞見沒那麼簡單。

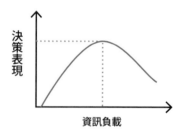

當系統的輸入量超出其處理能力時，就會發生資訊超載。 決策者的認知處理能力相當有限。因此，當資訊一超載，決策品質就很可能會大打折扣。

——艾文・托佛勒（Alvin Toffler）

* 一皆位元組相當於一兆個十億位元組。
資料來源：網際網路資料中心全球資料圈（IDC Global Datasphere），2018年

螢幕生活變成日常

近年來,人們的螢幕使用時間爆增,如今使用數位媒體的時間是2008年的兩倍以上。

美國成年人每天使用數位媒體的時數

2018

3.6 小時
行動裝置

2008
0.3 小時
行動裝置

2.7 小時
電腦

2.0 小時
電腦

0.7 小時
其他連接設備

0.2 小時
其他連接設備

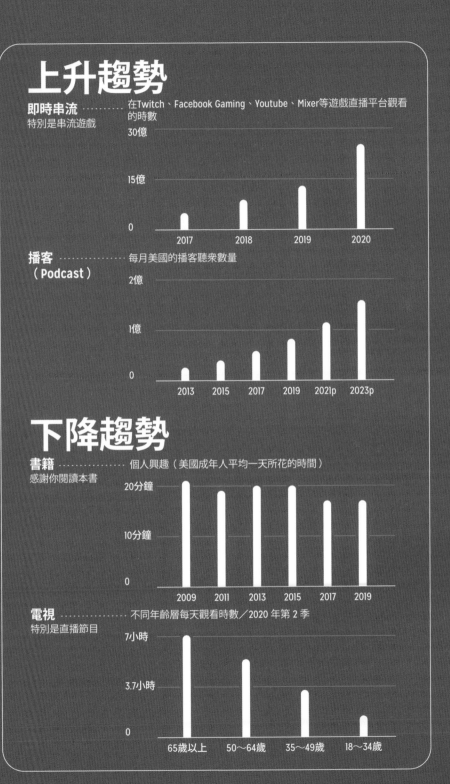

上升趨勢

即時串流
特別是串流遊戲

在Twitch、Facebook Gaming、Youtube、Mixer等遊戲直播平台觀看的時數

30億
15億
0

2017　2018　2019　2020

播客
(Podcast)

每月美國的播客聽眾數量

2億
1億
0

2013　2015　2017　2019　2021p　2023p

下降趨勢

書籍
感謝你閱讀本書

個人興趣(美國成年人平均一天所花的時間)

20分鐘
10分鐘
0

2009　2011　2013　2015　2017　2019

電視
特別是直播節目

不同年齡層每天觀看時數／2020 年第 2 季

7小時
3.7小時
0

65歲以上　50～64歲　35～49歲　18～34歲

資料來源:eMarketer,2019年;串流小斧(Stream Hatchet),2020年;綜合統計資料庫 Statista,2019年;美國勞工部勞動統計局,2020年;尼爾森(Nielsen),2020年

我們在尋找一種叫意義的東西

隨著科技發展，人類消化資訊和了解世界的驅力並未改變。事實上，我們對於資訊品質的評估可以用
道格‧柯林頓（Doug Clinton）（野狼冒險創投公司〔Loup Ventures〕管理合夥人）的等式來總結：

$$\underset{\text{意義值除以時間}}{\textbf{實用性}} = \frac{\underset{\text{個人如何闡釋資訊}}{\textbf{意義}}}{\underset{\text{個人消化資訊所需時間}}{\textbf{時間}}}$$

資料來源：野狼冒險創投公司，2018年

人們在面對這一波波勢不可擋的資訊海嘯時，已形成某些有利於快速評估內容的行為和框架。

壓縮

將更多有意義的訊息打包到一個能消化的單元內。

梗圖、動畫和　　　儀表板　　　　　說明影片
表情符號

過濾

利用演算法、資訊聚合服務和群體智慧來幫助我們剔除
不感興趣的資訊。

推特　　　　　　　新聞訂閱　　　　　點讚
影響者

資訊密度變高

當我們對汲取資訊愈來愈來熟悉，內容消費方式會變得更形密集，請細想以下實例。

推特

影音

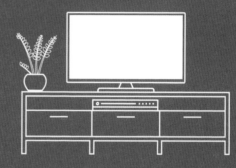

客廳沙發

2010

文字敘述，140字元

低解析度、低可分享性

數位視訊紀錄（DVR）、黑莓機（3G）

2020

280個字元、動畫、影片、圖像、
地理標記、標記、主題標籤、表情符號、
直播、推文串、引用推文

高解析度、貼紙、濾鏡、
動畫、文字覆蓋、標記、地理標記、
主題標籤、音樂

智慧型手機（長期演進技術〔LTE〕或 5G）、
網飛（Netflix）、智慧型喇叭、任天堂Switch主機
（Nintendo Switch），蘋果智慧型手錶（Apple Watch）

以資料為導向的未來

資訊世界迅速擴張，正滲透到我們生活的各個層面。以下是一些數據資料間接形塑未來的方式。

事事即時

到2025年，估計所有三分之一的資訊都將是「即時」的。這是從感應器和數十億個連接設備所收集到的資料。

資料來源：網際網路資料中心全球資料圈，2018年

量化自我

我們的日常生活在互聯技術的包圍之下，漸漸衍生大量的數據。借助日新月異的科技，我們可以利用這些數據來增進生活，甚至改善身體健康。

擴增實境
隱祕的真實世界

寶可夢GO（Pokémon Go）讓數百萬人初次領會到現實世界是如何融入層層數位資訊。以智慧型手機為工具而與這種「在真實環境中覆蓋的數位內容」互動，僅僅是個開端。

惡訊息

我們在存取資訊和使用內容創作工具上的開放程度是前所未有的，從許多角度來看都屬幸事，但它們也可能是詛咒。這是資訊超載惡意的一面。

整個過程不斷重複：
假新聞週期

近年來，網際網路上充斥著大量誤導性、誇張和徹頭徹尾的虛假內容，這當中有經濟誘因在作祟實不足為奇。

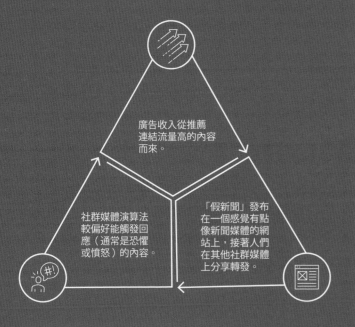

廣告收入從推薦連結流量高的內容而來。

社群媒體演算法較偏好能觸發回應（通常是恐懼或憤怒）的內容。

「假新聞」發布在一個感覺有點像新聞媒體的網站上，接著人們在其他社群媒體上分享轉發。

不實和擁護特定政黨的內容是由機器人在大力傳播的。推特上的研究發現：

66%

66%的推文連結疑似是由機器人分享出來的。

89%

連結到熱門新聞聚合網站的推文，其中89%是由機器人發布的。

資料來源：皮尤研究中心，2017年

能在資料導向的未來得勝，意味著對複雜事物能從容以對。

我們在一代人的時間就從電視發展到了抖音（TikTok），因此在邁入完全整合的數位時代過程中，經歷成長的痛苦是可預期也是很自然的。能夠辨識可靠的資訊，並且善用自動化工具傳遞內容，將是在這個既新奇又令人興奮的未來裡飛黃騰達的關鍵。從雜訊中挖掘有用的訊號，從未像現在般有價值。

收集使用者資料

截至2018年為止，人類資料市場價值估計達每年1,500～2,000億美元。

資料來源：國際商業機器股份有限公司（下稱 IBM，全書皆同）和數位人文公司（Hu-manity.co），2018年

雲端運算

使用者資料粒度愈來愈細緻

儲存容量增加
儲存資料的成本長久下來以指數速率下降。

每百萬位元組（MB）成本

$100
1983

$1
1993

$0.0001
2009

資料來源：《經濟學人》（*The Economist*），2019年

資料安全性提升

資料成本降低

採用資料工具

資訊科技（IT）現代化

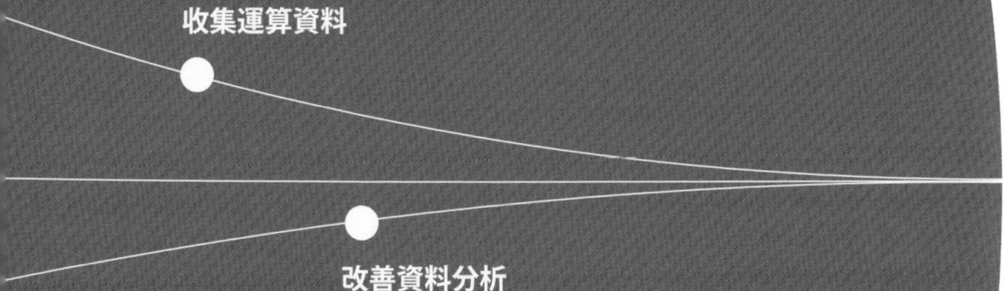

改善資料分析

2019年，近60%的資訊長（Chief Information Officers）受訪表示，其執行長靠他們實現組織的前三大優先要務。

資料來源：麥肯錫調查（McKinsey Survey），2019年

訊號 10

數據作為護城河

數據作為護城河

有龍頭企業從數據所築起的護城河中冒出來。這些科技巨頭在廣大用戶群和由此產生的獨特大數據保護下，正走上不受約束的經濟成長之路。

訊號範圍
中等（3／5）

訊噪比
中等（3／5）

數據護城河是潛在競爭對手的**關鍵進入障礙**，讓大型科技公司得以進步神速，並引領人工智慧（AI）革命綻現榮景。科技巨頭坐擁的數據護城河，是由使用者資料和運算資料所組成，可說是一種「經濟護城河」的有效形式。

ⓘ 經濟護城河一詞在1995年因華倫·巴菲特（Warren Buffett）而廣為人知，意指阻止潛在市場新進者挑戰一間公司的市場占有率。

⍫ 科技巨頭自2005年以來的收入成長

 亞馬遜　蘋果　G字母控股（Alphabet）　▉ 微軟　f臉書

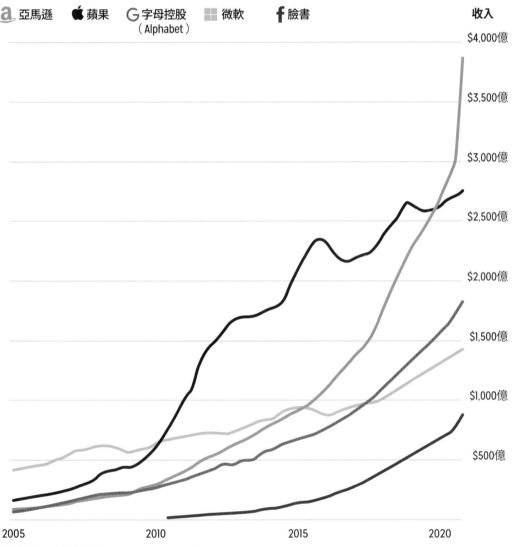

資料來源：宏觀趨勢（Macrotrends），2020年

築起數據護城河的用戶數

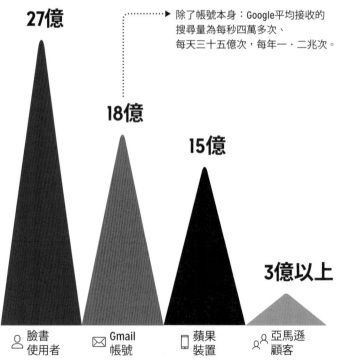

▶ 除了帳號本身：Google平均接收的搜尋量為每秒四萬多次、每天三十五億次，每年一·二兆次。

- 27億　臉書使用者
- 18億　Gmail帳號
- 15億　蘋果裝置
- 3億以上　亞馬遜顧客

資料來源：綜合統計資料庫Statista，2020年；瓦倫斯研究（Valens Research），2020年；蘋果，2020年；亞馬遜，2020年

數據護城河
孕育大型科技公司

資料愈多，大型科技公司就愈能利用人工智慧的力量。
這就是為什麼像蘋果和字母控股這類公司在過去十年中，
能以愈來愈快的速度吞併人工智慧新創和人才的原因。

科技巨頭收購人工智慧的累計數量

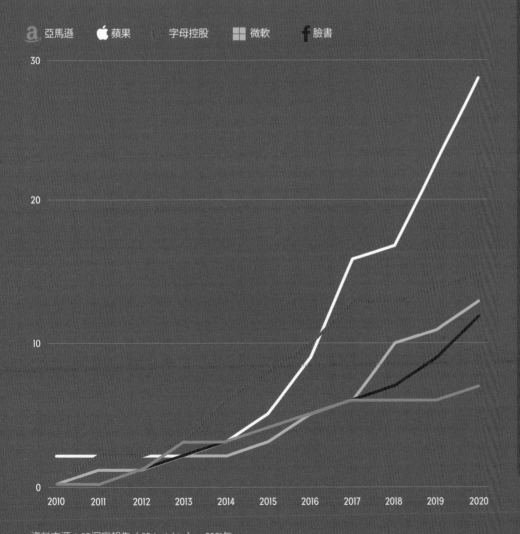

資料來源：CB洞察報告（CB Insights），2021年

數據護城河融合人工智慧應用
2011年～2019年9月各產業別收購的人工智慧公司數量

> 1　　> 20　　> 100

資料來源：CB洞察報告，2021年

數據護城河之基石

公司會大量收集用戶和帳號持有人的資料——從姓名和家庭住址等個人詳細資訊到搜索字詞、全球定位系統（GPS）和購物行為。這些用戶人的資料與分析、人工智慧和營運洞察等軟體相結合後，為企業提供驚人的競爭優勢。

	Google	亞馬遜	蘋果	臉書
姓名	✓	✓	✓	✓
電話號碼	✓	✓	✓	✓
所在位置	✓	✓	✓	✓
實際地址	✓	✓	✓	✓
電子郵件地址	✓	✓	✓	✓
文件和電子表格	✓	✗	✓	✗
行事曆事項	✓	✗	✓	✓
興趣	✗	✗	✓	✓
宗教和政治觀點	✗	✗	✗	✓
付款資訊	✓	✓	✓	✓
信用卡資訊	✗	✓	✓	✓
購買紀錄	✓	✓	✗	✓
聊天和訊息	✓	✗	✗	✓
訪問過的網站	✓	✓	✓	✓
瀏覽紀錄	✓	✓	✗	✓
搜尋歷史紀錄	✓	✓	✗	✓
觀看的影片	✓	✓	✗	✓
上傳的照片	✓	✓	✓	✓
使用資訊	✗	✓	✗	✓
與應用軟體（Apps）、瀏覽器和裝置之間的互動	✓	✓	✓	✓

來源：Security.org，2020 年；數位資訊世界（Digital Information World），2020年

管理護城河和人工智慧：遷移至雲端儲存

持續採用雲端和資訊科技現代化是人工智慧革命成功的關鍵。同時，它們對資料管理和人工智慧的擴張及相關利益至為重要。

雲端工作負載分布 2019年 vs. 2022年

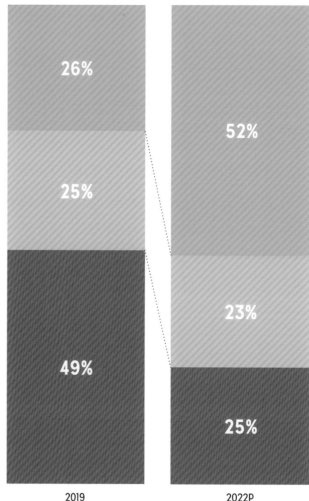

公用雲　　私有雲　　用戶端軟體

不同雲類的工作負載百分比

	2019	2022P
公用雲	26%	52%
私有雲	25%	23%
用戶端軟體	49%	25%

資料來源：麥肯錫，2019年

數據護城河和人工智慧產生的收入

不管直接還是間接,科技巨頭的大部分收入都歸功於巧妙發揮手上的用戶數據、分析方法和人工智慧應用的效益。
即使是電子商務巨擘亞馬遜,其大部分零售收入也來自於其專有用戶資料,因為分析方法和人工智慧利用了消費者支出模式。

亞馬遜 $2,810億

- 50% 零售
- 19% 第三方服務
- 18% 其他
- 13% 亞馬遜網頁服務
  亞馬遜網頁服務占全世界33%雲端計算市場

蘋果 $2,600億

- 55% 蘋果手機(iPhone)
- 27% 其他
- 18% 數位內容

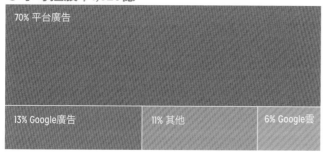

字母控股 $1,620億

- 70% 平台廣告
- 13% Google廣告
- 11% 其他
- 6% Google雲

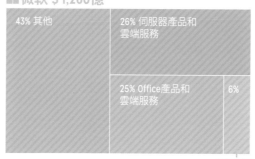

微軟 $1,260億

- 43% 其他
- 26% 伺服器產品和雲端服務
- 25% Office產品和雲端服務
- 6%

臉書 $710億

- 99% 平台廣告
- 1% 其他

臉書的收入來自為自家平台使用者提供廣告優化

繽紛搜尋(Bing)廣告

資料來源:美國證券交易委員會(SEC)文件,2019年

持續的人工智慧投資

科技巨頭絕不是唯一憑藉用戶資料和人工智慧增進業務者。據估計,全球人工智慧支出在不到五年內將會上翻一倍。

全球支出

🛈 解讀包

2024 $ —— 年 —— 全球人工智慧支出

年複合成長率(CAGR)
2020〜2024P
▲ 21.7%

2020	2023P	2024P
$501億	$979億	$1,100億

資料來源:網際網路資料中心,2019年;網際網路資料中心,2020年

資料和人工智慧投資對全球的影響

雖然全球都將從投資、採用人工智慧中受益，但預期北美和中國會是經濟贏家，
而開發中國家由於技術採用率較低，獲益會較少。

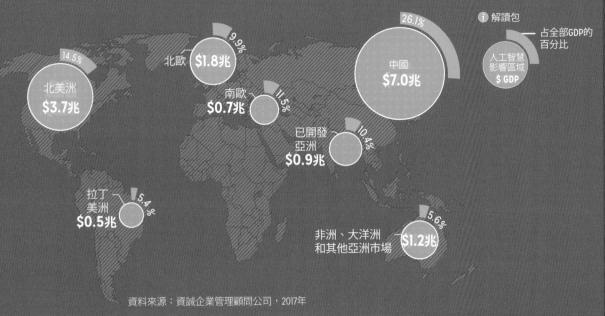

⓵ 解讀包
— 占全部GDP的
  百分比

人工智慧
影響區域
$ GDP

26.1%
中國
$7.0兆

9.9%
北歐 $1.8兆

14.5%
北美洲
$3.7兆

南歐
$0.7兆 **11.5%**

已開發
亞洲
$0.9兆 **10.4%**

拉丁
美洲 **5.4%**
$0.5兆

非洲、大洋洲
和其他亞洲市場 **5.6%**
$1.2兆

資料來源：資誠企業管理顧問公司，2017年

個性化服務與品質的人工智慧收益預估

從高品質的個性化體驗到提高生產力，人工智慧有望在營運和服務層面影響企業。

**人工智慧對全球
GDP的影響**
- ● 勞動生產力
- ● 個人化
- ○ 節省時間
- ● 品質

ⓘ 人工智慧市場預計到2027年將
達到7,337億美元。

資料來源：大觀（Grand View）

到2030年，人工智慧
對全球經濟的貢獻估計
將達到15.7兆美元。

全球GDP預計因為
人工智慧增加14%。

$16兆													
$14兆													
$12兆													
$10兆													
$8兆													
$6兆													
$4兆													
$2兆													
$0兆	2017	2018	2019	2020	2021P	2022P	2023P	2024P	2025P	2026P	2027P	2028P	2029P	2030P

資料來源：資誠企業管理顧問公司，2017年

跨產業的資料和人工智慧

隨著雲端儲存和資料分析相關的成本降低，大大小小的
公司將更能善用數據護城河和人工智慧整合。醫療保健
和汽車工業等產業所受影響可能最大。

潛在的人工智慧消費影響 *
● ⬭ 影響等級：1-5

部門	子部門
醫療保健 3.7	提供者／健康服務
	製藥／生命科學
	保險業
	消費者健康
汽車 3.7	原廠代工製造（OEM）
	售後服務和維修
	零件供應商
	個人移動即服務
	（Personal mobility as a service）
	融資
金融服務 3.3	資產財富管理
	銀行與資本
	保險業
交通運輸與物流 3.2	交通運輸業
	物流業
科技、通訊和娛樂 3.1	科技業
	娛樂業、媒體和通訊
零售 3.0	消費產品
	零售業
能源 2.2	石油和天然氣
	電力和公用事業
製造 2.2	工業製造
	工業產品／原料

* 根據資誠的人工智慧影響指數評估（AI impact index evaluation）
1～5等級：5代表人工智慧潛在影響最高。

資料來源：資誠企業管理顧問公司，2017年

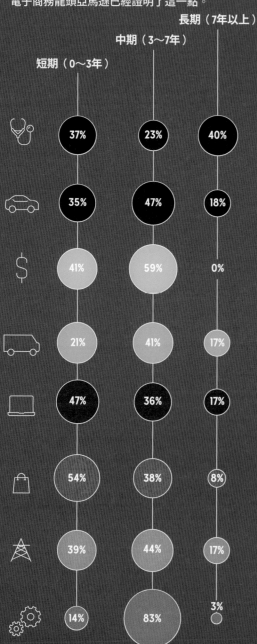

人工智慧採用的成熟度

零售商可能是最快採用人工智慧者，
電子商務龍頭亞馬遜已經證明了這一點。

短期（0～3年）　中期（3～7年）　長期（7年以上）

	短期（0～3年）	中期（3～7年）	長期（7年以上）
醫療	37%	23%	40%
汽車	35%	47%	18%
金融	41%	59%	0%
物流	21%	41%	17%
科技	47%	36%	17%
零售	54%	38%	8%
能源	39%	44%	17%
製造	14%	83%	3%

資料來源：資誠企業管理顧問公司，2017年

「我尋找有著牢不可破的
護城河守護的經濟城堡。」

——華倫‧巴菲特，
波克夏海瑟威公司（Berkshire Hathaway）董事長兼執行長

從科技巨頭那裡可以學到很多東西。他們的經濟主導地位泰半歸功於既廣又深的數據護城河建設。這些護城河一開始建立在用戶資料的基礎上，隨著時間愈變愈強大。

由於雲端技術、分析工具改進以及人工智慧出現，數據護城河益發堅固，而奠基於數據的新帝國更有可能會崛起。

資料化與日俱增

連接設備和物聯網

全球210億物聯網設備，
預計到2025年將成長一倍。

資料來源：世界經濟論壇，2020年

攜帶自身設備

網路安全緩慢引入

黑市資料

零散的政策

暗網平均價格

美國護照：**$1,500**

被駭的Gmail帳戶：**$155.73**

帶有密碼的複製簽證：**$25**

資料來源：隱私事務（Privacy Affairs），
2020年

網路犯罪經濟

估計年收入

違禁、非法的網路市場：
$8,600億

商業機密、智慧財產（IP）盜竊：
$5,000億

資料交易：
$1,600億

網路犯罪服務：
$16億

勒索軟體：
$10億

高級駭客攻擊方法

資料來源：Bromium，2018年

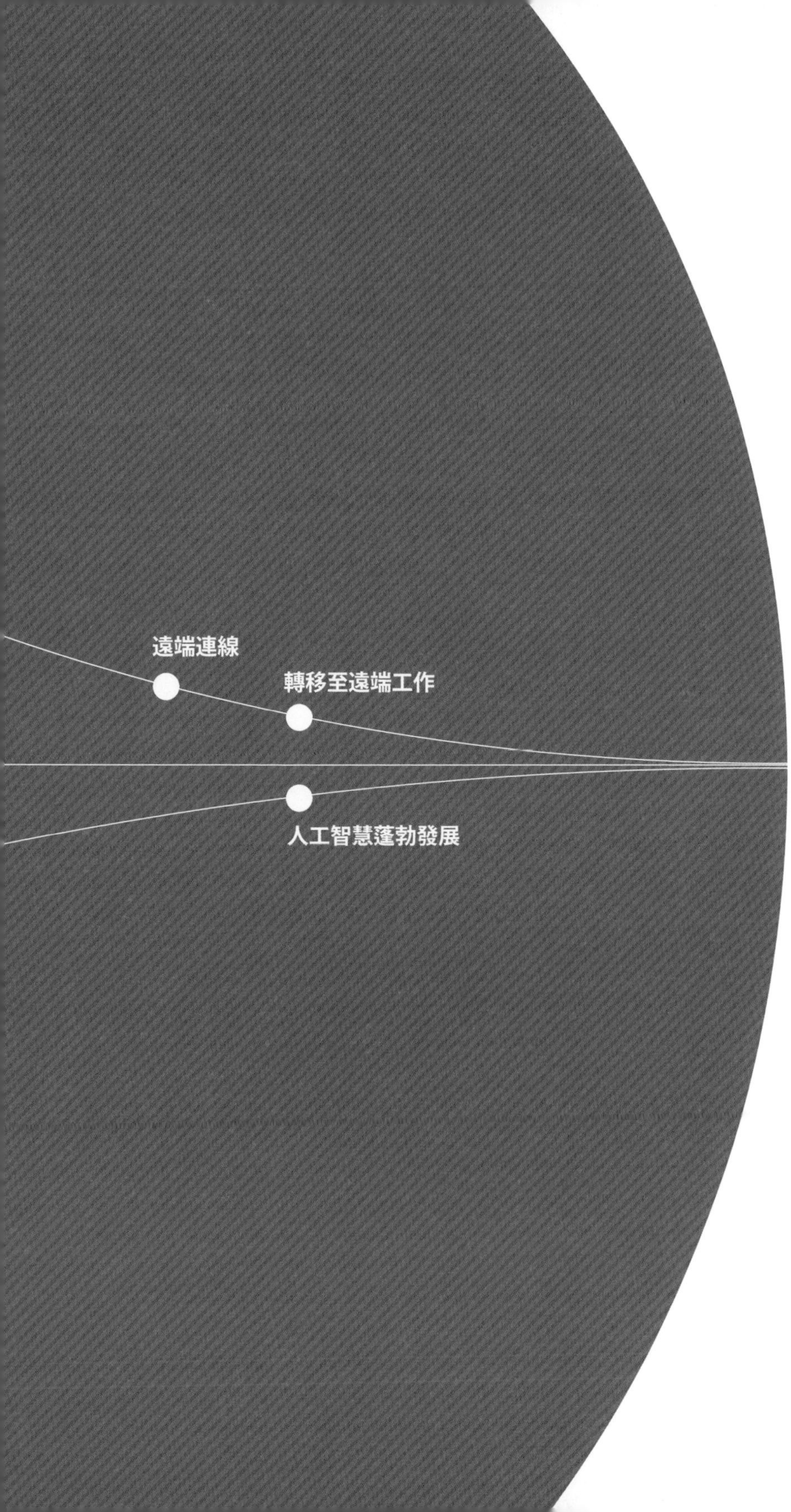

網路的狂野
大西部

遠端連線

轉移至遠端工作

人工智慧蓬勃發展

網路的狂野大西部

在過去十五年中，網路犯罪分子開發利用數位疆界之勢又迅又猛，為各行各業帶來新的漏洞。
網路的安全韌性對未來將更形重要。

美國2005～2019年資料外洩情況

資料外洩和曝光紀錄 ── 資料外洩 ── 曝光筆數

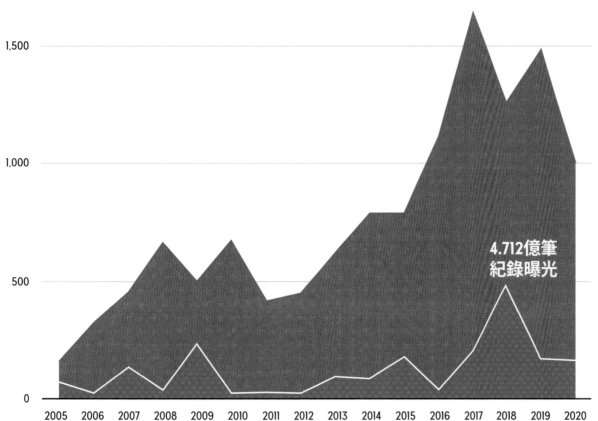

1,632起資料外洩

4.712億筆
紀錄曝光

2,000 / 1,500 / 1,000 / 500 / 0

2005 2006 2007 2008 2009 2010 2011 2012 2013 2014 2015 2016 2017 2018 2019 2020

資料來源：美國身分竊盜資源中心（ITRC），2021年

網路武器正在重塑我們對犯罪和戰爭的看法。它以無形的力量發動攻擊，以0和1的形式，一次就癱瘓數十萬台機器。

來自其他民族國家的網路戰成本也趨增。惡訊息攻勢、惡意軟體植入和網路釣魚攻擊已司空見慣，資料外洩的平均成本現在為390萬美元，影響過程急遽且嚴重，讓未來的選舉和關鍵的國家基礎設施都處於險境。

只有千分之三的網路事件遭到逮捕。

資料來源：第三路線（Third Way），2018年

來自民族國家的攻擊

民族國家攻擊在可觀的政府預算支持下，在經濟上最具破壞性，
但在各種威脅發動者中最為少見。

📊 最昂貴的威脅發動者　　● 每種威脅發動者類型的惡意資料外洩占比

| 平均合計損失 | | | | 惡意資料外洩占比 |

$500萬 ─── 53% ──── 60%

$400萬　　　$443萬　　　　　　$428萬　　　　　　$429萬　　　　　　$423萬

$300萬 ─── 40%

　　　　　　　　　　　　　　　　　　　　　21%
$200萬 ─────────────────────────────────── ? ──────────────── 20%

　　　　　13%　　　　　　　13%
$100萬 ─── ⊞ ─────────── 🔒 ────────────────────────────────

0 ─── 0%

民族國家　　　　激進駭客　　　　　不詳　　　　　基於財務動機者

Source: IBM, 2020

產業攻擊的最大目標

網路犯罪分子鎖定金融服務業，從巨量敏感資料中盜取線上
銀行帳戶和轉帳憑證。

前十大產業攻擊目標的攻擊數占比

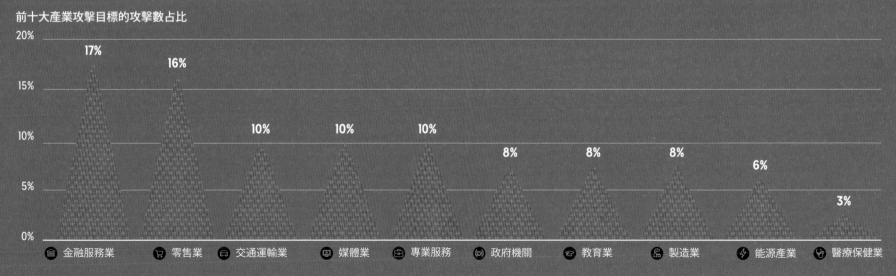

20%									
17%	16%								
15%									
		10%	10%	10%					
10%					8%	8%	8%		
								6%	
5%									3%
0%									
🏦 金融服務業	🛒 零售業	🚍 交通運輸業	📺 媒體業	🏢 專業服務	🏛 政府機關	🎓 教育業	🏭 製造業	⚡ 能源產業	🩺 醫療保健業

資料來源：IBM，2020年；芬一安全（F-Secure），2019年

有什麼利害關係？

大量個人資料外洩所造成的影響程度，從惱人的騷擾電話到令人震驚的財務損失，各個層面有所不同。

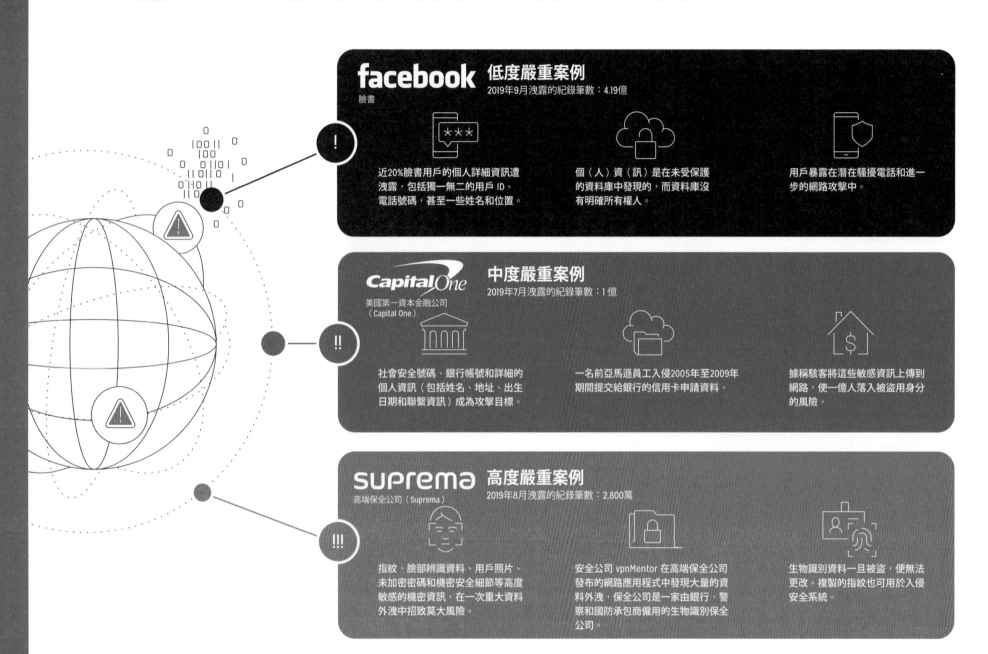

facebook 低度嚴重案例
臉書
2019年9月洩露的紀錄筆數：4.19億

近20%臉書用戶的個人詳細資訊遭洩露，包括獨一無二的用戶 ID、電話號碼，甚至一些姓名和位置。

個（人）資（訊）是在未受保護的資料庫中發現的，而資料庫沒有明確所有權人。

用戶暴露在潛在騷擾電話和進一步的網路攻擊中。

Capital One 中度嚴重案例
美國第一資本金融公司（Capital One）
2019年7月洩露的紀錄筆數：1億

社會安全號碼、銀行帳號和詳細的個人資訊（包括姓名、地址、出生日期和聯繫資訊）成為攻擊目標。

一名前亞馬遜員工入侵2005年至2009年期間提交給銀行的信用卡申請資料。

據稱駭客將這些敏感資訊上傳到網路，使一億人落入被盜用身分的風險。

suprema 高度嚴重案例
高端保全公司（Suprema）
2019年8月洩露的紀錄筆數：2,800萬

指紋、臉部辨識資料、用戶照片、未加密密碼和機密安全細節等高度敏感的機密資訊，在一次重大資料外洩中招致莫大風險。

安全公司 vpnMentor 在高端保全公司發布的網路應用程式中發現大量的資料外洩，保全公司是一家由銀行、警察和國防承包商僱用的生物識別保全公司。

生物識別資料一旦被盜，便無法更改。複製的指紋也可用於入侵安全系統。

資料來源：Databreaches.net、IDTheftCentre，以及擷自資訊很美好（Information Is Beautiful）的報導，2020年

全球性的資安漏洞

任何國家都無法倖免於網路安全漏洞，但迄今為止，美國面臨的潛在財務損失最大。

各區域平均一次資安漏洞的損失（單位：萬美元） ● 2019 ● 2020

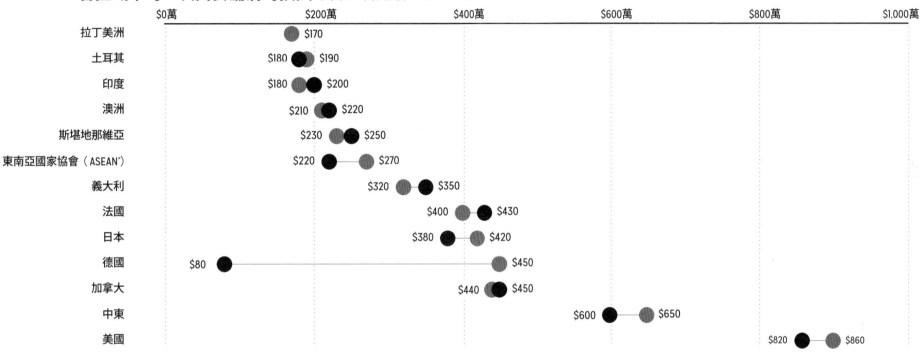

	$0萬	$200萬	$400萬	$600萬	$800萬	$1,000萬

拉丁美洲 $170
土耳其 $180 $190
印度 $180 $200
澳洲 $210 $220
斯堪地那維亞 $230 $250
東南亞國家協會（ASEAN*） $220 $270
義大利 $320 $350
法國 $400 $430
日本 $380 $420
德國 $80 $450
加拿大 $440 $450
中東 $600 $650
美國 $820 $860

資料來源：IBM，2020年

ASEAN＝Association of Southeast Asian Nations

數百萬美元的損失

 平均一次資安漏洞的損失
2020 **$ 386 萬**

 平均識別和遏制資安漏洞所需時間
2020 **280 天**

使用支援人工智慧安全自動化的公司
2020 **59%** 的組織

資料來源：IBM，2020年

網路犯罪分子追追追

網路武器發展快速，網路安全戰術須居於領先的壓力破表。

新興的網路防禦趨勢

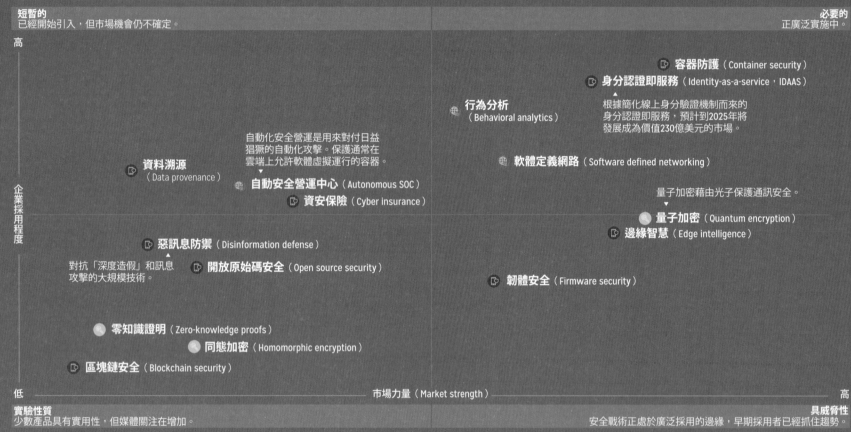

資訊科技治理、風險和法規遵循　　　網路安全　　　資料安全

資料來源：CB洞察報告，2019年

短暫的
已經開始引入，但市場機會仍不確定。

必要的
正廣泛實施中。

高

企業採用程度

容器防護（Container security）

身分認證即服務（Identity-as-a-service，IDAAS）
根據簡化線上身分驗證機制而來的
身分認證即服務，預計到2025年將
發展成為價值230億美元的市場。

行為分析
（Behavioral analytics）

自動化安全營運是用來對付日益
猖獗的自動化攻擊。保護通常在
雲端上允許軟體虛擬運行的容器。

資料溯源
（Data provenance）

自動安全營運中心（Autonomous SOC）

資安保險（Cyber insurance）

軟體定義網路（Software defined networking）

量子加密藉由光子保護通訊安全。

量子加密（Quantum encryption）

邊緣智慧（Edge intelligence）

惡訊息防禦（Disinformation defense）

對抗「深度造假」和訊息
攻擊的大規模技術。

開放原始碼安全（Open source security）

韌體安全（Firmware security）

零知識證明（Zero-knowledge proofs）

同態加密（Homomorphic encryption）

區塊鏈安全（Blockchain security）

低 ———————————— 市場力量（Market strength）———————————— 高

實驗性質
少數產品具有實用性，但媒體關注在增加。

具威脅性
安全戰術正處於廣泛採用的邊緣，早期採用者已經抓住趨勢。

網路攻擊最大的影響

網路攻擊會使企業和營運變得毫無用處，影響員工生產力、聲譽和收入。
此外，網路安全缺失可能會遭來監管機構罰款。

21%
營運中斷導致
收入損失

21%
失去客戶信任

17%
領導階層變動

16%
聲譽損失

14%
上級監管罰款

12%
股價下跌

資料來源：德勤（Deloitte），2019年

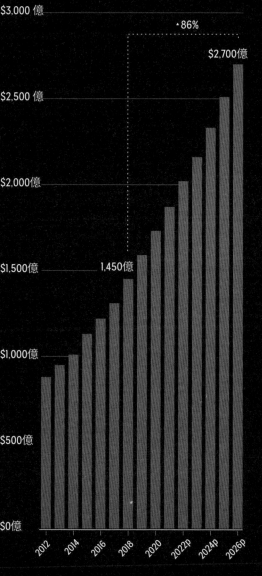

網路安全市場預測

不斷攀升的攻擊事件和網路法規
是全球網路安全市場背後的關鍵
力量。到2026 年，預計將達到
2,700億美元，比2018 年大增86%。

資料來源：澳洲網路安全成長網路
（Australian Cyber Security Growth Network），2019年
2018年＝最新實際資料（固定匯率）

**任何人都可能淪為
網路犯罪的受害者。**

甚至是企業和整個政府。隨著世界相互連結的程度愈高、
愈來愈依賴科技，它為線上駭客打開了大門，進而利用系
統中的關鍵安全漏洞。

為了應對日趨嚴重的威脅，我們的網路安全能力必須匹
配——最好能壓制——網路犯罪分子的陰謀詭計。

04

科技創新

訊號數／ 04

數位世界正以驚人的速度向前躍進，但原子和分子領域的物理創新同樣令人著迷。

世界各地的科學家和技術人員正在許多領域取得突破，為嶄新的未來鋪路。我們最熟悉的創新可能是半導體領域本身，摩爾定律（Moore's Law）仍適用。

但是其他開創性的領域也有訊號浮現。人類基因體定序成本下降的速度比摩爾定律預測的還要快。與此同時，太空業務即將爆發，儘管它的發展方向可能會與媒體倡導的背道而馳。

最後，在更成熟的電信領域，我們也即將看到全球對 5G 基礎設施投入數十億美元的成果。為了分析這些訊號，我們會看到在未來幾年推動技術向前發展的大潮流底下，誰會是贏家。

電力

半導體裝置

網際網路
全球網際網路使用人口比例

2005　17%

2019　54%

資料來源：國際電信聯合會（ITU），2019年

經濟規模
定序人類大小的基因體之成本
● $9,530萬

$10.81萬　$606

2001　2008　2019

資料來源：美國人類基因體國家研究中心
（National Human Genome Research Institute），2020年

摩爾定律

緊致電晶體

金屬氧化物半導體場效應
電晶體（MOSFET）*

小型化
（Miniaturization）

* 現代電子產品中使用的電晶體
估計在1960年至2018年之間，總共製造了
1.3×10^{22}個金屬氧化物半導體場效應電晶體。

資料來源：電腦歷史博物館
（Computer History Museum），2018年

設備擴增

知識積累（Knowledge accumulation）

估計2021年累積的
數位知識為79皆位元組。

資料來源：網際網路資料中心，2018年

資料化

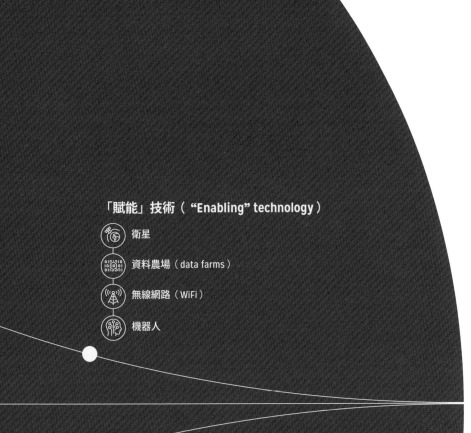

「賦能」技術（"Enabling" technology）

 衛星

資料農場（data farms）

無線網路（WiFi）

機器人

機器學習（Machine learning）
DeepMind的MuZero電腦程式能在沒被告知規則的情況下，學習並精通西洋棋、圍棋和日本將棋。

資料來源：Deepmind，2019年

訊號 12

科技突飛猛進

科技突飛猛進

科技進步呈指數速率在發展,相互促進並迅速改變世界。

 訊號範圍
極廣(5/5)

 訊噪比
高(4/5)

摩爾定律提升處理能力隨時間變化圖

摩爾定律:晶片上的電晶體數量每兩年翻倍,但電腦成本卻減半。

從燈泡到人工智慧驅動的汽車,科技創新速度不斷提升。起初,處理能力呈指數增幅的摩爾定律僅適用於電子電路。現在,我們明白技術飛速進步很久以前就開始了,並會持續下去——而社會變革將伴隨而來。

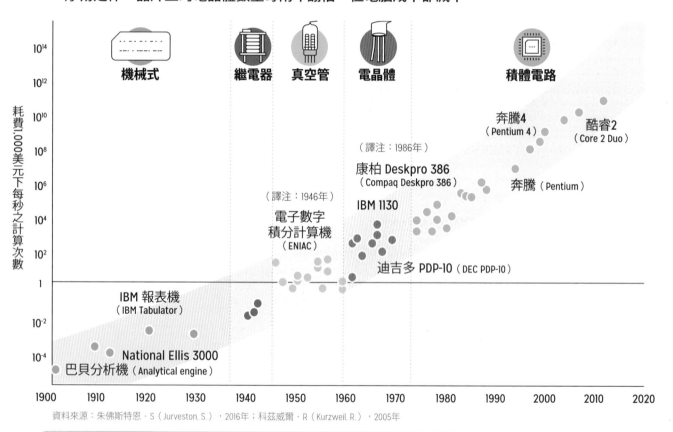

機械式 **繼電器** **真空管** **電晶體** **積體電路**

奔騰4(Pentium 4)
酷睿2(Core 2 Duo)

(譯注:1986年)
康柏 Deskpro 386(Compaq Deskpro 386)
IBM 1130
奔騰(Pentium)

(譯注:1946年)
電子數字積分計算機(ENIAC)
迪吉多 PDP-10(DEC PDP-10)

IBM 報表機(IBM Tabulator)

National Ellis 3000

巴貝分析機(Analytical engine)

耗費1,000美元下每秒之計算次數

1900 1910 1920 1930 1940 1950 1960 1970 1980 1990 2000 2010 2020

資料來源:朱佛斯特恩.S(Jurveston, S.),2016年;科茲威爾.R(Kurzweil, R.),2005年

可視化新科技等效舊技術

14,000
本以上的書

 = **1** 部 Kindle 電子書閱讀器

213,000
張 5.25 吋軟碟片

  = **1** 片256GB MicroSD記憶卡

100
柯達盒子相機(Kodak Box Camera No.1)(100張)

  = **1** 支智慧型手機(1萬張照片)

資料來源:專家交流(Experts Exchange),2015年

科技突破的時間簡軸

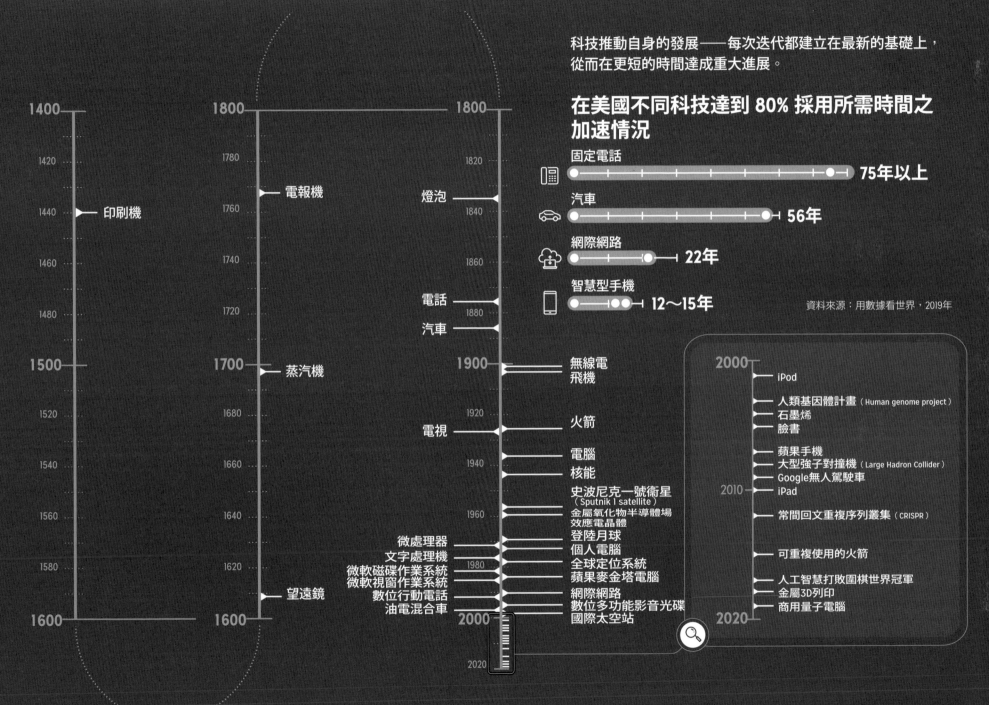

科技推動自身的發展——每次迭代都建立在最新的基礎上，從而在更短的時間達成重大進展。

在美國不同科技達到 80% 採用所需時間之加速情況

固定電話　　75年以上

汽車　　56年

網際網路　　22年

智慧型手機　　12〜15年

資料來源：用數據看世界，2019年

1400
1420
1440　印刷機
1460
1480
1500
1520
1540
1560
1580
1600

1800
1780
1760　電報機
1740
1720
1700　蒸汽機
1680
1660
1640
1620
1600　望遠鏡

燈泡
電話
汽車
無線電
飛機
火箭
電腦
核能

1800
1820
1840
1860
1880
1900
1920
1940
1960
1980
2000
2020

史波尼克一號衛星（Sputnik 1 satellite）
金屬氧化物半導體場效應電晶體
登陸月球
個人電腦
全球定位系統
蘋果麥金塔電腦
網際網路
數位多功能影音光碟
國際太空站

電視

微處理器
文字處理機
微軟磁碟作業系統
微軟視窗作業系統
數位行動電話
油電混合車

2000
2010
2020

iPod
人類基因體計畫（Human genome project）
石墨烯
臉書
蘋果手機
大型強子對撞機（Large Hadron Collider）
Google無人駕駛車
iPad
常間回文重複序列叢集（CRISPR）
可重複使用的火箭
人工智慧打敗圍棋世界冠軍
金屬3D列印
商用量子電腦

各科技領域快速成長

不僅僅是半導體設備（例如積體電路）呈指數成長幅度，我們一樣可以在多種不同部門中，看到「摩爾定律」式成長的證據。

前500大超級電腦效能（對數尺度）

超級電腦的性能以每秒浮點運算次數（FLOPS）來衡量，即系統在一秒內可完成的複雜算術計算的次數。

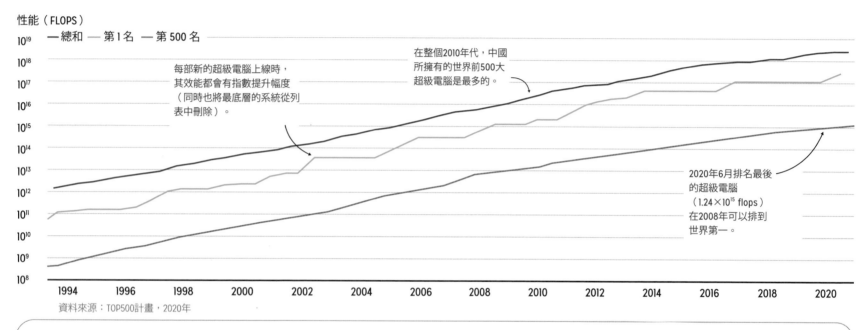

性能（FLOPS）

— 總和 — 第1名 — 第500名

每部新的超級電腦上線時，其效能都會有指數提升幅度（同時也將最底層的系統從列表中刪除）。

在整個2010年代，中國所擁有的世界前500大超級電腦是最多的。

2020年6月排名最後的超級電腦（1.24×10^{15} flops）在2008年可以排到世界第一。

資料來源：TOP500計畫，2020年

機器對機器的連線次數

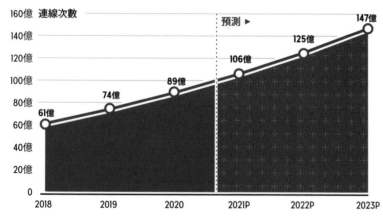

連線次數

預測 ▶

147億
125億
106億
89億
74億
61億

2018　2019　2020　2021P　2022P　2023P

資料來源：思科年度網際網路報告（Cisco Annual Internet Report），2020年

全球累計資料

（單位：皆位元組）

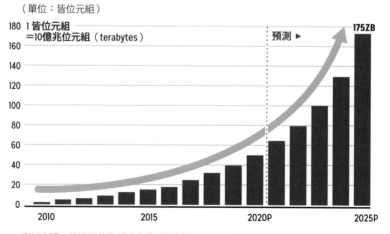

1 皆位元組＝10億兆位元組（terabytes）

預測 ▶

175ZB

2010　2015　2020P　2025P

資料來源：網際網路資料中心全球資料圈，2018年

更多的進展（和投資）
將會出現

科技日新月異，隨之發展的不只是該部門的市場占比，
投入新進發明的資金也在不斷增加。

美國股市各部門占比隨時間變化圖

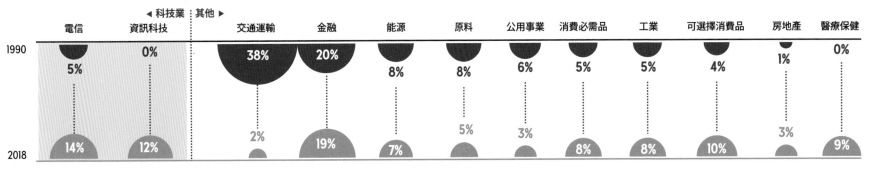

	◀ 科技業 ⋮ 其他 ▶										
	電信	資訊科技	交通運輸	金融	能源	原料	公用事業	消費必需品	工業	可選擇消費品	房地產	醫療保健
1990	5%	0%	38%	20%	8%	8%	6%	5%	5%	4%	1%	0%
2018	14%	12%	2%	19%	7%	5%	3%	8%	8%	10%	3%	9%

資料來源：全球金融資料（Global Financial Data），2018年

各國研發總支出

購買力平價 $ ◖ 占GDP百分比%

按購買力平價和占GDP的百分比（以美元計）

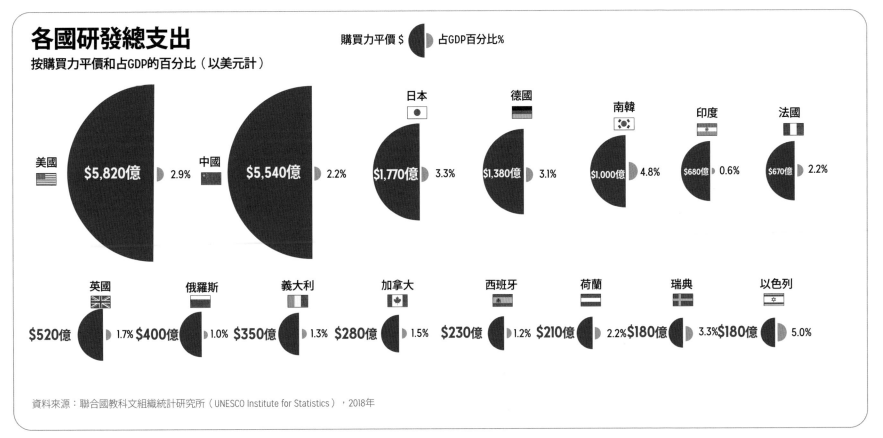

美國 $5,820億 2.9%
中國 $5,540億 2.2%
日本 $1,770億 3.3%
德國 $1,380億 3.1%
南韓 $1,000億 4.8%
印度 $680億 0.6%
法國 $670億 2.2%

英國 $520億 1.7%
俄羅斯 $400億 1.0%
義大利 $350億 1.3%
加拿大 $280億 1.5%
西班牙 $230億 1.2%
荷蘭 $210億 2.2%
瑞典 $180億 3.3%
以色列 $180億 5.0%

資料來源：聯合國教科文組織統計研究所（UNESCO Institute for Statistics），2018年

科技進展的影響日益深遠

科技發展沒有減慢的跡象，而投資者也在關注新機會。不過，放任式的進展可能會帶來負面後果。

新興科技的潛在好處和後果 *

受訪者按1-7分回答以下兩個問題：「這項新興科技在未來10年內帶來顯著效益的可能性有多大？」和「這項新興科技在未來10年內帶來嚴重負面後果的可能性有多大？」

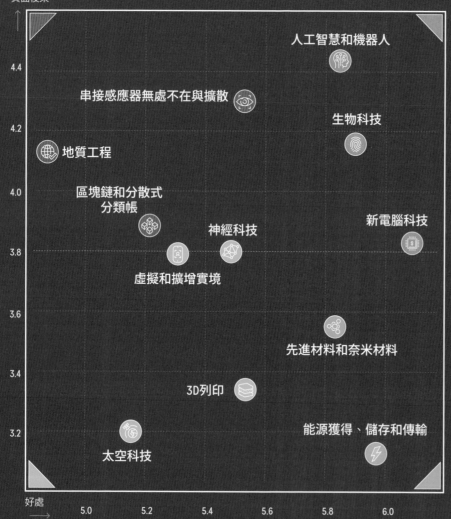

負面後果

- 人工智慧和機器人
- 串接感應器無處不在與擴散
- 生物科技
- 地質工程
- 區塊鏈和分散式分類帳
- 神經科技
- 新電腦科技
- 虛擬和擴增實境
- 先進材料和奈米材料
- 3D列印
- 能源獲得、儲存和傳輸
- 太空科技

好處

4.4 4.2 4.0 3.8 3.6 3.4 3.2

5.0 5.2 5.4 5.6 5.8 6.0

認為科技需要更好治理的領導者比例 *

受訪者選擇三項其認為最需要更好治理的新興科技。

- 人工智慧和機器人
- 生物科技
- 能源獲得、儲存和傳輸
- 區塊鏈和分散式分類帳
- 地質工程
- 神經科技
- 串接感應器無處不在與擴散
- 新電腦科技
- 先進材料和奈米材料
- 虛擬和擴增實境
- 太空科技
- 3D列印

0% 10% 20% 30% 40% 50% 60% 70% 80%

資料來源：世界經濟論壇，2016年

* 根據對745位商界、政府、學術界和非政府組織領導人之調查。

美國科技產業首次公開發行（IPO）與募得款項

科技部門迸發創新引燃投資者興趣

首次公開發行 的筆數　　所募得的款項（單位：億美元）

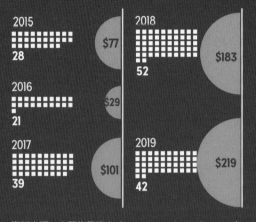

2015	
28	$77
2016	
21	$29
2017	
39	$101

2018	
52	$183
2019	
42	$219

資料來源：文藝復興資本（Renaissance Capital），2019年

半導體在汽車總成本中占比

全部車用電子產品：

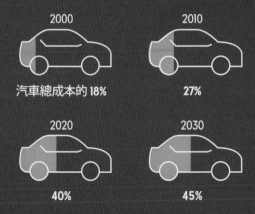

2000	2010
汽車總成本的 18%	27%

2020	2030
40%	45%

資料來源：經濟預測及商業諮詢機構IHS，德勤，2019年

科技發展疾如閃電。

它幾乎在所有產業中牢牢生根，應用範圍無窮無盡。雖然科技創新為投資者和消費者兩方締造充滿希望的機會，但由此而生的破壞也可能帶來挑戰。

在某些情況下，科技是如此成功，乃至超出我們能妥善管理的範圍，全球半導體供應緊縮，以及社交媒體上的內容審核問題就是兩大實例。21 世紀蓬勃進步，創新的步伐與之俱進、不斷加快，勢將成為決策者和商業領袖在管理上的主要挑戰。

力求高速

資料數據使用量增加

4G基礎設施老化

無線區域網路
（WLAN）
2004

3G
2000

長期演進技術
2008

5G
2019

5G標準部署

第三代合作夥伴計畫（3GPP）
是全球行動技術標準組織

資料來源：第三代合作夥伴計畫，2020年

支持基礎設施

網路設施競賽

5G節點設施

全球5G基礎設施市場規模，美元計

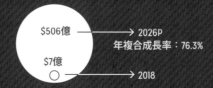

$506億 ⟶ 2026P
年複合成長率：76.3%

$7億
○ ⟶ 2018

資料來源：財富商業洞察
（Fortune Business Insights），2019年

車輛和機器

估計到2023年，聯網汽車將
占全球5G物聯網終端市場的 39%。

28%↑

11%   39%
2020   2023p

資料來源：顧能公司（Gartner），2019年

下一代智慧型手機

新的人工智慧功能

行動頻寬的限制
網際網路中來自行動裝置的流量比例

11%
2012年
8月

51%
2020年
8月

資料來源：統計台（Statcounter），2020年

智慧城市

訊號 13

5G 革命

5G革命

5G網路蘊含潛力，導入後將在未來十年翻轉生活和企業的面貌。

訊號範圍
極廣（5／5）

訊噪比
高（4／5）

5G物聯網在不同應用面單位銷售量預測

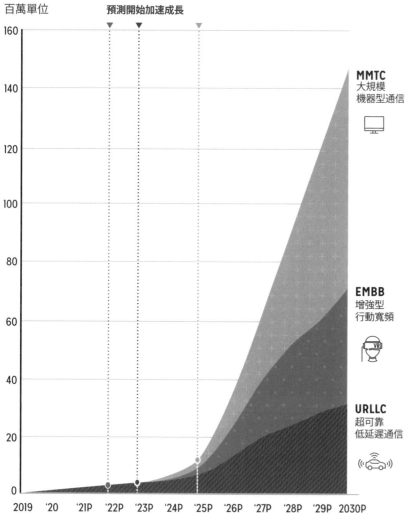

百萬單位

預測開始加速成長

MMTC
大規模
機器型通信

EMBB
增強型
行動寬頻

URLLC
超可靠
低延遲通信

資料來源：麥肯錫，2020年

下一代行動網路已經預告了很久，但5G已經到來並產生了影響。

這種橫跨城市、產業和生活許多方面的影響將帶來顛覆。5G不僅在當前無線標準的基礎上進步得愈來愈快，它還將掀起人工智慧和物聯網功能的新浪潮。

資本化和控制這種賦能科技的競賽正熱鬧登場。

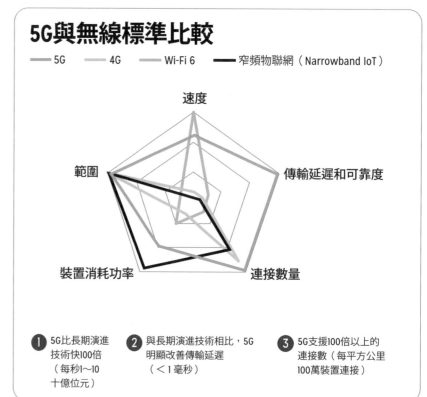

5G與無線標準比較

— 5G　— 4G　— Wi-Fi 6　— 窄頻物聯網（Narrowband IoT）

速度

傳輸延遲和可靠度

範圍

連接數量

裝置消耗功率

❶ 5G比長期演進技術快100倍（每秒1～10十億位元）

❷ 與長期演進技術相比，5G明顯改善傳輸延遲（＜1毫秒）

❸ 5G支援100倍以上的連接數（每平方公里100萬裝置連接）

5G網路的全球部署

5G有望在裝置連接數量和使用方面超越4G和其他網路標準。

單一網路啟用　多種網路啟用　完全啟用

瑞典
挪威
芬蘭
英國
愛爾蘭　德國　拉脫維亞
　　　　　　波蘭
荷蘭　　　　匈牙利
比利時
　　瑞士　　羅馬尼亞
　　　　　　奧地利
　　西班牙　義大利
　　　　科威特
　　　　巴林
　　　　卡達
　　　　阿拉伯聯合
　　　　大公國
沙烏地阿拉伯
阿曼王國

加拿大
美國
千里達及
托巴哥

南韓
日本
中國
泰國　　菲律賓
馬爾地夫

南非
澳洲
紐西蘭

資料來源：全球行動通訊系統協會
（GSMA），2020年

2025年全球5G普及率預估

按各國行動網路的百分比

50%	中國、日本、南韓
48%	北美洲
34%	歐洲
22%	其他亞洲國家
21%	波斯灣阿拉伯國家
20%	全球平均
12%	俄羅斯和獨立國協
7%	拉丁美洲
4%	其他中東及北非國家
3%	撒哈拉沙漠以南的非洲

資料來源：全球行動通訊系統協會，2020年

按預期網路成熟度劃分的 5G 應用例

增強型行動寬頻　　公共安全通訊　　消費者虛擬和　　車隊和庫存　　　能源和　　　　普遍的物聯網
　　　　　　　　　　　　　　　　擴增實境（零售）　管理與追蹤　　公共事業　　智慧城市和農業

2019　　　　2020　　　　2021　　　　2022　　　　2023　　　　2024　　　　2025

固定無線接入　　　智慧居家　　　智慧工廠　　　　虛擬和擴增實境　自動駕駛車　　即時銀行
（Fixed wireless access）　　　　（即時遠端控制）　下的醫療保健

5G網路能力

速度：每秒1～5個十億位元組	速度：每秒10 十億位元	可靠度：99.99%	可靠度：99.99%	可靠度：>10年電池壽命
延遲：<20毫秒	延遲：<10毫秒	延遲：<5毫秒	延遲：<1毫秒	裝置：達到每平方公里100萬台

資料來源：資誠策略（PwC Strategy&）和世界經濟論壇，2019年

5G 產業轉型

5G對各產業大類的影響

高影響　　　　　　　　　　低影響

產業	💻 增強型 行動寬頻	🗣 巨量 物聯網	📡 關鍵任務服務	各產業連上5G所帶來的 銷售額 *	產業銷售占比
農林漁業				$3,890億	5.3%
藝術與娛樂				$650億	3.5%
營造業				$7,310億	4.3%
教育業				$2,580億	3.6%
金融保險業				$6,090億	4.5%
健康與社工				$4,470億	3.9%
餐旅業				$1,210億	2.2%
資訊通訊				$1.57兆	10.7%
製造業				$4.69兆	5.4%
採礦和採石業				$3,300億	4.9%
專業服務				$5,360億	3.0%
公共服務				$9,850億	6.3%
房地產活動				$3,650億	2.4%
運輸和儲存				$6,270億	5.4%
公共事業				$2,650億	3.9%
批發零售				$1.20兆	5.1%
所有產業	$4.35兆	$4.22兆	$4.61兆	$13.18兆	整體平均：5.0%

資料來源：經濟預測及商業諮詢機構IHS Markit，2019年　　　　　資料來源：IHS Markit，2019年　　*以 2016 年美元計。

5G物聯網設備企業對企業（B2B）單位銷售量預測（以百萬單位計）

🛜 **獨特性**
需要5G技術才能讓效能提升表現得與眾不同。

📶 **新標準**
不需要5G 技術，但公司基於未來需求和更高標準規範而改採5G。

年份	獨特性	新標準	
2022P	3		
2025P	19	9	28
2030P	45	203	248

資料來源：麥肯錫公司（McKinsey & Company），2020年

實現5G轉型

民營和公部門對5G經濟效益的期待正推動5G快速成長。

2030年各類5G應用之企業對企業單位銷售量預測

2,230萬
工業4.0
工廠自動化系統

840萬
智慧城市
高畫質監視和交通
攝影機、先進的環
境感測器

510萬
智慧能源
智慧電網控制、
現場監控

420萬
互聯辦公室
大樓感測器和管理、
錄影監控

260萬
智慧保全
邊境安全、
緊急服務

200萬
互聯健康
行動醫療監護、
遠距手術

20萬
其他
智慧零售

資料來源：麥肯錫公司，2020年

2035年5G部門對全球經濟影響預測

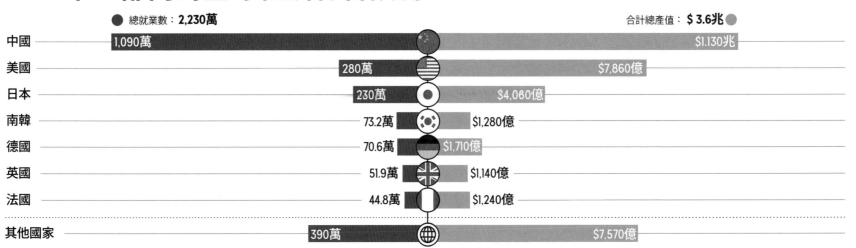

● 總就業數：2,230萬　　　　　　　　合計總產值：**$ 3.6兆** ●

國家	總就業數	合計總產值
中國	1,090萬	$1.130兆
美國	280萬	$7,860億
日本	230萬	$4,060億
南韓	73.2萬	$1,280億
德國	70.6萬	$1,710億
英國	51.9萬	$1,140億
法國	44.8萬	$1,240億
其他國家	390萬	$7,570億

資料來源：經濟預測及商業諮詢機構 IHS Markit，2019年

生產力轉型和突破性轉型

5G轉型預計將大大影響生產力，但同時它也會帶來混亂，擴大有無5G之間的差距。

5G來臨首當其衝的部門，其通訊服務供應商的影響貢獻程度

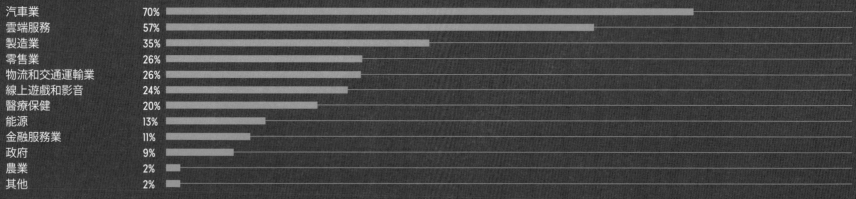

部門	百分比
汽車業	70%
雲端服務	57%
製造業	35%
零售業	26%
物流和交通運輸業	26%
線上遊戲和影音	24%
醫療保健	20%
能源	13%
金融服務業	11%
政府	9%
農業	2%
其他	2%

資料來源：企業績效創新網路（Business Performance Innovation Network），2019年

5G的政治競賽

5G的破壞性本質正促使許多國家
保護本國產業免受外來競爭。

**2020年8月各國對華為
5G設備的限制情況**

- 允許
- 保持中立
- 傾向不使用
- 限制
- 禁令生效
- 尚未表態

資料來源：彭博新聞社（Bloomberg News），經由美國戰略暨國際研究中心
（Center for Strategic & International Studies）擷取，2020年

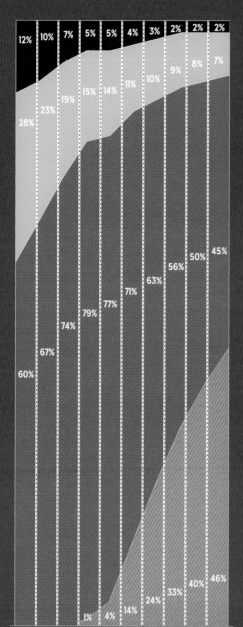

預估北美不同網路標準的市場占比

（不包括已發照的物聯網）

 2G　 3G　 4G　 5G

	2016	2017	2018	2019	2020	2021P	2022P	2023P	2024P	2025P
2G	12%	10%	7%	5%	5%	4%	3%	2%	2%	2%
3G	28%	23%	19%	15%	14%	11%	10%	9%	8%	7%
4G	60%	67%	74%	79%	77%	71%	63%	56%	50%	45%
5G				1%	4%	14%	24%	33%	40%	46%

資料來源：全球行動通訊系統協會，2020年

5G 的影響不是「萬一發生」而是「何時發生」的問題。

在接下來的十年裡，它有望從教育到運輸各層面，把極為廣泛的人類體驗翻轉過來。

5G 是一種賦能技術，其所帶來的轉變大多是正面積極的。但是，提前做好準備並善加利用這個優勢至關重要。

資料需求

連線需求

2019年所有發射的衛星中，
有35%提供電信服務，這是
最大的相關應用。

資料來源：歐諮（Euroconsult），2019年

衛星技術轉變

**小型衛星、
奈米衛星和立方衛星的擴展**

較小型衛星製造成本變低了

全球小型衛星市場預測

2020		$28億 ▲ 年複合成長率20.5%
2025p		$71億

資料來源：市場之間（Markets and Markets），2020年

**美國太空總署
著手與商業夥伴合作**

發射科技和頻率

土地監測和追蹤需求

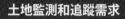

超過27%的商業衛星提供
地球觀測服務。

資料來源：憂思科學家聯盟，2020年

增加發射選項

2018年，太空探索技術公司（SpaceX）
打破了單年商業火箭發射次數最多的紀錄。

資料來源：商業內幕（Business Insider），2018 年

訊號 14

新太空競賽

新太空競賽

資料和連線需求引爆太空商業的熱度持續升高。

新太空競賽不是登月較量——這是一場奔向資料和分析互聯世界的競賽。從創業願景到由亞馬遜等科技巨頭建造的衛星星座，衛星任務激增凸顯對資料和連線的廣泛要求，也透露出對商業發射能力的需求。

訊號 〰 飆漲的衛星發射

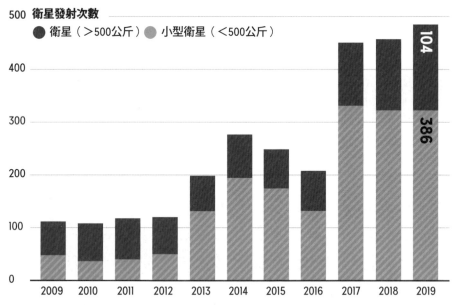

500 **衛星發射次數**
● 衛星（＞500公斤）　● 小型衛星（＜500公斤）

104
386

400
300
200
100
0

2009　2010　2011　2012　2013　2014　2015　2016　2017　2018　2019

資料來源：歐諮，2019年

2,298
2009至2018年為止，總共發射的衛星數量。

許多衛星可以同時發射。

衛星市場的過去和未來 （2019年所做的預測）

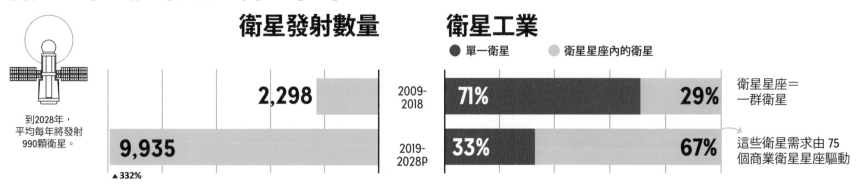

到2028年，平均每年將發射990顆衛星。

衛星發射數量

2,298
2009-2018

9,935
2019-2028P
▲332%

衛星工業

● 單一衛星　● 衛星星座內的衛星

71%　　29%
2009-2018

33%　　67%
2019-2028P

衛星星座＝一群衛星

這些衛星需求由 75 個商業衛星星座驅動

資料來源：歐諮，2019年

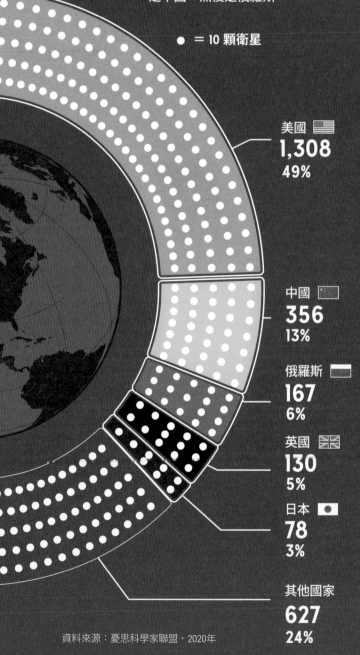

擁有最多營運衛星的國家

較之1950年代，引領新太空競賽的國家並沒有太大不同。今天，美國以擁有全球近一半的營運衛星居世界首位，緊隨其後的是中國，然後是俄羅斯。

● = 10 顆衛星

美國
1,308
49%

中國
356
13%

俄羅斯
167
6%

英國
130
5%

日本
78
3%

其他國家
627
24%

資料來源：憂思科學家聯盟，2020年

按用途劃分的營運衛星

在數以千計繞地球運行的衛星中，大多數是出於商業目的而發射。

商業
54.0%
1,440

政府
16.4%
436

軍事
12.7%
339

民用
5.0%
133

綜合（其他）
4.2%
112

綜合（商業）
7.7%
206

資料來源：憂思科學家聯盟，2020年

主要的商業玩家

美國的太空探索技術公司和行星實驗室（Planet Labs）憑藉星座服務領先其他商業營運商，這些星座提供全球定位系統和環境監測等應用。

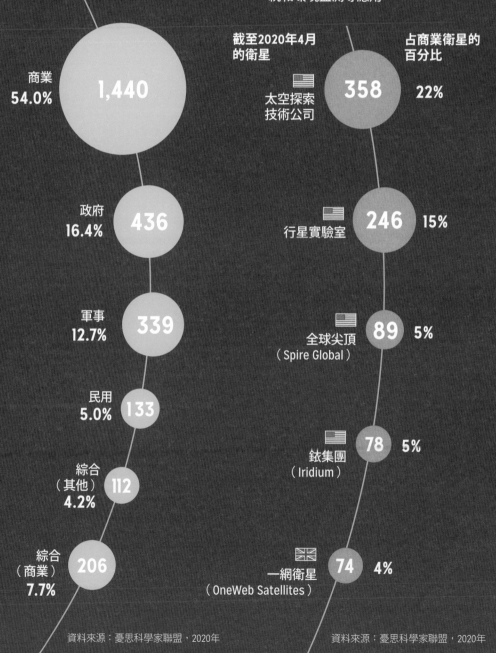

截至2020年4月的衛星 | 占商業衛星的百分比

太空探索技術公司
358
22%

行星實驗室
246
15%

全球尖頂（Spire Global）
89
5%

銥集團（Iridium）
78
5%

一網衛星（OneWeb Satellites）
74
4%

資料來源：憂思科學家聯盟，2020年

新前沿
20年來各國的軌道發射

當美國太空探索技術公司在2018年打破了單年商業火箭發射次數最多的紀錄時，中國在軌道火箭發射次數方面仍繼續居世界之首。

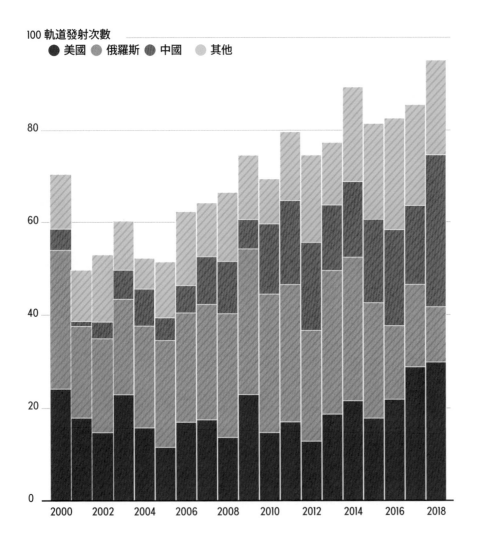

100 軌道發射次數
● 美國　● 俄羅斯　● 中國　● 其他

80

60

40

20

0

2000　2002　2004　2006　2008　2010　2012　2014　2016　2018

資料來源：美國空軍太空軌道計畫（Project Space Track，US Air Force），經由《麻省理工科技評論》（MIT Technology Review）擷取，2018年

（譯注：衛星硬體可大分為衛星酬載與衛星平台兩部分。衛星酬載為執行該衛星任務的硬體設備，衛星平台則為支持酬載運作的系統。若以電腦系統比喻，酬載類似主機板，平台類比於機殼、電源供應器等。每個衛星因任務不同而酬載各異，但衛星平台則可共用相同設計。）

主流火箭的負載容量

太空探索技術公司正竄升為衛星酬載的首選發射器，這要歸功於其先進的發射技術和可重複使用的火箭。酬載所需的空間非常昂貴，但隨著發射頻率增加，所需成本不再那麼像天文數字了。

125（高度／公尺）

美國

中國

美國

美國

中國

100

75

50

25

0

中國

朱雀一號（Zhuque-1）　獵鷹九號（Falcon 9）　長征五號（Long March 5）　三角洲四號重型（Delta IV-Heavy）　太空發射系統B2（Space Launch System B2）　長征九號（Long March 9）

300公斤　22,800公斤　25,000公斤　28,370公斤　　140,000公斤

（譯注：酬載量）　　　　　　　　　　　　　　　130,000公斤

資料來源：《麻省理工科技評論》，2018年

三角定位新機會

電信仍然是商業衛星和其他營運衛星的主要用途,其次是地球觀測(用於環境監測、精準農業等)和安全應用(包括邊界監測)。
而全球定位系統和導航技術,如太空探索技術公司衛星星座所提供的服務,也是衛星的常見用途。

按用途發射的衛星

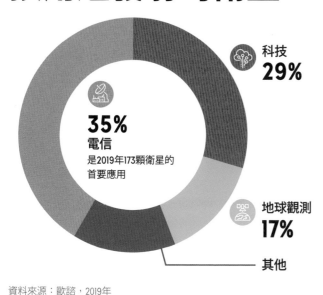

科技 29%

35%
電信
是2019年173顆衛星的
首要應用

地球觀測 17%

其他

資料來源:歐諮,2019年

優先順序改變

依衛星製造和發射價格排名的前三大應用領域

電信　　地球觀測　　安全

2009～2018

2019～2028P

地球觀測將成為未來
主要的新應用。

36%　28%　13%　　31%　27%　15%

資料來源:歐諮,2019年

所有按用途分類的商業營運衛星

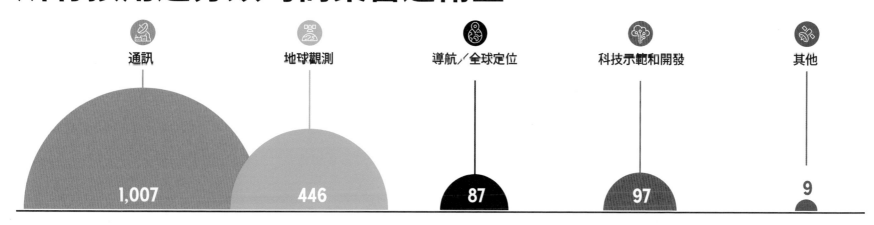

通訊　　地球觀測　　導航/全球定位　　科技示範和開發　　其他

1,007　　446　　87　　97　　9

資料來源:憂思科學家聯盟,2020年

志沖北斗

全球太空產業對收入的影響
過去和未來

除了衛星科技在地面上的應用之外,它對全世界連線需求的影響將繼續擴大。衛星製造、發射服務以及相關技術等部門,也有望實現爆炸性的收入成長。

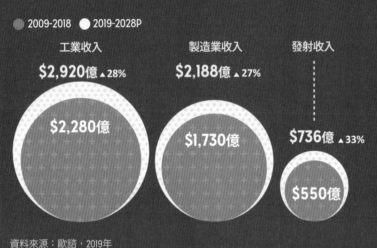

● 2009-2018　○ 2019-2028P

工業收入
$2,920億 ▲28%
$2,280億

製造業收入
$2,188億 ▲27%
$1,730億

發射收入
$736億 ▲33%
$550億

資料來源:歐諮,2019年

小衛星熱潮

從比一條麵包還小的立方衛星,到一千磅重的小衛星——像行星實驗室這樣的小型衛星營運公司將借助規模經濟,壯大其衛星星座的優勢。

小型衛星發射數量預測

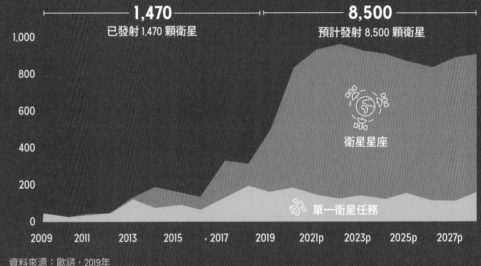

1,470
已發射 1,470 顆衛星

8,500
預計發射 8,500 顆衛星

衛星星座

單一衛星任務

2009　2011　2013　2015　2017　2019　2021p　2023p　2025p　2027p

資料來源:歐諮,2019年

錯過的連結
透過衛星加大固定覆蓋範圍

連線能力可說是當今社會的基本人權。開發中國家在努力實現更繁榮願景的過程中,對固定網際網路覆蓋的需求日益升高,這些需求預計將由衛星連網來滿足。巴基斯坦、玻利維亞和許多非洲國家等落後市場,進階連線在短期內還不太可能普遍存在。

● 高級
（＞每秒 100 百萬位元）
例如:光纖、有線電纜資料服務介面規範
（DOCSIS）3.x

● 中等
（＜每秒100 百萬位元）
例如:超高速數位用戶迴路（VDSL）

● 基本或無覆蓋
（＜每秒50 百萬位元）
例如:數位訂戶專線（DSL）

覆蓋範圍
占全球人口的百分比

2018	44%	3%	52%
2030P	~55%		~45%

低地軌道（LEO）有可能大幅增加固定連線覆蓋範圍,但負擔費用可能會限制其採用程度。

太空探索技術公司效應

由伊隆·馬斯克（Elon Musk）創立的太空探索技術公司一直在改變火箭發射的經濟因素。該公司已經能夠回收自家獵鷹九號火箭的主要部件，從而大幅節省成本。

發射火箭進入地球同步軌道每公斤的成本

	$0	$1萬	$2萬	$3萬	$4萬
獵鷹九號					
質子M型（Proton M）					
長征三號乙增強型（Long March 3B/E）					
極軌衛星運載火箭（PSLV）					
阿利安5型（Ariane 5）					
長征三號丙（Long March 3C）					
地球同步衛星運載火箭（GSLV）					
長征四號乙（Long March 4B）					
長征四號丙（Long March 4C）					
H-IIA					
天頂（Zenit）					
長征二號丙（Long March 2C）					
聯盟 2.1a/2.1b（Soyuz 2.1a/2.1b）					
長征三號甲（Long March 3A）					
三角洲四號（Delta IV）					
擎天神五號（Atlas V）					

資料來源：美國聯邦航空總署（Federal Aviation Association），2018年

加入新太空競賽。

媒體經常被小行星採礦或太空旅行的夢想帶偏了，而似乎未能綜觀全局。新的太空競賽已經展開，人們對於連線和資料的渴求愈來愈強烈，這將造就出利潤豐厚的事業。

發現去氧核糖核酸
（下稱DNA，全書皆同）結構

DNA定序

微生物DNA

 發現常間回文重複序列叢集關聯蛋白9
（Cas9 protein）

新的基因編輯工具

發現獨特的DNA重複序列

叢集DNA重複序列是在三個地區各別發現的。

荷蘭

日本

西班牙

資料來源：《量子》雜誌（*Quanta*），2015年

幹細胞研究

桃莉羊

桃莉成為世界上第一頭複製羊。

資料來源：溫特勞布·K（Weintraub, K.），2016年

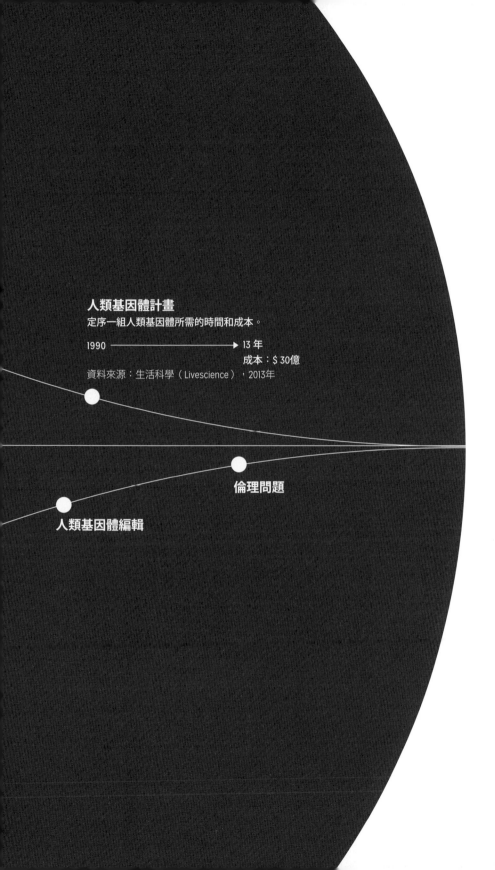

人類基因體計畫
定序一組人類基因體所需的時間和成本。

1990 ⟶ 13 年
　　　　　成本：$ 30億

資料來源：生活科學（Livescience），2013年

倫理問題

人類基因體編輯

基因飛鏢
（CRISPR）：大規模的
基因編輯

基因飛鏢（CRISPR）：
大規模的基因編輯

基因定序以指數速率加快。常間回文重複序列叢集*──細菌和古細菌中一系列的
DNA序列──已成為一種基因體編輯技術的代名詞。

 訊號範圍
極廣（5／5）

 訊噪比
極高（5／5）

（譯注：常間回文重複序列叢集與常間回文重複序列叢集關聯蛋白9，
下稱CRISPR、Cas9，全書皆同）

每個人類基因組的測序成本 （對數尺度）

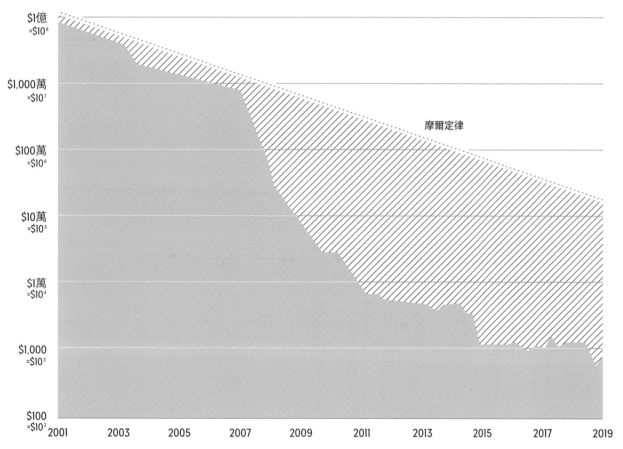

摩爾定律

當人們聽到CRISPR時，
大多會聯想到疾病──但基因編輯的
範圍和應用要廣泛得多。新工具使編
輯 DNA 變得既便宜又容易，而該領域
更多的科學優勢無可避免地會造成一
個截然不同的世界。

為什麼 CRISPR 很重要

CRISPR基因編輯技術是：

 簡單、
便宜且易於使用。

 效率比次優工具轉錄
激活因子樣作用子
（TALEN）高四倍。

 比以前的技術更精確地
靶定特定基因。

*這項技術通常被稱為CRISPR-Cas9，但我們在本章中將它稱作CRISPR。

資料來源：美國人類基因體國家研究中心（NHGRI），2020年

它是如何運作的？

工具

導引核糖核酸
（Guide RNA）

Cas9
具切割作用
的蛋白質

替換的DNA序列
含有修復酵素

步驟1

導引RNA在細胞內
發現目標DNA

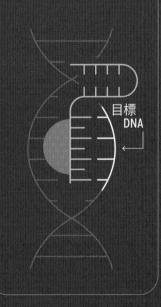

目標
DNA

步驟2

Cas9蛋白剪斷
DNA鏈

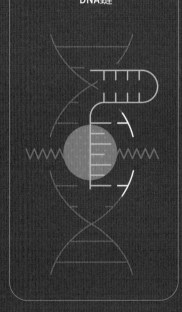

步驟3

嵌入替代的DNA

新的DNA

資料來源：《經濟學人》，2015年

ⓘ Cas9＝CRISPR關聯蛋白9（associated protein 9）
它的作用是當作分子級的剪刀，將DNA雙股鏈剪斷。

潛在應用

資料來源：徐・P（Hsu. P.）等人，2014年

醫學		生物學		生物科技		
遺傳基因手術	藥物開發	動物模式	遺傳變異	生質油料	食物	材料

到目前為止，CRISPR 的使用情況如何？

在2012年的一篇研究論文中，CRISPR因被認為是一種潛在的基因編輯工具而聲名大噪，如今已在科學界和醫學界達成令人讚嘆的壯舉。

動物

 降低老鼠遺傳性耳聾的嚴重程度

 編輯老鼠的骨髓細胞以治療鐮刀型貧血

 縮小在老鼠身上由人類前列腺和肝癌細胞引起的腫瘤

 從老鼠身上編輯去除亨丁頓舞蹈症（Huntington disease）基因

 治療狗的肌肉失養症

農作物

 結合現代和古代番茄的理想特性

 將野生番茄品種的理想特性結合起來，創造出尺寸大三倍、數量多十倍的果實。

 使藻類產生的生質燃料量加倍

 製造出不易變褐色的蘑菇

人體

 從人體免疫細胞中去除人類免疫缺乏病毒（HIV*）

 編輯人類雙胞胎女嬰的基因以抵抗人類免疫缺乏病毒

2018年世界上第一個基因編輯嬰兒在中國誕生引發激烈非議，尤其是在基因編輯的倫理問題上。

 編輯人類胚胎以去除導致心臟疾病的基因

 開始CRISPR治療癌症的人體試驗

藥物

 快速篩選新的候選藥物

 建立新冠肺炎（COVID-19）診斷測試

CRISPR可以加快發現過程，從而加速某些診斷的進展。

 減緩癌細胞生長

 在單一細胞中進行一萬三千次基因編輯

*譯注：即俗稱愛滋病毒。

CRISPR的未來

專家認為運用CRISPR的成果目前只觸及皮毛，而它在未來還可能被用於：

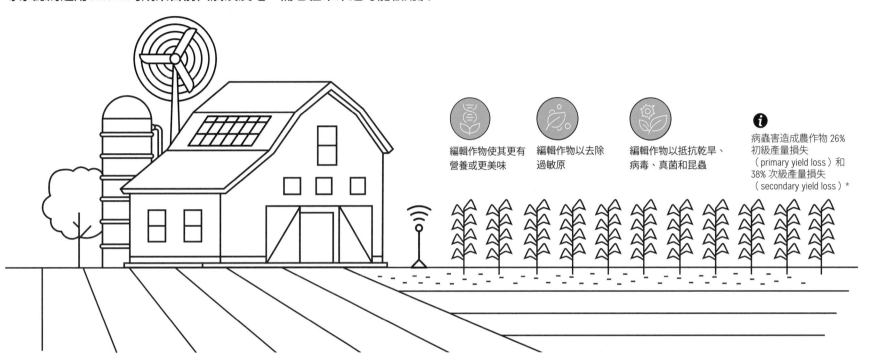

編輯作物使其更有營養或更美味

編輯作物以去除過敏原

編輯作物以抵抗乾旱、病毒、真菌和昆蟲

病蟲害造成農作物 26% 初級產量損失（primary yield loss）和 38% 次級產量損失（secondary yield loss）*

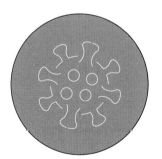

控制整個傳播疾病的動物族群（蚊子、老鼠等）

全球瘧疾病例：
2.28 億 （2018年）

90% 發生在非洲

編輯人類基因組以阻止遺傳疾病

科學家已經確定了一萬多種由單個缺陷基因引起的遺傳疾病，包括囊狀纖維化、血友病和肌肉失養症。

打造「設計嬰兒」

雖然技術上可行，但這受到大量道德倫理疑慮的掣肘。

開發對癌症免疫的細胞

癌症是2018年全球960萬人死亡的原因。

重新連接病原體以「自我毀滅」

開發更強大的抗病毒藥物和抗生素

*譯注：初級指當年的損失，次級指由前一年造成的影響。

資料來源：未來主義（Futurism），2017年；沃克斯（Vox），2018年；德瑞亞創投資金（Xeraya Capital），2018年；施瓦茨·K（Schwartz, K），2018年；柯恩·J（Cohen, J.），2019年；統計（STAT），2020年；裴剛·A（Zsögön, A.）等人，2018年

承諾很大，審查從嚴

2019年CRISPR專利申請數量前十名的國家

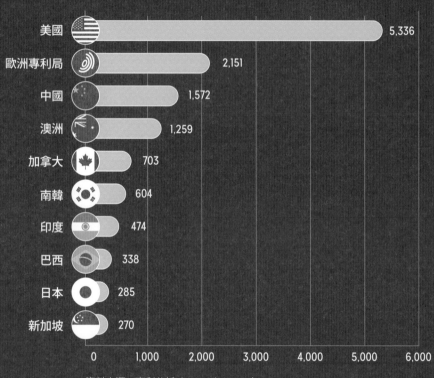

美國	5,336
歐洲專利局	2,151
中國	1,572
澳洲	1,259
加拿大	703
南韓	604
印度	474
巴西	338
日本	285
新加坡	270

資料來源：專利分析（IPlytics），2019年

有關CRISPR的學術論文發表數量

2011 <100

2018 >17,000

資料來源：沃克斯，2018年

科學家在將基因編輯應用於人類之前，應該諮詢大眾。

同意上述說法的比例

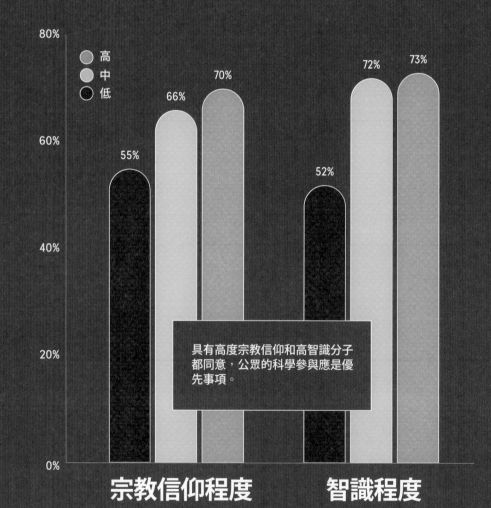

高
中
低

宗教信仰程度
55%
66%
70%

智識程度
52%
72%
73%

具有高度宗教信仰和高智識分子都同意，公眾的科學參與應是優先事項。

資料來源：索伊福勒‧D（Scheufele, D.）等人，2017年

需要克服的障礙

精確性

儘管CRISPR比其他基因編輯技術更準確，但它仍然不完美。如果它「錯誤定位」了非預期的基因，可能會導致缺陷或癌症，這就是迄今為止人類使用受限的原因。

倫理方面

如果人類生殖系列被編輯，後代將無法選擇退出這些變化，從而造成倫理困境。當前輿論對人類基因編輯也存在分歧。

ⓘ 生殖系列是人體所有其他細胞的DNA來源。發生突變的生殖系列可以直接從父母傳給孩子，並出現在後代的細胞DNA中。

71% 71%的美國成年人支持基因編輯以保護嬰兒免受遺傳疾病的侵害。

12% 12%的美國成年人支持基因編輯以提高智力或運動能力。

資料來源：美聯社公共事務研究中心（AP-NORC），2018年

政治方面

在2016年的一份報告中，歐巴馬（Obama）政府將基因編輯列為國家首要威脅，並歸類為潛在大規模殺傷性武器。一些科學家推測，如果落入錯誤的人手中，CRISPR可能會被用來製造瘟疫、消滅主要農作物，甚至是攻擊人類DNA的病毒。

CRISPR 值得我們冒險嗎？

這種快速發展的基因編輯技術持續受到愈來愈嚴格的審查，而且需要做更多的研究來遏制可能的濫用。

然而，在過去十年裡，科學家們已經發現從農業到製藥的潛在應用——而且未來還會有更多的應用加入。

05

貨幣與市場

訊號數／06

股票市場是一個多產的數據來源,其所受到的關注和分析,遠遠比其他事物要多得多。有些人每天醒著的時候都在思考如何利用這些數據資料——同一時間,還有電腦和自動化演算法在飆速處理這些訊息,只為在競爭中略勝一籌。

然而,市場也是大量雜訊的來源。正如價值投資之父班哲明.葛拉漢(Benjamin Graham)所言,短期而言,市場是一台「投票機」,它可以計算出哪些公司分別是受歡迎或不受歡迎的。群眾情緒決定價格走勢,而情緒似乎會無緣無故上下波動。

長期而言,由資料驅動的關鍵訊號是貨幣與市場未來趨勢的重要暗示。本章將從貨幣政策與中央銀行,到趨於飽和的股市指數等面向一一探討,並且特別指出七百年來的重要利率走勢,以及指標性公司壽命縮短的原因。

在後疫情時代裡,許多影響全球市場的趨勢群起而生,而未來可能還會有更多的問題冒出來,而非答案。不過,你可以從這些訊號中全面了解如何從容應對絕大多數的事情。

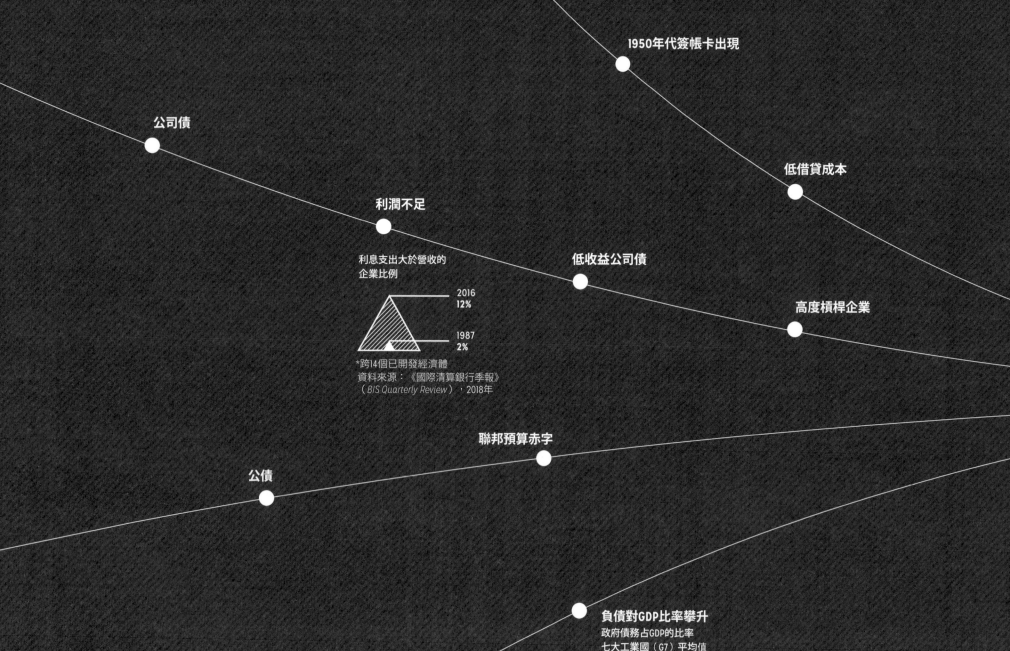

1950年代簽帳卡出現

公司債

低借貸成本

利潤不足

低收益公司債

利息支出大於營收的
企業比例

2016
12%

1987
2%

*跨14個已開發經濟體
資料來源：《國際清算銀行季報》
（*BIS Quarterly Review*），2018年

高度槓桿企業

聯邦預算赤字

公債

簽帳卡
大來卡（The Diners Club Card）始於
1950年，號稱是全球第一張廣泛使用
的簽帳卡。

負債對GDP比率攀升
政府債務占GDP的比率
七大工業國（G7）平均值

1995   **87%**
2018   134%

100%

資料來源：OECD，2020年

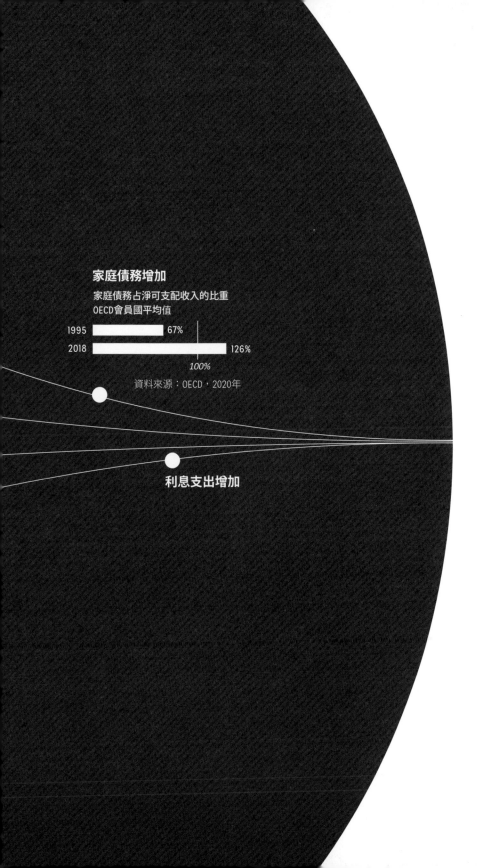

家庭債務增加

家庭債務占淨可支配收入的比重
OECD會員國平均值

1995	67%
2018	126%

100%

資料來源：OECD，2020年

利息支出增加

訊號 16

負債累累的世界

負債累累的世界

自2008年全球金融危機以來，全世界都在以驚人之速度大肆舉債。
全球債務目前規模達289兆美元，這個數字比世界GDP的三倍還多。

訊號範圍
極廣（5／5）

訊噪比
高（4／5）

訊號 全世界債務水位上升

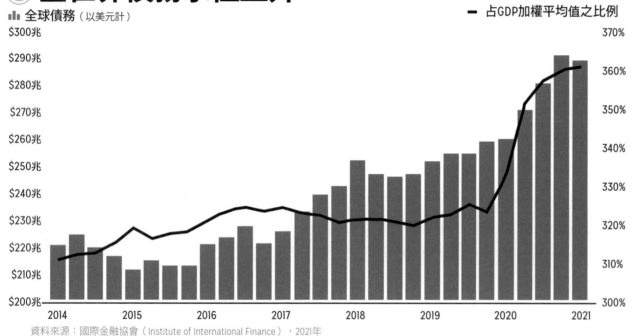

▪ 全球債務（以美元計）

— 占GDP加權平均值之比例

資料來源：國際金融協會（Institute of International Finance），2021年

低利率環境不變，使得政府、公司和家庭的負債，正處於1970年代以來的最高水準。在過去，類似的債務累積風波已在金融危機中冷卻下來。

儘管世界可能已經度過疫情最嚴重的時期，但這個問題本身不太可能在短期內就解決。

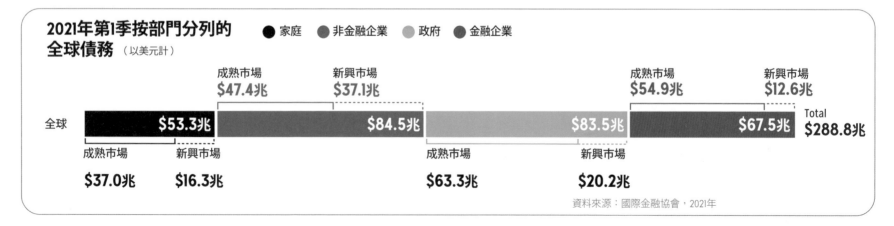

2021年第1季按部門分列的全球債務（以美元計）

● 家庭 ● 非金融企業 ● 政府 ● 金融企業

| 全球 | $53.3兆 | $84.5兆 | $83.5兆 | $67.5兆 | Total $288.8兆 |

成熟市場 $47.4兆　　新興市場 $37.1兆　　成熟市場 $54.9兆　　新興市場 $12.6兆

成熟市場 $37.0兆　　新興市場 $16.3兆　　成熟市場 $63.3兆　　新興市場 $20.2兆

資料來源：國際金融協會，2021年

公債持續增加

許多國家的債務負擔占GDP的比重，已攀升至90%以上。

資料來源：《經濟學人》智庫，2020年

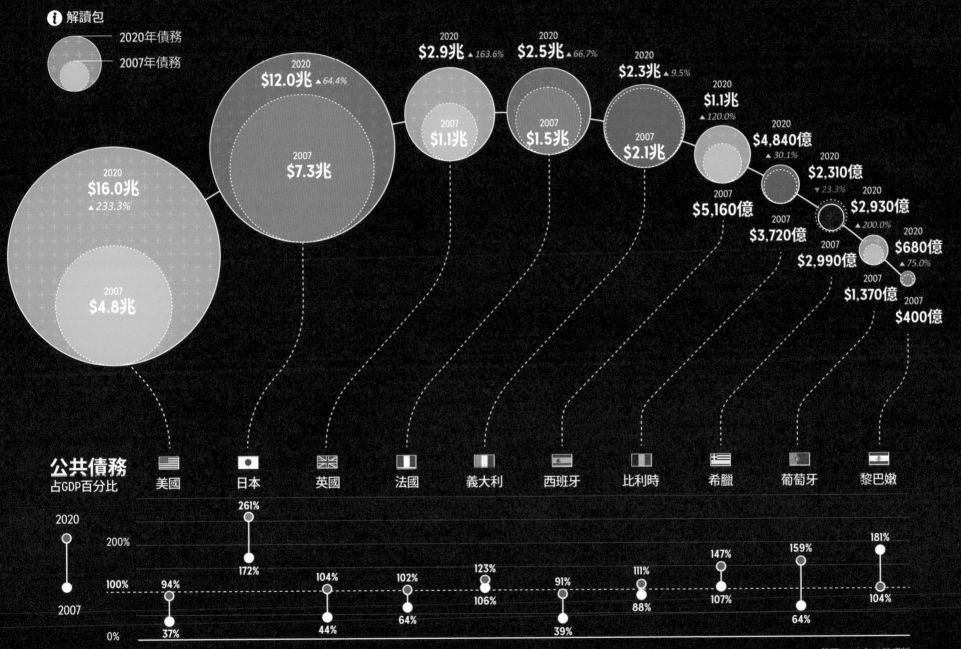

2007～2020年公共債務的變動百分比

-50% 0% 50% 100% 200%

解讀包

2020年債務
2007年債務

美國
2020 $16.0兆 ▲233.3%
2007 $4.8兆

日本
2020 $12.0兆 ▲64.4%
2007 $7.3兆

英國
2020 $2.9兆 ▲163.6%
2007 $1.1兆

法國
2020 $2.5兆 ▲66.7%
2007 $1.5兆

義大利
2020 $2.3兆 ▲9.5%
2007 $2.1兆

西班牙
2020 $1.1兆 ▲120.0%
2007 $5,160億

比利時
2020 $4,840億 ▲30.1%
2007 $3,720億

希臘
2020 $2,310億 ▼23.3%
2007 $2,990億

葡萄牙
2020 $2,930億 ▲200.0%
2007 $1,370億

黎巴嫩
2020 $680億 ▲75.0%
2007 $400億

公共債務
占GDP百分比

	美國	日本	英國	法國	義大利	西班牙	比利時	希臘	葡萄牙	黎巴嫩
2020	94%	261%	104%	102%	123%	91%	111%	147%	159%	181%
2007	37%	172%	44%	64%	106%	39%	88%	107%	64%	104%

新冠肺炎之下：政府增加舉債的新浪潮

各國政府原本債務就已節節攀高，防疫紓困措施所費不貲，迫使各國大肆擴大舉債。

全球政府債務占GDP變動百分比

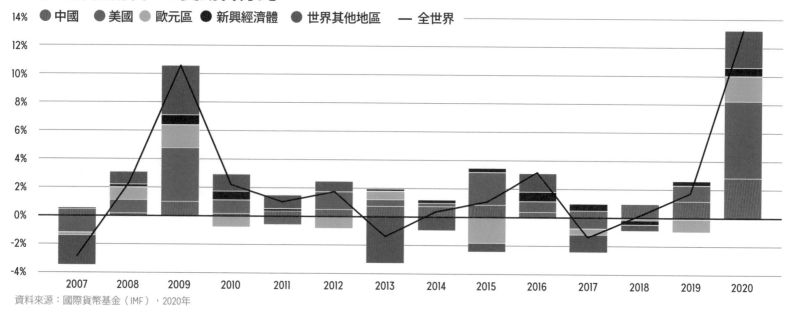

14% ● 中國 ● 美國 ● 歐元區 ● 新興經濟體 ● 世界其他地區 ── 全世界

資料來源：國際貨幣基金（IMF），2020年

對未來的影響

政府償債利息支出不斷增加，
未來可能會蠶食醫療保健和教育之類的投資。

美國政府償債利息支出

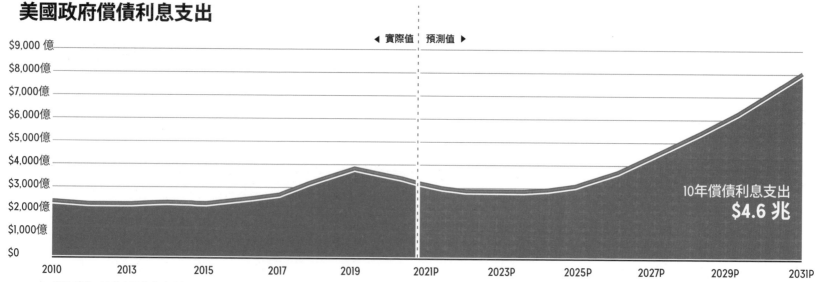

◀ 實際值 ┆ 預測值 ▶

10年償債利息支出
$4.6 兆

資料來源：彼得森基金會（Peter G. Peterson Foundation），2021年

高度槓桿企業

企業也在利用低利率，從負債相對於股權的比例上升可資為證。

美國總負債權益比

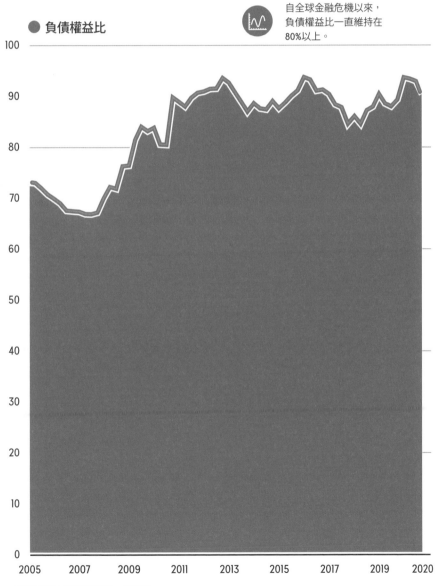

● 負債權益比

自全球金融危機以來，負債權益比一直維持在80%以上。

資料來源：美國聯準會，2020年

企業授信品質降低

自全球金融危機以來，在借貸市場中，像高收益債券這類風險程度較高者明顯擴大。

全球流通在外高收益債券

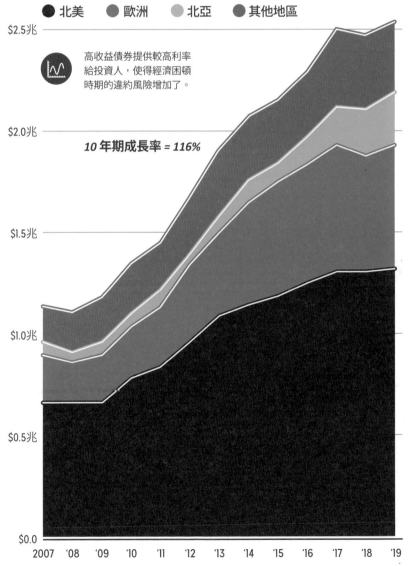

● 北美　● 歐洲　● 北亞　● 其他地區

高收益債券提供較高利率給投資人，使得經濟困頓時期的違約風險增加了。

10 年期成長率 = 116%

資料來源：國際貨幣基金，2020年

家庭債務

全球家庭債務刷新紀錄，已衝上48兆美元，
其中新興市場背負的家庭債務最高。

各區域家庭債務占全球GDP比例

成熟市場占全球GDP比重
85%

新興前沿市場占全球GDP比重
35%

80% / 30%

75% / 25%

70% / 20%

65% / 15%

60% / 10%

55% / 5%

2001　2004　2007　2010　2013　2016　2019

資料來源：國際金融協會，2020年

年輕世代面臨的
風險更高

年輕世代在求學期間或購置房產時不得不籌較多的錢。
如果未來利率揚升，他們的債務將持斷增加，這一點令人憂心。

美國各世代平均債務

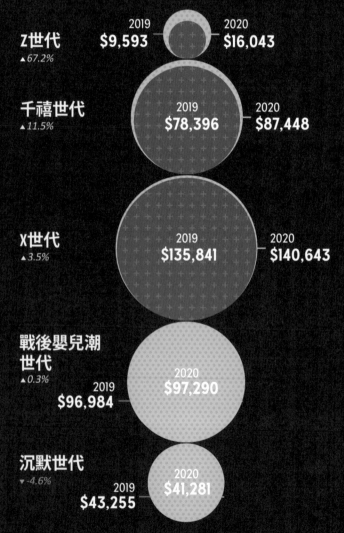

Z世代
▲67.2%
2019 $9,593　2020 $16,043

千禧世代
▲11.5%
2019 $78,396　2020 $87,448

X世代
▲3.5%
2019 $135,841　2020 $140,643

戰後嬰兒潮
世代
▲0.3%
2020 $97,290　2019 $96,984

沉默世代
▼-4.6%
2020 $41,281　2019 $43,255

資料來源：益博睿（Experian），2021年
Z世代年齡介於18～23歲；千禧世代年齡介於24～39歲；X 世代年齡介於40～55歲；
戰後嬰兒潮世代年齡介於56～74歲；沉默世代年齡為75歲以上。

事態正在擴大

負債占GDP的比例過高會帶來波動並削弱成長。到2019年，以下四個部門中已有三個債務負擔超出全球金融危機前的水準。

各部門債務
占GDP百分比

- ● 非金融企業
- ● 金融企業
- ● 政府
- ● 家庭

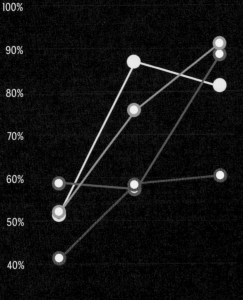

	1995	2007	2019

資料來源：國際金融協會，2020年

這世界對於欠債已變得
這世界對於欠債已變得
貪得無厭。

自全球金融危機以來，全球債務在低利率機制之下加劇的速度驚人。這使消費者、企業和政府處於較高的破產風險中。

政策制定者對於要找出非破壞性方式消減這種負擔已焦頭爛額，想返回正常軌道，更是不知歸途。

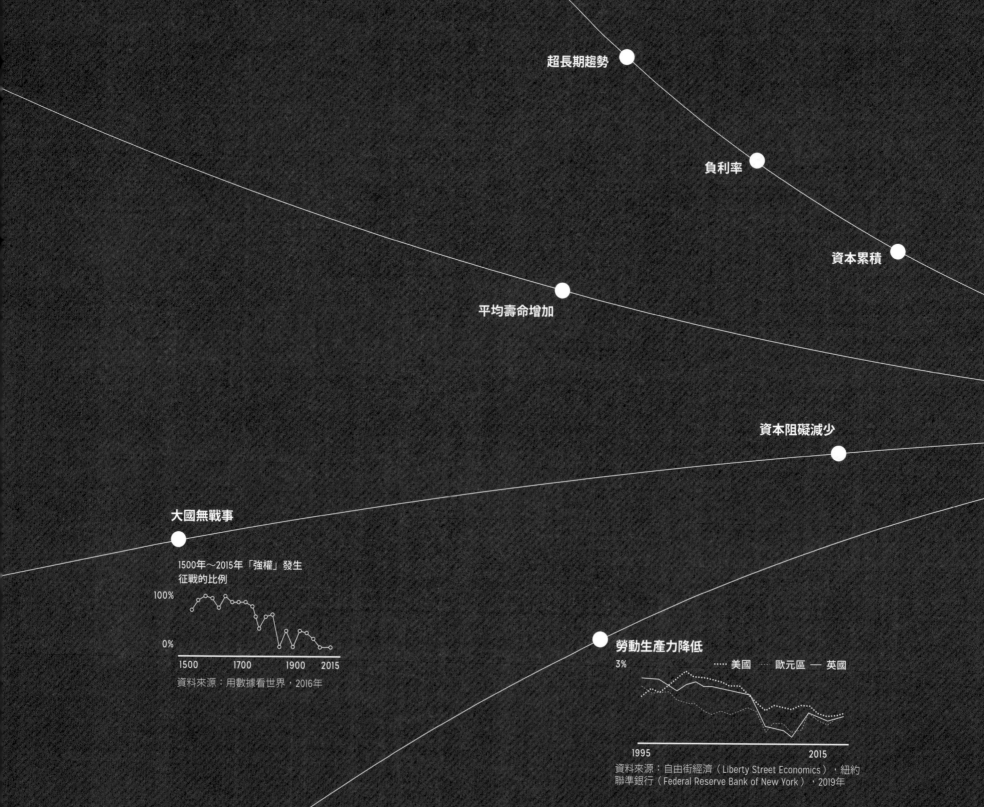

超長期趨勢

負利率

資本累積

平均壽命增加

資本阻礙減少

大國無戰事

1500年～2015年「強權」發生
征戰的比例

100%

0%

1500　　1700　　1900　2015

資料來源：用數據看世界，2016年

勞動生產力降低

3%　　　　　　　⋯⋯ 美國　⋯ 歐元區 ─ 英國

1995　　　　　　　　　　2015

資料來源：自由街經濟（Liberty Street Economics），紐約
聯準銀行（Federal Reserve Bank of New York），2019年

政府積極干預經濟
英國公共支出（占GDP比例）

1700-1750	▬	8.3%
1981-2016	▬▬▬▬▬	35.1%

資料來源：英國央行英格蘭銀行
（Bank of England.），2020年

通膨緩解

利率下滑

利率下滑

利率七個世紀以來一直在下降，預計這股趨勢在未來幾十年內將難以逆轉。

訊號 長期「安全資產*」
實質利率的每百年平均值

全球平均值（以百分比計）

ⓘ 解讀包
實質利率是以名目利率
減去通膨率做計算。

名目利率

實質利率　通膨率

 訊號範圍
極廣（5／5）

 訊噪比
中等（3／5）

七百多年來，實質利率平均每年下降
1.59個基準點（0.0159%）。儘管這趨勢
持久不輟，但是背後的成因尚未釐清。

有研究認為，資本累增、平均壽命延
長和公共支出增加等各種因素都可能
有關。

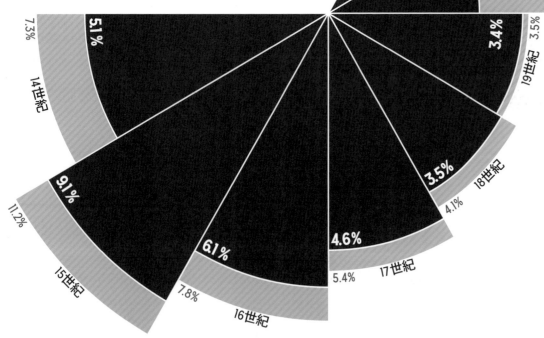

3.5% 21世紀
1.3%
5.0% 20世紀
20%
3.4%
19世紀 3.5%
7.3% 14世紀
5.1%
18世紀
3.5%
4.1%
11.2% 15世紀
9.1%
17世紀
4.6%
5.4%
7.8% 16世紀
6.1%

* 安全資產由全球金融權力機關發行。
　資料來源：英格蘭銀行，2020年

ⓘ 實質利率又稱為「經通膨調整後」
的利率，反映通膨變動侵蝕貸款和
債券名目利率的實質購買力。

1317～2018年歷史利率

全球實質利率（以百分比表示）

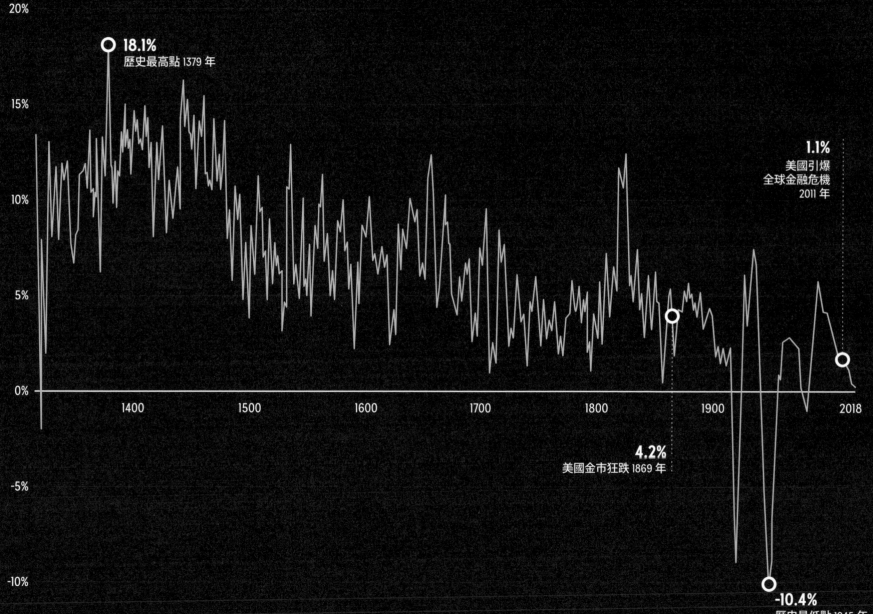

18.1%
歷史最高點 1379 年

1.1%
美國引爆
全球金融危機
2011 年

4.2%
美國金市狂跌 1869 年

-10.4%
歷史最低點 1945 年

20%

15%

10%

5%

0%

-5%

-10%

1400　　1500　　1600　　1700　　1800　　1900　　2018

全球整體利率是以GDP加權計算。
資料來源：英格蘭銀行，2020年；高盛集團，經由股市預測網站伊莎貝爾網擷取（Goldman Sachs via Isalbelnet），2019年；世界銀行，2020年

OECD主要會員國的利率

從短期來看同樣驚人。自1990年以來，許多國家的利率已從兩位數降至個位數以下。

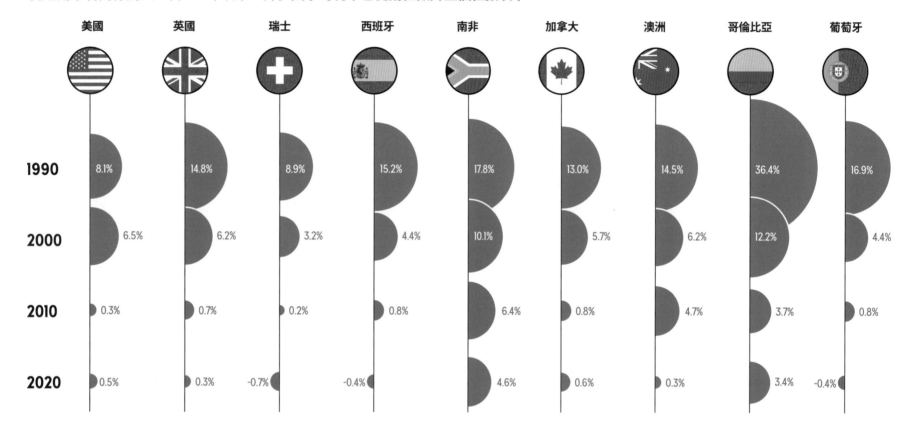

	美國	英國	瑞士	西班牙	南非	加拿大	澳洲	哥倫比亞	葡萄牙
1990	8.1%	14.8%	8.9%	15.2%	17.8%	13.0%	14.5%	36.4%	16.9%
2000	6.5%	6.2%	3.2%	4.4%	10.1%	5.7%	6.2%	12.2%	4.4%
2010	0.3%	0.7%	0.2%	0.8%	6.4%	0.8%	4.7%	3.7%	0.8%
2020	0.5%	0.3%	-0.7%	-0.4%	4.6%	0.6%	0.3%	3.4%	-0.4%

短期利率根據現有三個月貨幣市場利率來計算。
資料來源：OECD，2020年

1990～2020年美國房貸利率

美國房貸利率在過去三十年也大幅下滑。

1990 年 1 月 **10.1%**	2020 年 8 月 **3.0%**

截至2020年8月19日的30年期房貸固定利率。
資料來源：房地美（Freddie Mac），2020年

1314～2018年債券收益下降

債券殖利率也一樣走低。目前債券市場的下降軌跡——開始於1981年——是七百年來第二長的。

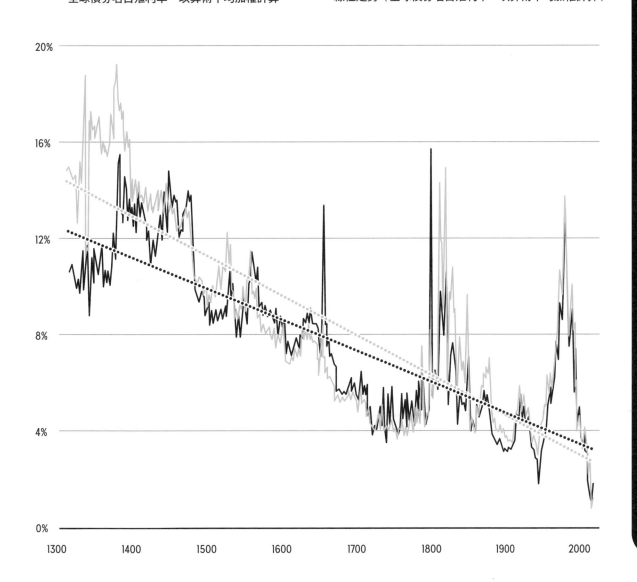

全球債券名目殖利率，以GDP加權計算

全球債券名目殖利率，以算術平均加權計算

線性走勢（全球債券名目殖利率，以GDP加權計算）

線性走勢（全球債券名目殖利率，以算術平均加權計算）

資料來源：英格蘭銀行，2020年

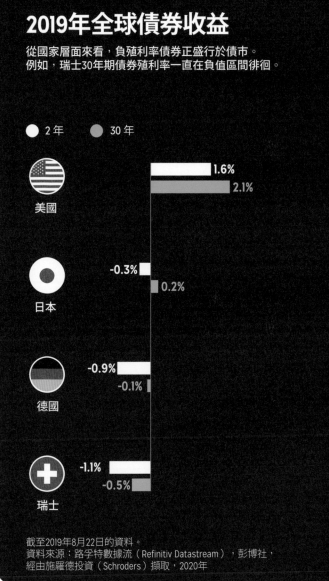

2019年全球債券收益

從國家層面來看，負殖利率債券正盛行於債市。
例如，瑞士30年期債券殖利率一直在負值區間徘徊。

● 2年　　● 30年

美國　1.6%　2.1%

日本　-0.3%　0.2%

德國　-0.9%　-0.1%

瑞士　-1.1%　-0.5%

截至2019年8月22日的資料。
資料來源：路孚特數據流（Refinitiv Datastream），彭博社，
經由施羅德投資（Schroders）擷取，2020年

儲蓄和退休基金報酬縮水

有證據顯示，利率下降可能會對存款利率造成影響，逐步吞蝕個人儲蓄。

存款利率

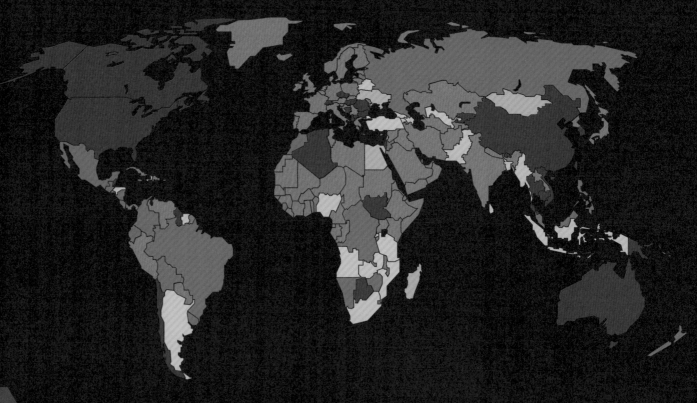

- 2.59%以下
- 2.59～5.71%
- 5.71～9.70%
- 9.70%～16.16%
- 16.16%以上
- 無可用資料

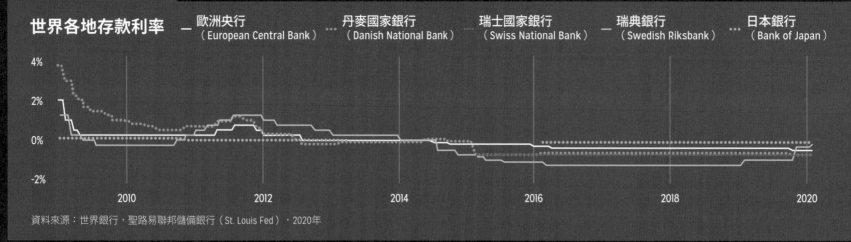

世界各地存款利率

— 歐洲央行（European Central Bank）　丹麥國家銀行（Danish National Bank）　瑞士國家銀行（Swiss National Bank）　— 瑞典銀行（Swedish Riksbank）　…… 日本銀行（Bank of Japan）

4%
2%
0%
-2%

2010　　2012　　2014　　2016　　2018　　2020

資料來源：世界銀行，聖路易聯邦儲備銀行（St. Louis Fed），2020年

英國退休計畫產生
負現金流的比例

低利率環境也對退休基金造成極大影響。
在英國，退休基金產生負現金流的占比，
在 2018 年竟高達64%。

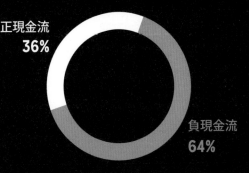

正現金流
36%

負現金流
64%

現金流正轉負預計
需要的時間

2018 年英國退休計畫中現金流為正值者，
預計十年內將有72%將轉為負值。

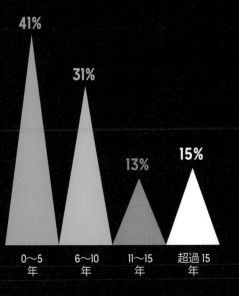

41%

31%

13%

15%

| 0～5 年 | 6～10 年 | 11～15 年 | 超過 15 年 |

資料來源：美世顧問公司（Mercer），2019年

負利率可能很快成為
全球化現實。

迄今為止，幾乎沒有跡象顯示上述長期跌勢會
出現逆轉。

這個重大問題所影響的層面格外廣泛，包括個
人、企業和政府的財務決策。

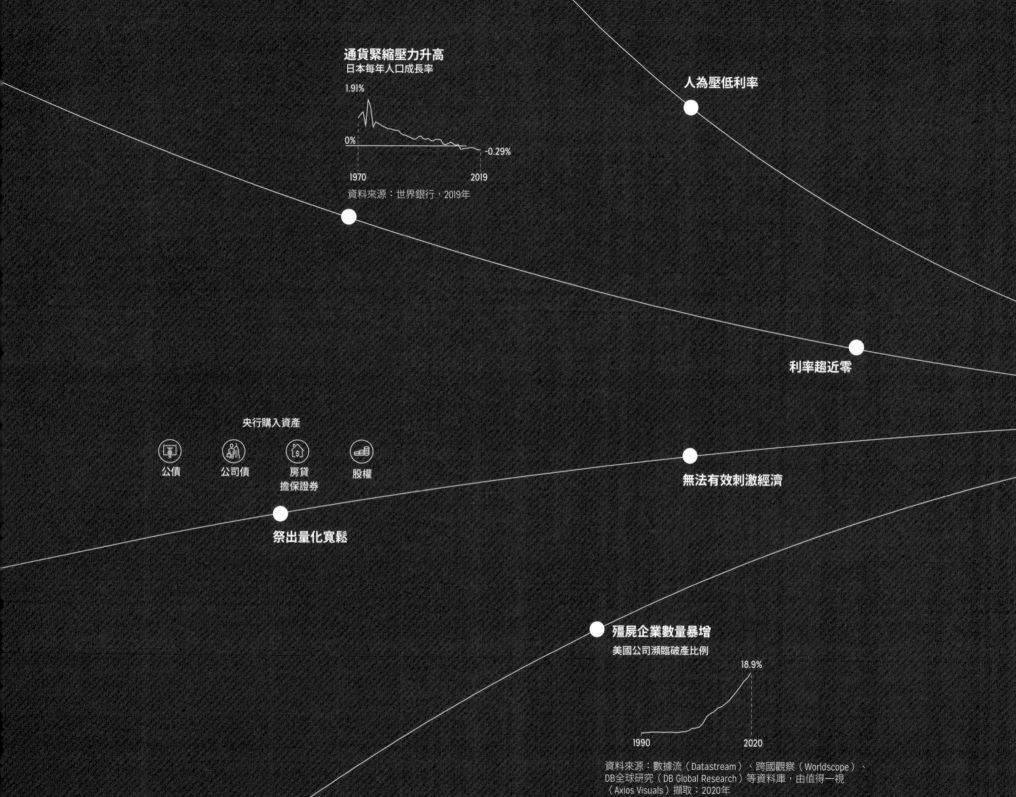

通貨緊縮壓力升高
日本每年人口成長率

1.91%

0%

-0.29%

1970　　　　　　2019

資料來源：世界銀行，2019年

人為壓低利率

利率趨近零

央行購入資產

公債　　公司債　　房貸　　股權
　　　　　　　擔保證券

無法有效刺激經濟

祭出量化寬鬆

殭屍企業數量暴增
美國公司瀕臨破產比例

18.9%

1990　　　　　　2020

資料來源：數據流（Datastream）、跨國觀察（Worldscope）、
DB全球研究（DB Global Research）等資料庫，由值得一視
（Axios Visuals）擷取：2020年

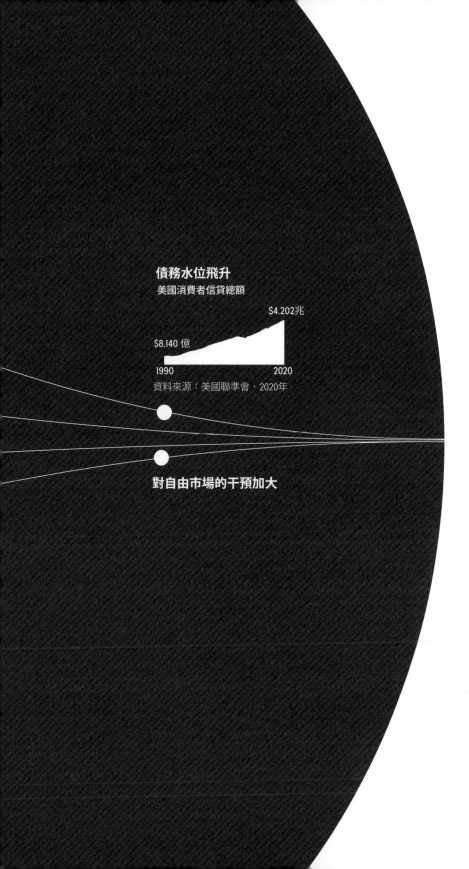

債務水位飛升
美國消費者信貸總額

$4.202兆

$8,140 億

1990　　　　　2020

資料來源：美國聯準會，2020年

對自由市場的干預加大

訊號 18

無能為力的央行

無能為力的央行

全球金融危機爆發後，央行一直難以用傳統貨幣政策來激勵經濟成長。

訊號 各大央行資產負債表規模（以美元計）

● 日本銀行（BoJ）　● 歐洲央行（ECB）　● 美國聯準會（Fed）　● 瑞士國家銀行（SNB）　● 英格蘭銀行（BoE）

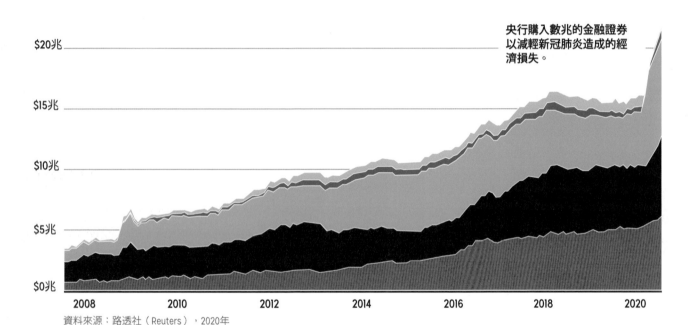

央行購入數兆的金融證券以減輕新冠肺炎造成的經濟損失。

資料來源：路透社（Reuters），2020年

低利率的目的在使企業和消費者貸款更容易，從而增加投資和大量採購。不過，當利率趨近於零時，就會浮現一個問題。

各國央行因為無法進一步降息，正仰賴一種稱為量化寬鬆（QE）的非常規政策來提振經濟。這導致央行的資產負債表虛胖膨脹，引發各界紛紛質疑這些機構是否做得太過了。

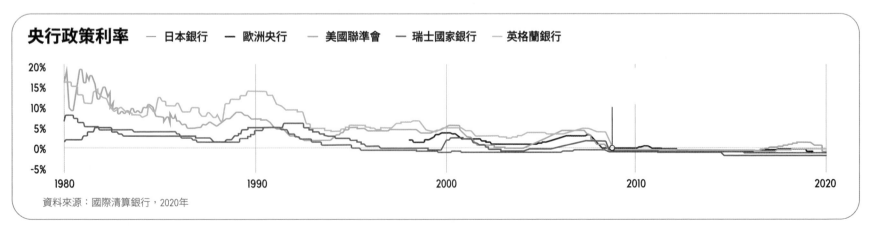

央行政策利率　— 日本銀行　— 歐洲央行　— 美國聯準會　— 瑞士國家銀行　— 英格蘭銀行

資料來源：國際清算銀行，2020年

央行的傳統貨幣政策工具包

通膨急升會削弱貨幣的購買力，使企業難以定價。因此，許多央行會設定讓通膨穩定成長的目標。

通膨率目標

 2%　英格蘭銀行
日本銀行
美國聯準會

 <2%　瑞士國家銀行
歐洲央行

資料來源：中央銀行新聞（Central Bank News），2020年

設定政策利率

央行為實現通膨目標，會調整政策利率以提振或放緩經濟，
但這會影響其他利率，例如房貸利率。

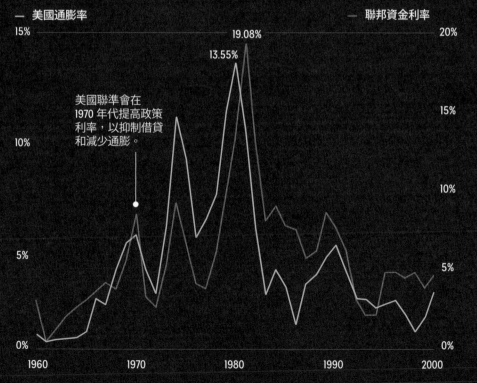

— 美國通膨率　　　　　　　　　　　　　　　　— 聯邦資金利率

美國聯準會在
1970 年代提高政策
利率，以抑制借貸
和減少通膨。

19.08%
13.55%

15% — 20%
10% — 15%
— 10%
5% — 5%
0% — 0%

1960　　1970　　1980　　1990　　2000

資料來源：美國聯準會，2020年

公開市場操作

央行可以買賣短期公債來影響各種利率。這種操作會成立，
是因為債券價格和殖利率呈反向關係。

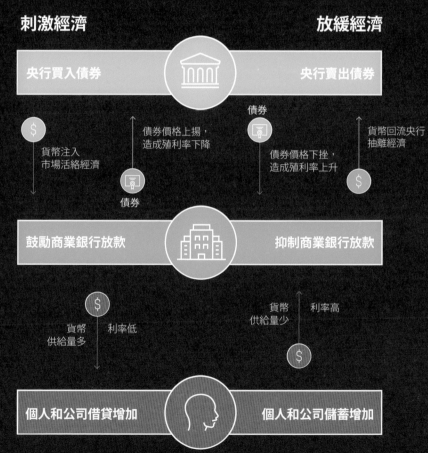

刺激經濟　　　　　　　　　　　　　　　　放緩經濟

央行買入債券　　　　　　　　　　　央行賣出債券

貨幣注入
市場活絡經濟

債券價格上揚，
造成殖利率下降

債券

債券價格下挫，
造成殖利率上升

貨幣回流央行
抽離經濟

債券

鼓勵商業銀行放款　　　　　　　　抑制商業銀行放款

貨幣
供給量多　利率低

貨幣
供給量少　利率高

個人和公司借貸增加　　　　　　　個人和公司儲蓄增加

日本對抗通貨緊縮之戰

日本銀行是陷於通縮困境最早束手無策的央行之一,其在解決數十年來的低通膨或負通膨難題上收效有限,
而這兩者都會對經濟成長帶來不利影響。物價持續下跌會使得企業和消費者的投資和支出計畫遞延。

日本通膨率vs. 央行政策利率

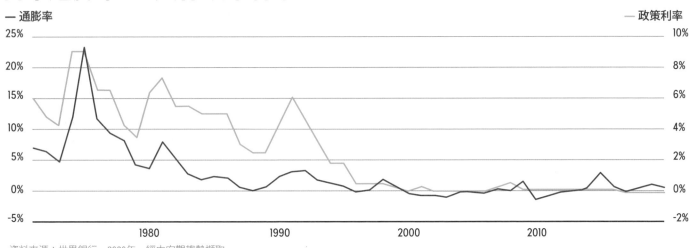

— 通膨率　　　　　　　　　　　　　　　　　　　　　　　　　　— 政策利率

資料來源:世界銀行,2020年,經由宏觀趨勢擷取

以往,利率上升會讓通膨降溫,但是在反向操作的情況下,這種工具就沒有那麼有效了。

日本銀行因實行零利率的寬鬆政策,而需要有額外的刺激措施配合,其在2001年開始採用**量化寬鬆**——購買長期
證券,進而增加了貨幣供給量和壓低長期利率。

日本銀行持有資產 (以美元計)

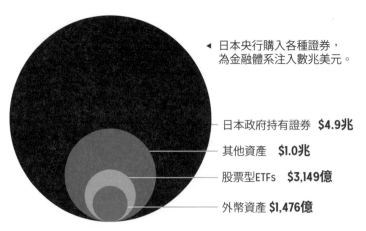

◀ 日本央行購入各種證券,
為金融體系注入數兆美元。

日本政府持有證券　**$4.9兆**

其他資產　**$1.0兆**

股票型ETFs　**$3,149億**

外幣資產　**$1,476億**

資料來源:日本宏觀顧問公司(Japan Macro Advisors),2020年

薪資停滯不前

日本量化寬鬆的實際成效尚無定論,但通縮力量造成薪資停滯之類的後果,
可能會讓若干成果付諸流水。

平均實際年薪(以日元計)

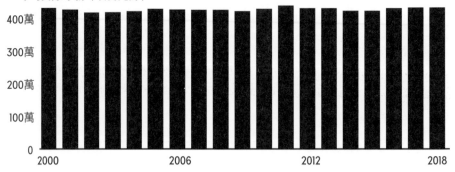

資料來源:綜合統計資料庫Statista,2020年

美國聯準會：無限量量化寬鬆

聯準會堅持採取一切必要措施來支持經濟。然而，放任使用量化寬鬆政策可能會帶來可怕的副作用。

虛胖的股票市場
聯準會總資產 vs. 標普500指數

聯準會自2008年以來，購入數兆美元的公債和公司債，將這些證券的殖利率推向歷史低點。因為這些證券的收益低，可能促使投資者轉而湧入股市，從而讓股價泡沫化的風險變高。

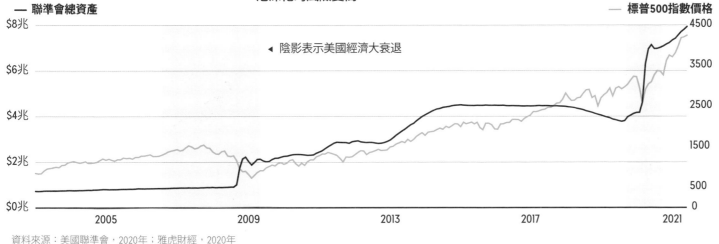

◀ 陰影表示美國經濟大衰退

資料來源：美國聯準會，2020年；雅虎財經，2020年

這些史無前例的刺激措施可能是標普 500 指數近年來大幅成長的因素之一。

銀行的超額存款準備金

聯準會自2008年開始對商業銀行存放的超額存款準備金支付利息。該政策可以激勵銀行把存款存放在聯準會，而非去擴張消費者和企業借貸業務。

聯準會超額準備金

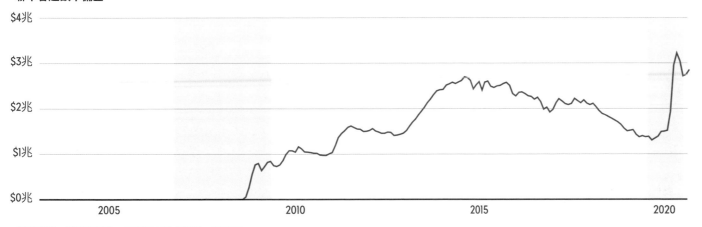

資料來源：美國聯準會，2020年；雅虎財經，2020年

在有數兆美元閒置在聯準會的情況下，要增加貨幣供給量，收效有限。

低利率政策陷入兩難

央行正運用量化寬鬆政策竭盡所能壓低利率。依據傳統理論，這應該可以鼓勵消費者消費，而非儲蓄。
但實際上，這些超低利率政策有可能適得其反。

超低收益將家庭支出拉高到一個臨界值

每月支出　● 1980～2000　● 2001～2020

↑ 家庭消費支出占可支配所得百分比（％）

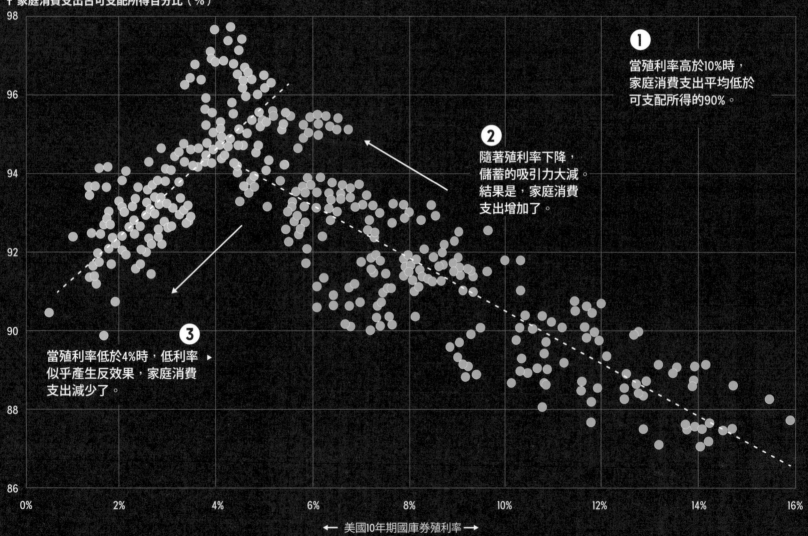

❶ 當殖利率高於10%時，家庭消費支出平均低於可支配所得的90%。

❷ 隨著殖利率下降，儲蓄的吸引力大減。結果是，家庭消費支出增加了。

❸ 當殖利率低於4%時，低利率似乎產生反效果，家庭消費支出減少了。

← 美國10年期國庫券殖利率 →

資料來源：美國銀行研究投資研究委員會（Bank of America Research Investment Committee），2020年；哈維分析資料庫（Haver Analytics），2020年

固定收益證券被視為是較安全的投資，但隨著報酬率暴跌，一般家庭可能為了退休準備，被迫削減開支。

一如日本的情況，在進退維谷之下，央行可能會陷入持續刺激經濟的循環中。

日本80%的ETFs由其央行持有

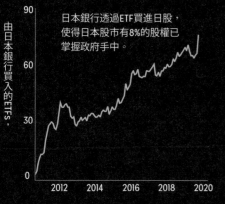

日本銀行透過ETF買進日股，使得日本股市有8%的股權已掌握政府手中。

由日本銀行買入的ETFs，占日本整體ETFs資產的比重（%）

資料來源：德意志銀行（Deutsche Bank），2020年

日本國債收益崩跌

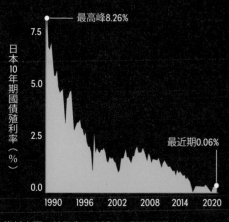

最高峰8.26%

最近期0.06%

日本10年期國債殖利率（%）

資料來源：美國全國廣播公司財經頻道（CNBC），2020年

各國央行對於刺激經濟仍不遺餘力。

這導致超低利率的漫長走勢持續了數年，而量化寬鬆政策一輪又一輪地推出。批評者認為，這些干預措施與自由市場的概念背道而馳，弊多於利。

然而，在 2008 年之後的那些年，所謂真正的自由市場是否會表現得更好，仍是個謎。

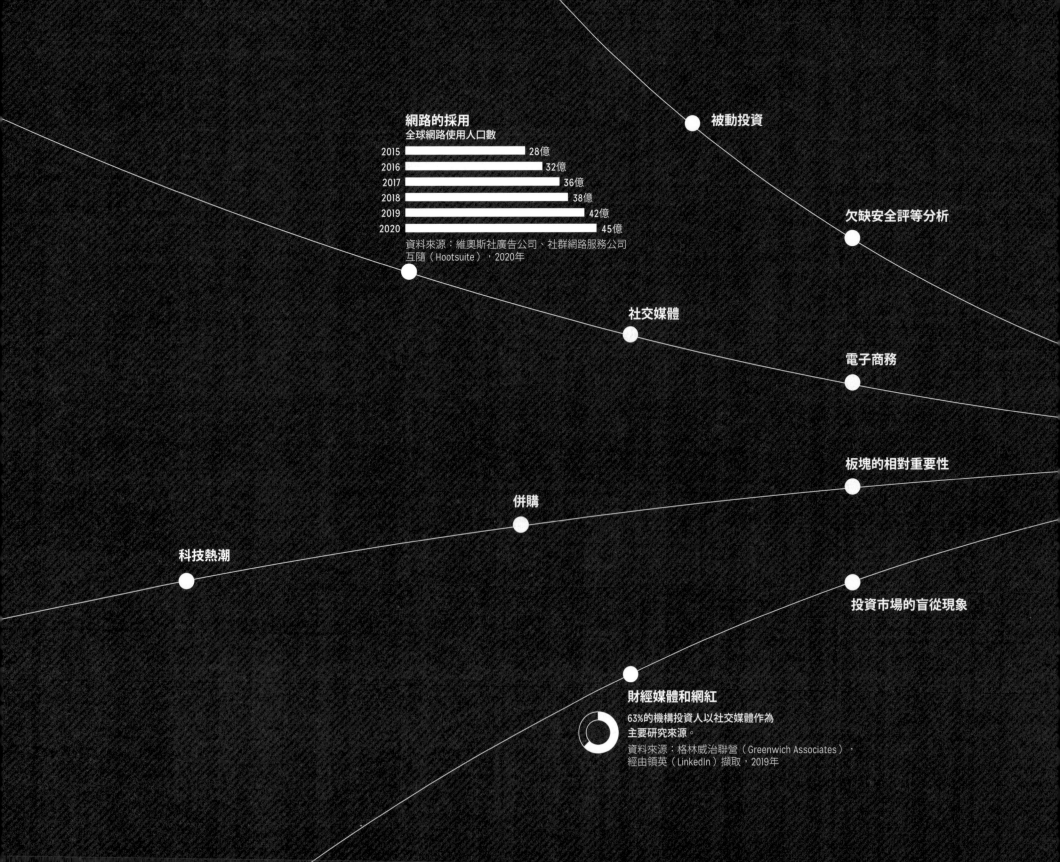

網路的採用
全球網路使用人口數

2015	28億
2016	32億
2017	36億
2018	38億
2019	42億
2020	45億

資料來源：維奧斯社廣告公司、社群網路服務公司
互隨（Hootsuite），2020年

被動投資

欠缺安全評等分析

社交媒體

電子商務

板塊的相對重要性

併購

科技熱潮

投資市場的盲從現象

財經媒體和網紅

63%的機構投資人以社交媒體作為
主要研究來源。

資料來源：格林威治聯營（Greenwich Associates），
經由領英（LinkedIn）擷取，2019年

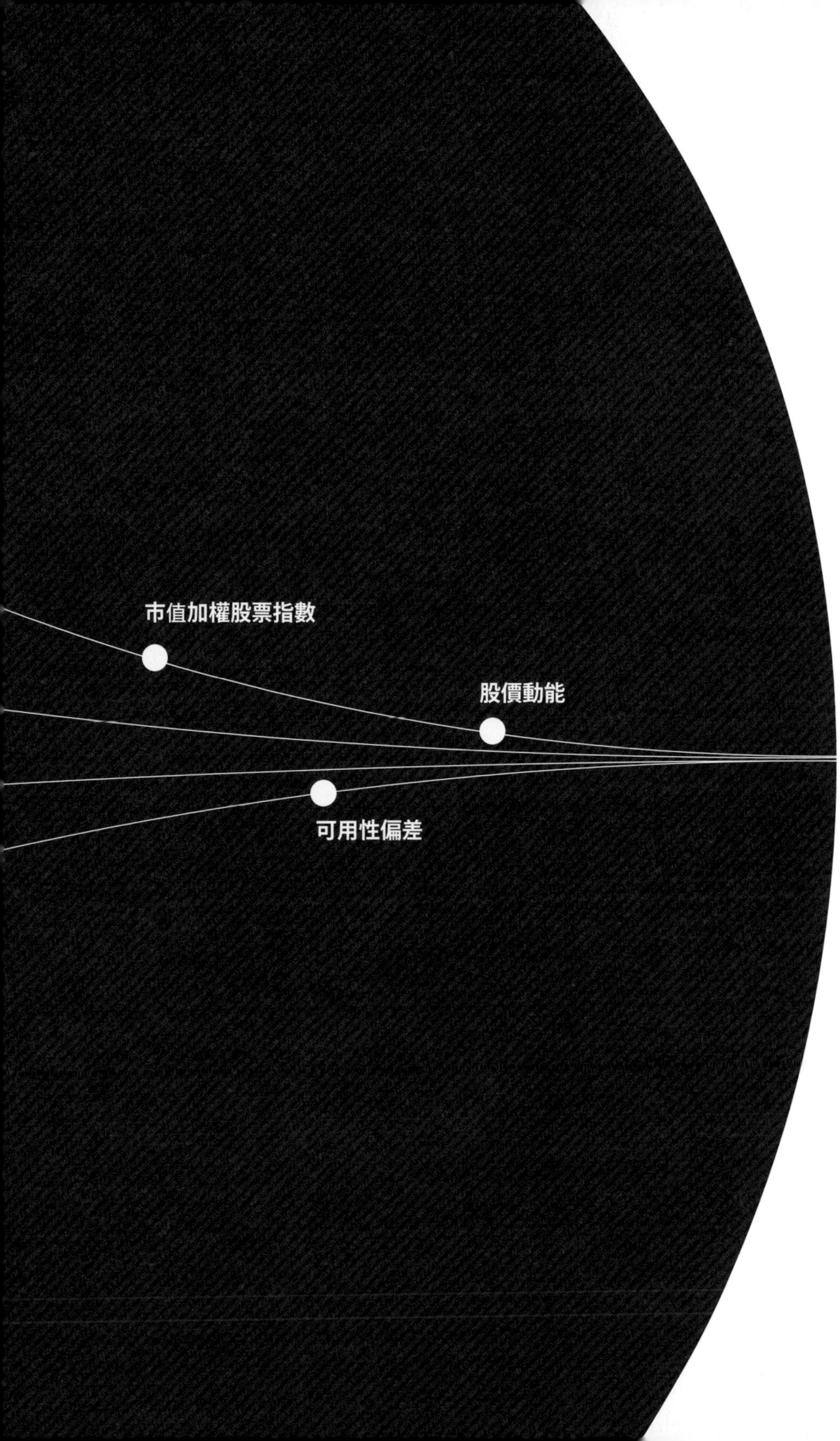

市值加權股票指數

股價動能

可用性偏差

股市集中化

股市集中化

股票市場由少數幾家成功的公司主導，這類巨型股在大盤所占的權重久而久之會愈來愈高。

標普500指數股票市值的百分比分布

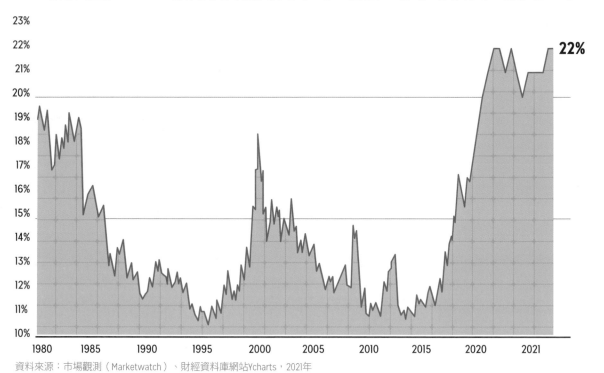

資料來源：市場觀測（Marketwatch）、財經資料庫網站Ycharts，2021年

訊號範圍
中等（3／5）

訊噪比
極高（5／5）

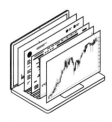

前五大的股票幾乎占了標普 500 指數總市值的四分之一，這至少是從 1980 年以來最集中的分布。因此，這些股票對指數的績效影響巨大——與以標普 500 指數作為基準的 11.2 兆美元資產密切連動。

美股前五大科技股（FAAMG）股票對標普500指數總報酬率的貢獻 2015年5月～2020年5月

 蘋果 微軟 亞馬遜 臉書 G 字母控股

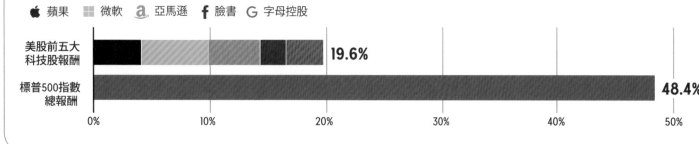

| 美股前五大科技股報酬 | 19.6% |
| 標普500指數總報酬 | 48.4% |

截至2020年5月31日的五年期間，美股前五大科技股占標普 500 指數總報酬的41%。

資料來源：BMO環球資產管理（BMO Global Asset Management），2020年。字母控股公開交易的兩類股票皆納入計算。（譯注：A類股票GOOGL和C類股票GOOG）

全球比較

美股與全世界其他股市相比，集中度算低。
然而，標普500指數的成分股比其他國家使用的大多數廣泛市場指數要多。

市值前五大公司 占總市值百分比

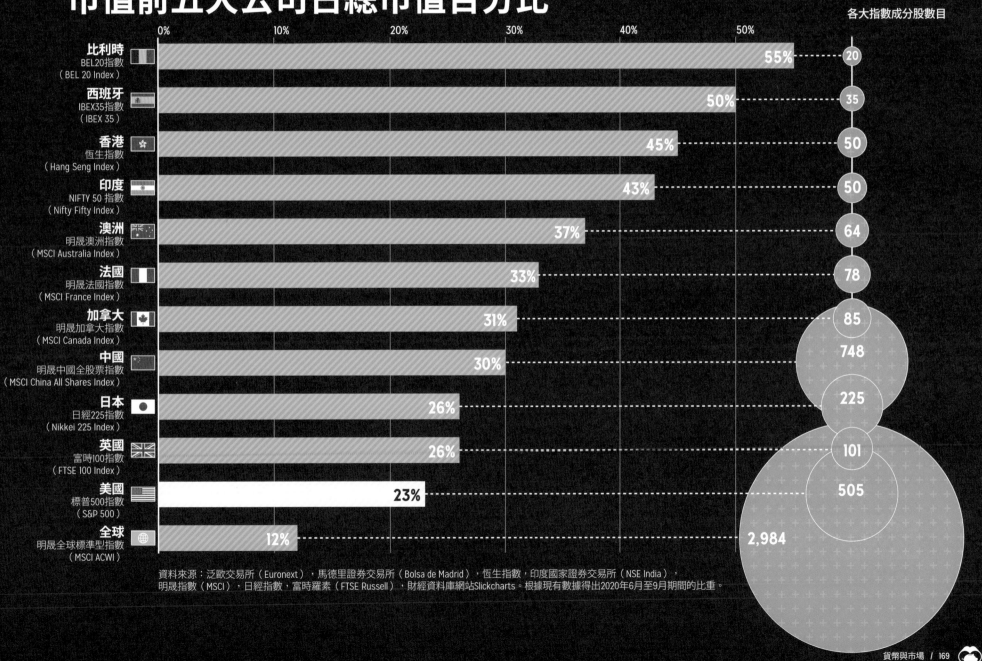

各大指數成分股數目

國家	指數	百分比	成分股數目
比利時	BEL20指數（BEL 20 Index）	55%	20
西班牙	IBEX35指數（IBEX 35）	50%	35
香港	恆生指數（Hang Seng Index）	45%	50
印度	NIFTY 50 指數（Nifty Fifty Index）	43%	50
澳洲	明晟澳洲指數（MSCI Australia Index）	37%	64
法國	明晟法國指數（MSCI France Index）	33%	78
加拿大	明晟加拿大指數（MSCI Canada Index）	31%	85
中國	明晟中國全股票指數（MSCI China All Shares Index）	30%	748
日本	日經225指數（Nikkei 225 Index）	26%	225
英國	富時100指數（FTSE 100 Index）	26%	101
美國	標普500指數（S&P 500）	23%	505
全球	明晟全球標準型指數（MSCI ACWI）	12%	2,984

資料來源：泛歐交易所（Euronext），馬德里證券交易所（Bolsa de Madrid），恆生指數，印度國家證券交易所（NSE India），明晟指數（MSCI），日經指數，富時羅素（FTSE Russell），財經資料庫網站Slickcharts。根據現有數據得出2020年6月至9月期間的比重。

科技的動能

雖然近年來科技類股不斷把指數愈推愈集中,但過去並非一直如此。
例如,能源類股在1980年稱霸,當時前五大股在標普500指數占19%。

標普500指數中市值前五大個股之演進表

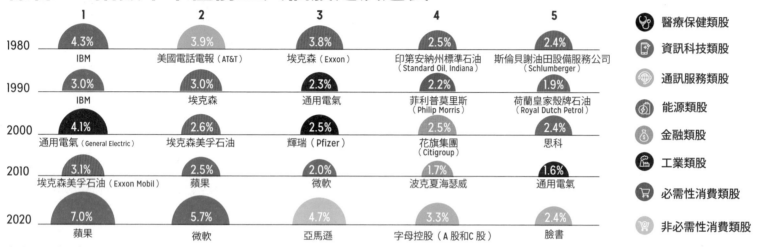

	1	2	3	4	5
1980	4.3% IBM	3.9% 美國電話電報(AT&T)	3.8% 埃克森(Exxon)	2.5% 印第安納州標準石油 (Standard Oil, Indiana)	2.4% 斯倫貝謝油田設備服務公司 (Schlumberger)
1990	3.0% IBM	3.0% 埃克森	2.3% 通用電氣	2.2% 菲利普莫里斯 (Philip Morris)	1.9% 荷蘭皇家殼牌石油 (Royal Dutch Petrol)
2000	4.1% 通用電氣(General Electric)	2.6% 埃克森美孚石油	2.5% 輝瑞(Pfizer)	2.5% 花旗集團 (Citigroup)	2.4% 思科
2010	3.1% 埃克森美孚石油(Exxon Mobil)	2.5% 蘋果	2.0% 微軟	1.7% 波克夏海瑟威	1.6% 通用電氣
2020	7.0% 蘋果	5.7% 微軟	4.7% 亞馬遜	3.3% 字母控股(A股和C股)	2.4% 臉書

圖例: 醫療保健類股 · 資訊科技類股 · 通訊服務類股 · 能源類股 · 金融類股 · 工業類股 · 必需性消費類股 · 非必需性消費類股

資料來源:標普全球,經由《投資前最重要的事》(S&P Global via *A Wealth of Common Sense*)擷取,2017年;財經資料庫網站Slickcharts,2020年

今日,這前五大個股都被稱為科技龍頭股,儘管根據標普道瓊指數(S&P Dow Jones Indices)分類標準,其中一些被歸入其他板塊。

科技龍頭股市值之演進表

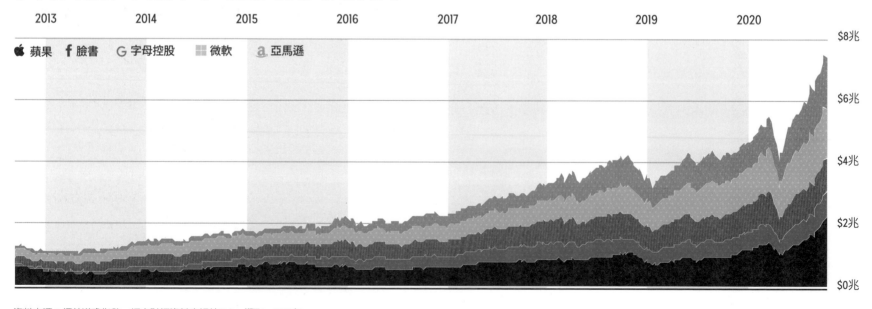

蘋果　f 臉書　G 字母控股　微軟　a. 亞馬遜

	2013	2014	2015	2016	2017	2018	2019	2020

($8兆 / $6兆 / $4兆 / $2兆 / $0兆)

資料來源:標普道瓊指數,經由財經資料庫網站Finbox擷取,2020年

被動投資

被動投資興起導致股市趨於飽和。美國光排名前十檔的ETFs，就占了總管理資產的28%。

資料來源：美國全國廣播公司財經頻道，2019年

許多表現最佳的基金追蹤的是市值加權指數，這些指數的成分股是以其總發行股數的股票市值作為加權依據，因此市值最大的股票價格一漲，就會吸引更多資金投入。

資料來源：英傑華投資（Aviva Investors），2018年

主動投資與被動投資的資金流量和市場占比

淨資金流量估計值（美元）　　　　　　　　　　　　　　市場占比

● 主動投資流量　　● 被動投資流量　　　　　　　　　—— 主動投資占比　　—— 被動投資占比

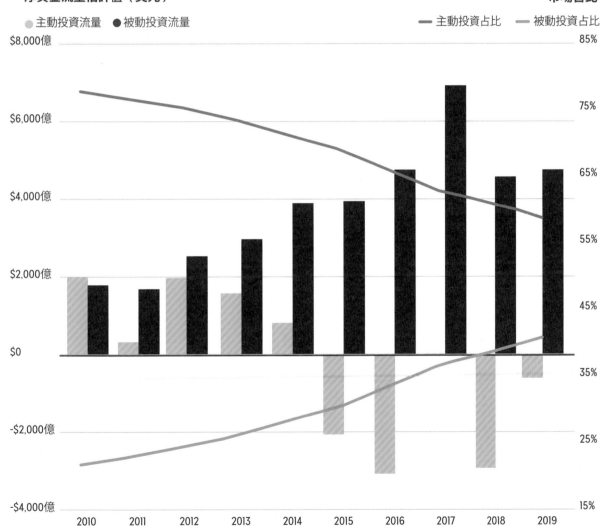

資料來源：晨星（Morningstar），2020年

在電影《大賣空》（*The Big Short*）中，知名對沖基金經理人麥可·貝瑞（Michael Burry），神預測了全球金融危機，他在被動投資中看到泡沫，並認為指數型基金根本不是靠如實的安全評等分析在操作，而當投資人意識到股價扭曲時，就會出現資金流出的亂象。

不過業內其他專家並不以為然，他們認為主動投資者會在不同市場之間出現價差時套利，而那些ETFs具備足夠的流動性。

資料來源：美國新聞與世界報導（U.S. News and World Report），2019年

對於投資者而言，股市集中化會帶來高度的非系統性風險，只會影響特定的公司或類股。

例如，監管行動歷來都會對各類股績效產生負面影響。

各類股受到監管關注之後的績效

績效差異（使用標普500指數定義的產業板塊，指數設為100）

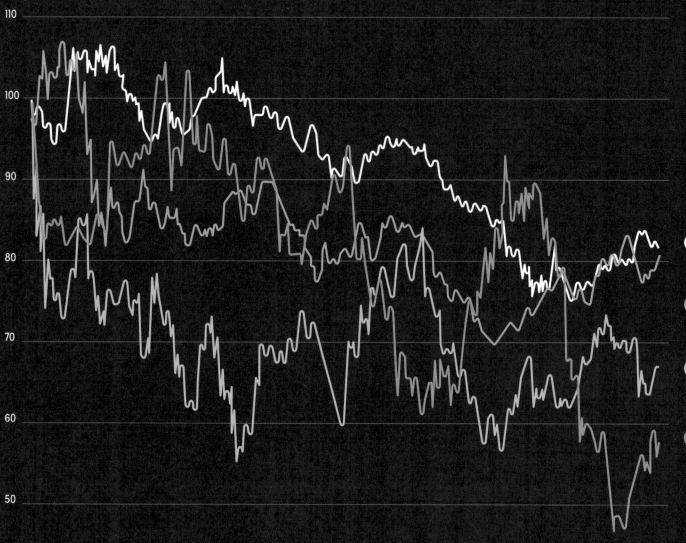

2009 年 6 月
金融
陶德－法蘭克金改法（Dodd-Frank Act）

2009 年 1 月
製藥
虛假申報法案（False Claims Act）

2000 年 4 月
軟體服務
反托拉斯審查（Antitrust Scrutiny）

1996 年 8 月
菸草
美國食品藥物管理署菸草管制新法
（FDA Rule）

監管行動啟動之後的月數

資料來源：高盛資產管理（Goldman Sachs Asset Management），2020年

然而，這種額外風險同時也有可能帶來更高報酬。

相較於標普500等權重指數（Equal Weight Index）這種每支成分股都分配相同權重的多元化投資，標普500指數向來表現較優。

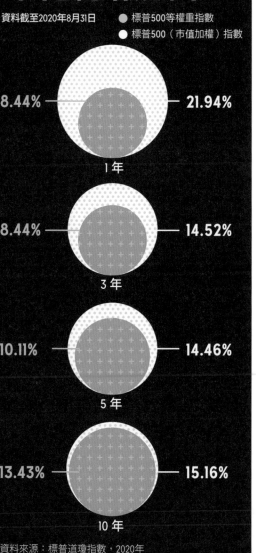

年化總報酬率

資料截至2020年8月31日
- ● 標普500等權重指數
- ● 標普500（市值加權）指數

8.44% ── 21.94%

1 年

8.44% ── 14.52%

3 年

10.11% ── 14.46%

5 年

13.43% ── 15.16%

10 年

資料來源：標普道瓊指數，2020年

股市集中化也影響總體經濟。

研究人員根據來自四十七個國家長達三十年數據發現，股市集中化現象與經濟成長、首次公開發行、創新和創業募資下降有其關聯。

隨著獲利、銷售和就業漸趨集中在少數最成功的公司，競爭和創新可能會受到排擠。

資料來源：裴, K（Bae, K.）等人，2020年

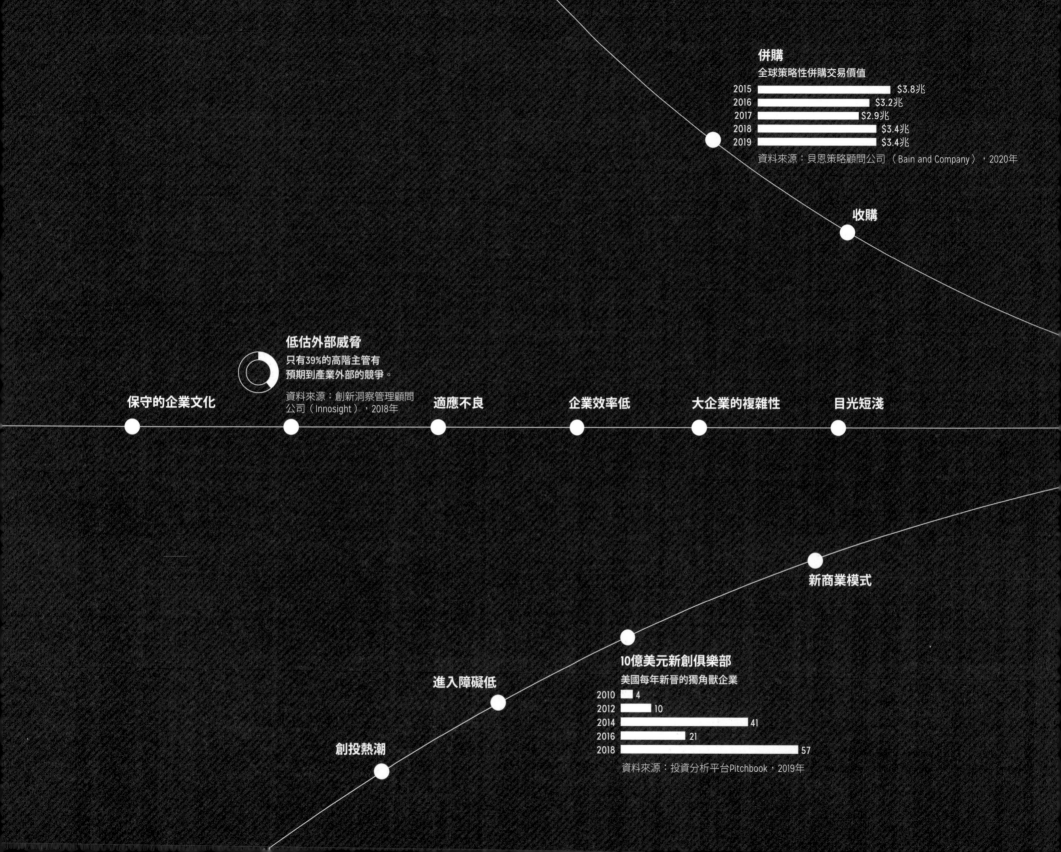

併購
全球策略性併購交易價值

2015		$3.8兆
2016		$3.2兆
2017		$2.9兆
2018		$3.4兆
2019		$3.4兆

資料來源：貝恩策略顧問公司（Bain and Company），2020年

收購

低估外部威脅
只有39%的高階主管有
預期到產業外部的競爭。

資料來源：創新洞察管理顧問
公司（Innosight），2018年

保守的企業文化　　**適應不良**　　**企業效率低**　　**大企業的複雜性**　　**目光短淺**

新商業模式

進入障礙低

10億美元新創俱樂部
美國每年新晉的獨角獸企業

年		數量
2010		4
2012		10
2014		41
2016		21
2018		57

創投熱潮

資料來源：投資分析平台Pitchbook，2019年

破產

市場轉瞬就變

企業壽命縮短

企業壽命縮短

比起過去幾十年，企業的壽命減短了，而且未來甚至會更短。

 訊號

標普500指數的企業平均壽命*

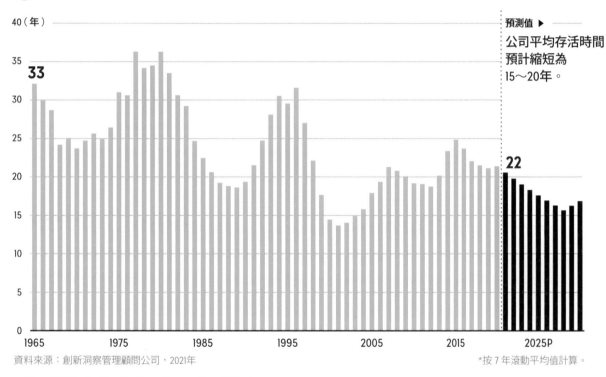

40（年）

預測值 ▶
公司平均存活時間預計縮短為15～20年。

35

33

30

25

22

20

15

10

5

0

1965　　　　1975　　　　1985　　　　1995　　　　2005　　　　2015　　　　2025P

資料來源：創新洞察管理顧問公司，2021年

*按 7 年滾動平均值計算。

訊號範圍
窄（2／5）

訊噪比
中等（3／5）

愈來愈多指標性公司正在消逝。 我們為了解企業能持續經營多久，使用標準普爾 500 指數納入的公司之7年滾動平均值，作為企業平均壽命的衡量指標。企業壽命隨著經濟週期和技術突破而有週期性變化，但總體呈現下降趨勢。

企業續航力走弱

資料來源：創新洞察管理顧問公司，2018年

50%

按照目前的流失率，標普500指數納入的公司有50%可能會在2018年至2027年間被取代掉。

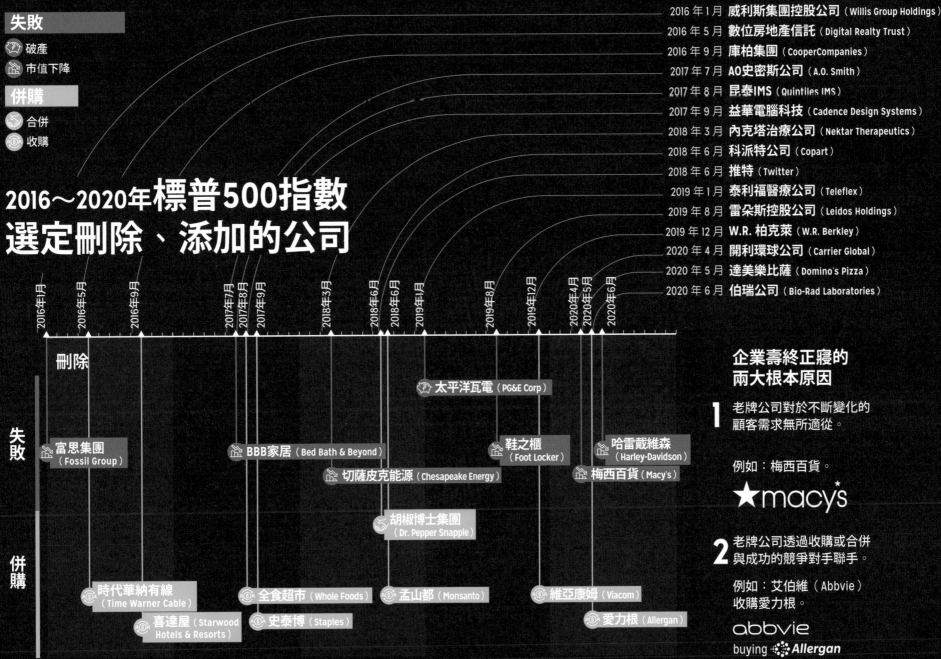

是什麼原因導致企業壽命縮短？
從標普 500 指數剔除的公司當中，
可以看出一些端倪：

失敗
🌐 破產
🏛 市值下降

併購
🤝 合併
👁 收購

2016～2020年標普500指數
選定刪除、添加的公司

添加

2016 年 1 月 威利斯集團控股公司（Willis Group Holdings）
2016 年 5 月 數位房地產信託（Digital Realty Trust）
2016 年 9 月 庫柏集團（CooperCompanies）
2017 年 7 月 AO史密斯公司（A.O. Smith）
2017 年 8 月 昆泰IMS（Quintiles IMS）
2017 年 9 月 益華電腦科技（Cadence Design Systems）
2018 年 3 月 內克塔治療公司（Nektar Therapeutics）
2018 年 6 月 科派特公司（Copart）
2018 年 6 月 推特（Twitter）
2019 年 1 月 泰利福醫療公司（Teleflex）
2019 年 8 月 雷朵斯控股公司（Leidos Holdings）
2019 年 12月 W.R. 柏克萊（W.R. Berkley）
2020 年 4 月 開利環球公司（Carrier Global）
2020 年 5 月 達美樂比薩（Domino's Pizza）
2020 年 6 月 伯瑞公司（Bio-Rad Laboratories）

2016年1月
2016年5月
2016年9月
2017年7月
2017年8月
2017年9月
2018年3月
2018年6月
2018年6月
2019年1月
2019年8月
2019年12月
2020年4月
2020年5月
2020年6月

刪除

太平洋瓦電（PG&E Corp）

失敗

富思集團（Fossil Group）
BBB家居（Bed Bath & Beyond）
切薩皮克能源（Chesapeake Energy）
鞋之櫃（Foot Locker）
哈雷戴維森（Harley-Davidson）
梅西百貨（Macy's）
胡椒博士集團（Dr. Pepper Snapple）

併購

時代華納有線（Time Warner Cable）
喜達屋（Starwood Hotels & Resorts）
全食超市（Whole Foods）
史泰博（Staples）
孟山都（Monsanto）
維亞康姆（Viacom）
愛力根（Allergan）

**企業壽終正寢的
兩大根本原因**

1 老牌公司對於不斷變化的
顧客需求無所適從。

例如：梅西百貨。

★macy's

2 老牌公司透過收購或合併
與成功的競爭對手聯手。

例如：艾伯維（Abbvie）
收購愛力根。

abbvie
buying 💠Allergan

資料來源：標普道瓊指數，2020年；瑞士信貸，2017年

創投市場的鉅額交易

創業投資金額在1億美元以上的鉅額交易，可能是導致企業變短命的原因。新創公司大到很難有對手，或者被現有公司合併或收購。

美國創投市場的鉅額交易活動
（以美元計）

尤其是，企業併購活動與標普500指數的成交金額有直接相關——並且與企業壽命間接相關。

1990～2016年標普500指數的成交金額與美國併購市場交易量（以2015年美元計之）

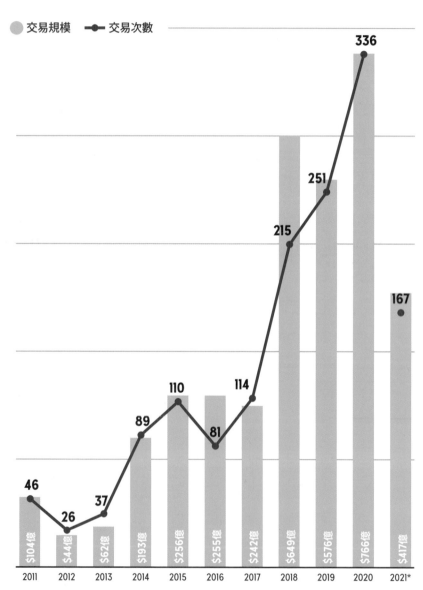

● 交易規模　━●━ 交易次數

年份	交易次數	交易規模
2011	46	$104億
2012	26	$44億
2013	37	$62億
2014	89	$193億
2015	110	$256億
2016	81	$255億
2017	114	$242億
2018	215	$649億
2019	251	$576億
2020	336	$766億
2021*	167	$417億

資料來源：投資分析平台Pitchbook，2021年

*資料截至2020年3月31日。

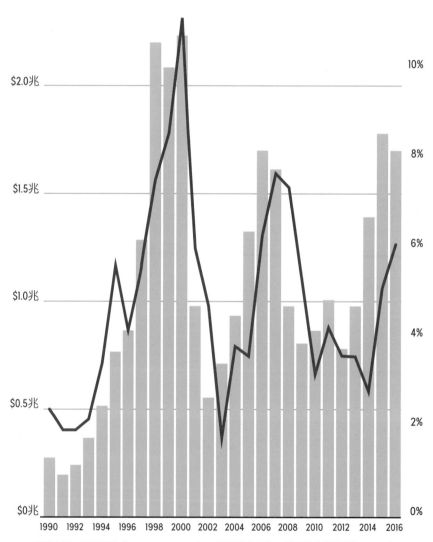

● 美國併購市場交易量　　━━ 標普500指數每年成交金額

資料來源：湯森路透（Thomson Reuters）；標普道瓊指數，經由瑞士信貸擷取，2017年

科技加速躍進

和諧

1860～2019年美國家庭對於生活科技產品的使用程度

採用率

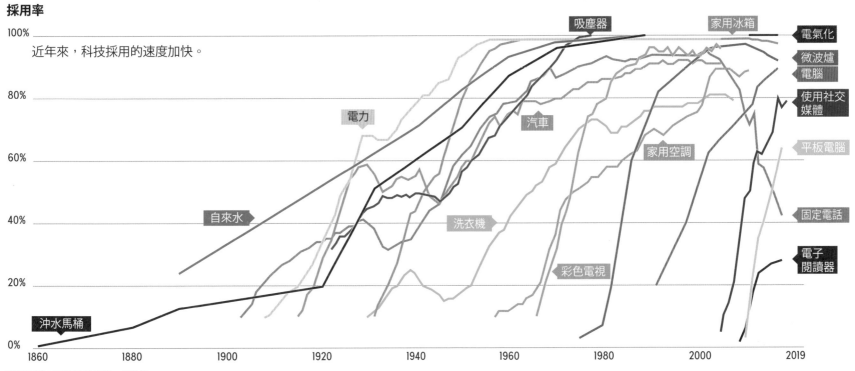

近年來，科技採用的速度加快。

- 吸塵器
- 家用冰箱
- 電氣化
- 微波爐
- 電腦
- 使用社交媒體
- 電力
- 汽車
- 家用空調
- 平板電腦
- 自來水
- 洗衣機
- 固定電話
- 彩色電視
- 電子閱讀器
- 沖水馬桶

資料來源：用數據看世界，2019年

在不斷求新求變的時代巨輪底下，新創公司的創新成果大量湧現，倘若老牌公司無法順應變化，早晚會被淘汰。

柯達（Kodak） 當時未能體認到數位相機將如何徹底顛覆它所在的產業。

百視達（Blockbuster） 拒絕網飛（Netflix）早期提出的合夥提案，最後破產了。

資料來源：《哈佛商業評論》（HBR），2016年；《富比士》，2014年

隨著網購消費者增加，在科技採用上首當其衝的即是零售業。

美國電子商務的估計銷售額
（以美元計）

預測值▶

● 電子商務銷售額　— 占整體零售業百分比

年	銷售額	百分比
2010	$1,700億	4.5%
2011	$2,000億	4.9%
2012	$2,320億	5.4%
2013	$2,640億	5.9%
2014	$3,030億	6.5%
2015	$3,470億	7.3%
2016	$3,970億	8.2%
2017	$4,610億	9.1%
2018	$5,240億	9.9%
2019	$6,020億	11.0%
2020	$7,990億	14.2%
2021P	$9,090億	15.5%
2022P	$1.0兆	17.2%
2023P	$1.2兆	19.0%

指標性零售巨頭因為受到電子商務衝擊紛紛倒下，而新冠疫情讓零售業雪上加霜。

資料來源：美國人口普查局（US Census Bureau），經由商業內幕擷取，2020年；eMarketer, 2021年

隨著順應潮流、與時俱進成為顯學，企業焦點已由廣告轉移到了研發。

公司專注於創新，員工也需要不斷進化才行——但技能是否能跟得上仍存疑慮。

研發支出超過廣告支出

占公司費用的百分比

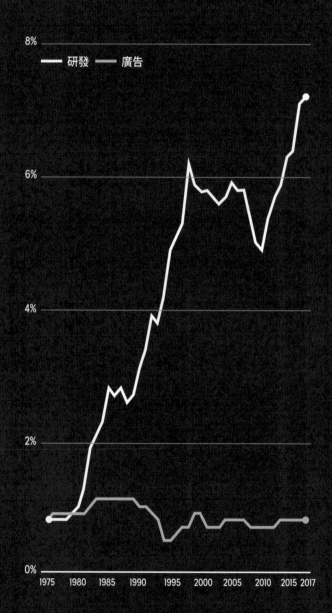

— 研發　— 廣告

資料來源：《哈佛商業評論》，2019年

全球執行長對於員工技能堪用與否表示「有點擔憂」或「非常擔憂」

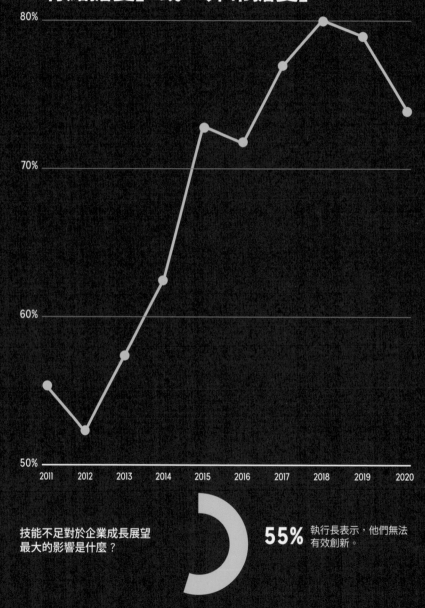

技能不足對於企業成長展望最大的影響是什麼？

55% 執行長表示，他們無法有效創新。

資料來源：資誠，2019年

當公司一旦投入技能提升計畫、訓練員工新技能，創新和其他成果便精彩可期。

技能升級計畫之成效

全球執行長回答「非常有效」的百分比

- 初步投入技能提升的組織
- 全球
- 在提升新技能方面較進階的組織

提升企業文化和員工參與度

23%
41%
60%

增進員工生產力

17%
30%
43%

企業成長幅度變大

15%
26%
37%

求才、留才獲得改善

14%
28%
45%

激發創新和加速數位轉型

15%
30%
51%

減少技能落差和錯置

10%
20%
35%

資料來源：資誠，2020年

公司未能順應時勢所趨的話，恐落於人後。

以致頂尖公司今日要穩踞食物鏈頂端的難度更甚以往。

雖然這對投資者、員工和企業領導者來說事態不妙，但也為雄心勃勃的新創公司創造了大量機會。

資料來源：洛桑管理學院（Institute for Management Development），2016年；波士頓顧問公司，2015年

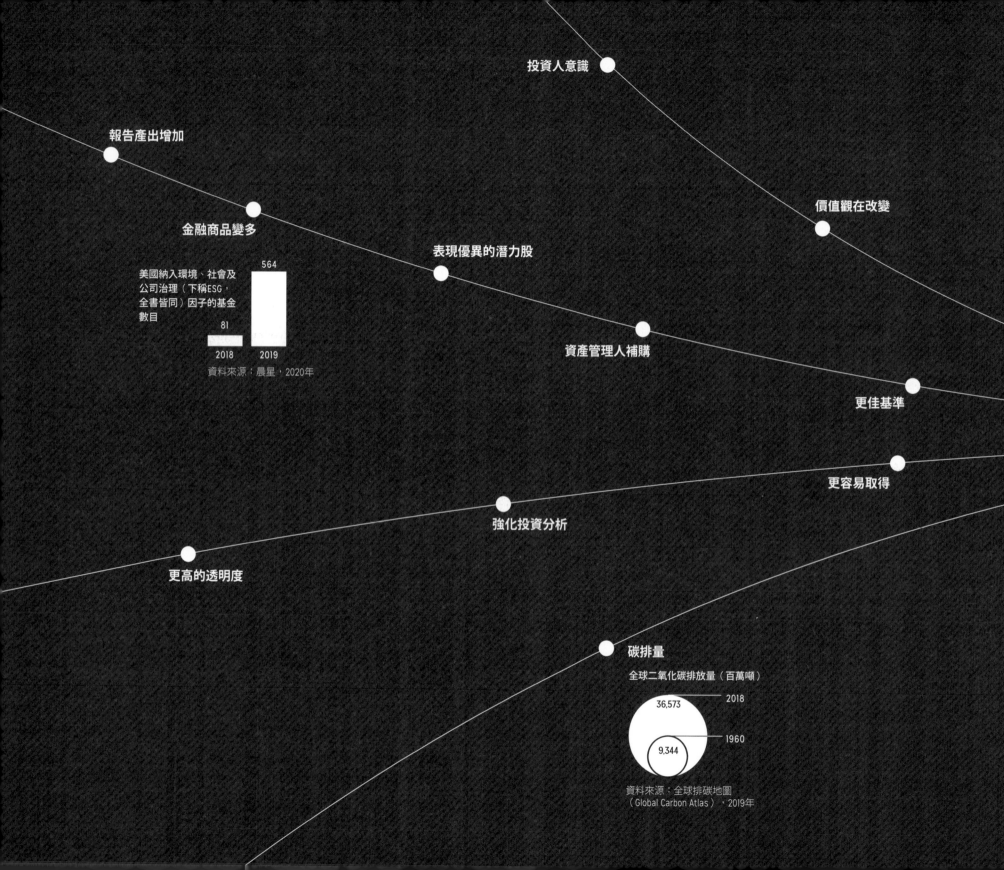

投資人意識

報告產出增加

價值觀在改變

金融商品變多

表現優異的潛力股

美國納入環境、社會及
公司治理（下稱ESG，
全書皆同）因子的基金
數目

564

81

2018　2019

資料來源：晨星，2020年

資產管理人補購

更佳基準

更容易取得

強化投資分析

更高的透明度

碳排量

全球二氧化碳排放量（百萬噸）

36,573　2018

1960

9,344

資料來源：全球排碳地圖
（Global Carbon Atlas），2019年

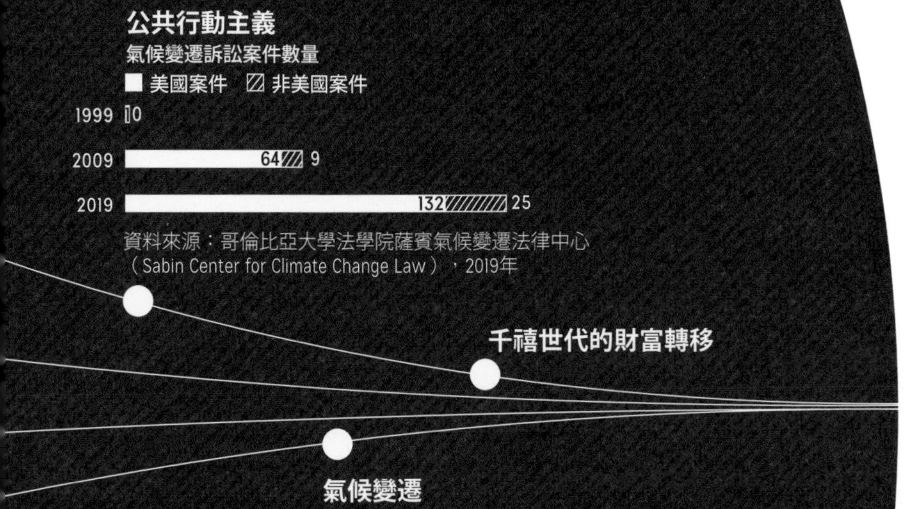

公共行動主義

氣候變遷訴訟案件數量

■ 美國案件　▨ 非美國案件

1999　▮0

2009　▭▭▭▭▭ 64 ▨▨▨ 9

2019　▭▭▭▭▭▭▭ 132 ▨▨▨▨▨ 25

資料來源：哥倫比亞大學法學院薩賓氣候變遷法律中心
（Sabin Center for Climate Change Law），2019年

千禧世代的財富轉移

氣候變遷

訊號 21

永續投資

永續投資

近年來，永續型資產顯著成長，預計這種轉變在未來幾十年將是大勢所趨。

 納入ESG投資準則的全球
管理資產規模（以美元計）

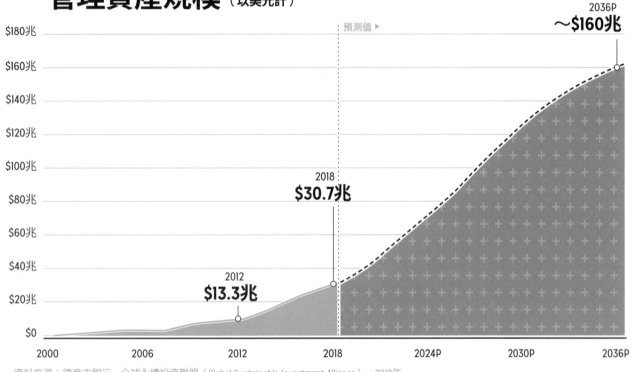

各界對於平等、氣候行動和企業責任的呼聲愈來愈高，永續投資也躍升為投資界寵兒。然而，這些投資策略不僅僅反映個人價值觀，永續投資更有助於投資人管理環境、社會和風險治理，因此在全球快速蔓延開來。

資料來源：德意志銀行、全球永續投資聯盟（Global Sustainable Investment Alliance），2019年

ESG資產占總資產比例

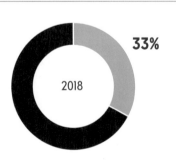

33%
2018

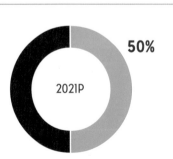

50%
2021P

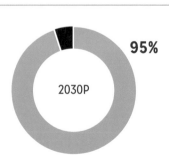

95%
2030P

資料來源：德意志銀行、全球永續投資聯盟，2019年

2012、2018年各地區永續投資的資產規模

▲ 年複合成長率

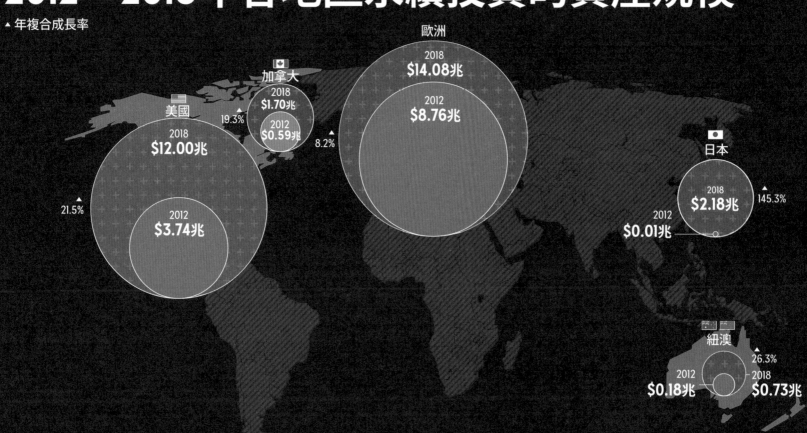

加拿大
2018
$1.70兆
2012
$0.59兆
19.3%

美國
2018
$12.00兆
2012
$3.74兆
21.5%

8.2%

歐洲
2018
$14.08兆
2012
$8.76兆

日本
2018
$2.18兆
145.3%
2012
$0.01兆

紐澳
26.3%
2012
$0.18兆
2018
$0.73兆

永續型資產占總管理資產的比例　　●2012年　●2018年

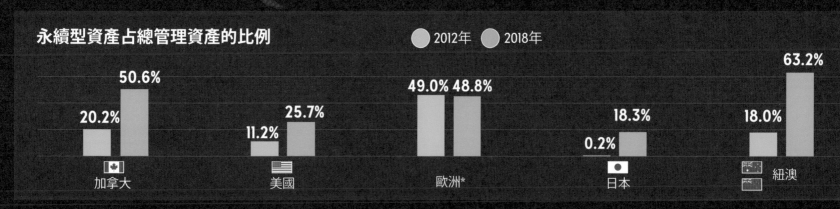

加拿大　20.2%　50.6%
美國　11.2%　25.7%
歐洲*　49.0%　48.8%
日本　0.2%　18.3%
紐澳　18.0%　63.2%

*永續型資產在歐洲的市場占比下降，部分是源自永續投資的標準和定義更趨嚴格了。

資料來源：全球永續投資聯盟，2018年

美國散戶投資人的興趣和採用程度

預計全年總收入

對於永續投資感興趣

● 千禧族群　● 一般族群

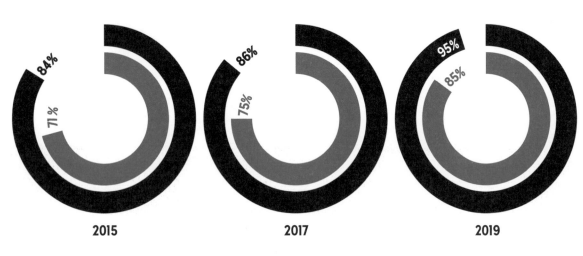

84%　71%　**2015**

86%　75%　**2017**

95%　85%　**2019**

採用永續投資

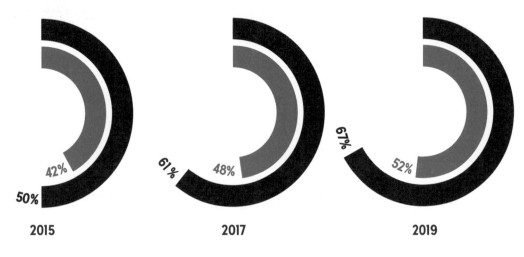

50%　42%　**2015**

61%　48%　**2017**

67%　52%　**2019**

資料來源：摩根士坦利（Morgan Stanley），明晟指數，2019年

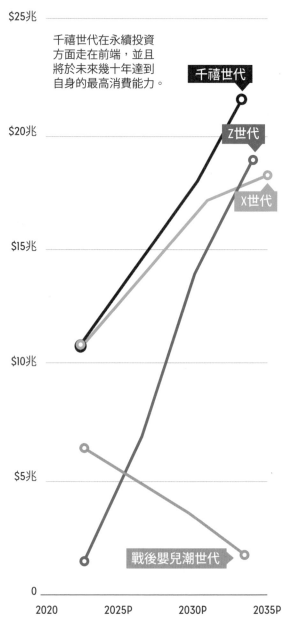

按世代分組

千禧世代在永續投資
方面走在前端，並且
將於未來幾十年達到
自身的最高消費能力。

$25兆

$20兆

$15兆

$10兆

$5兆

0

千禧世代

Z世代

X世代

戰後嬰兒潮世代

2020　2025P　2030P　2035P

資料來源：世界資料實驗室，經由布魯金斯研究院擷取，2020年
Z世代指的是在2000～2020年間出生者。

對投資人的啟示

把ESG納入投資程序，有助於將永續性風險降至最低，並可為投資人帶來更高報酬和較低波動性。

所有國家世界指數的累計績效 總報酬

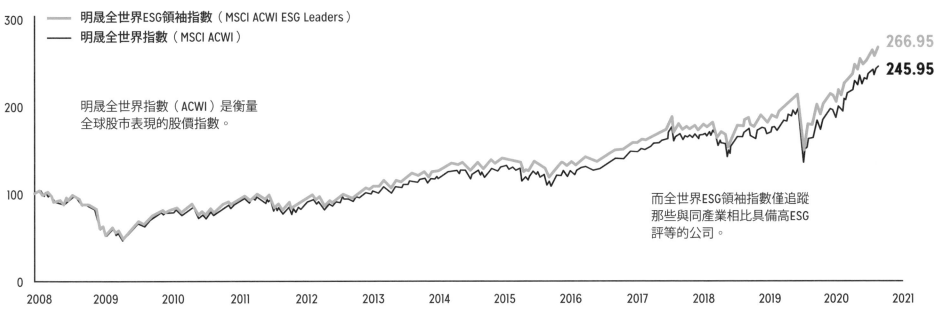

— 明晟全世界ESG領袖指數（MSCI ACWI ESG Leaders）

— 明晟全世界指數（MSCI ACWI）

明晟全世界指數（ACWI）是衡量全球股市表現的股價指數。

而全世界ESG領袖指數僅追蹤那些與同產業相比具備高ESG評等的公司。

266.95

245.95

資料來源：明晟指數，2021年

年化總報酬

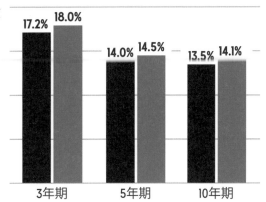

● 明晟全世界ESG領袖指數　● 明晟全世界指數

	3年期	5年期	10年期
明晟全世界ESG領袖指數	15.4%	14.8%	10.6%
明晟全世界指數	14.4%	14.8%	10.2%

資料來源：明晟指數，2021年5月

風險 年化標準差

	3年期	5年期	10年期
	17.2%	14.0%	13.5%
	18.0%	14.5%	14.1%

標普500指數企業發行永續報告之情況

2011　20%

2019　90%

ESG投資日益普及，愈來愈多公司開始發布永續報告。這為投資大眾提供了更加公開透明的資訊，並強化企業當責文化。

資料來源：治理與當責研究所
（Governance and Accountability Institute），2020年

改變正在發揮影響力

漸漸地有愈來愈多投資人簽署聯合國負責任投資原則
（PRI），將其落實到支持環境和社會的計畫當中。

對永續發展的支持度與日俱增

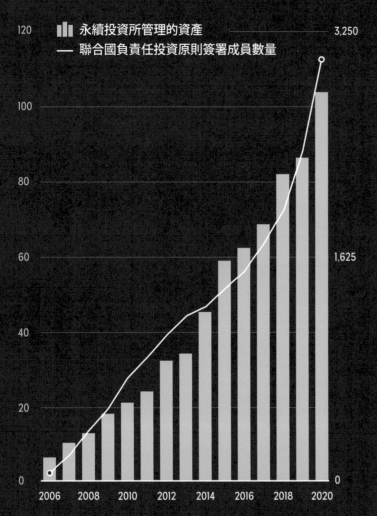

永續投資所管理的資產

聯合國負責任投資原則簽署成員數量

資料來源：聯合國負責任投資原則組織，2020年3月

將資本集中在處理環境、社會和治理問題上，可傳遞廣泛的社會影響力。例如，
環保投資可能有助於提高再生能源發電。

1990～2050年世界淨發電量

⬤ 水力　⬤ 風力　⬤ 太陽能　⬤ 其他再生能源　◯ 所有其他化石燃料

美國能源資料局（The U.S. Energy Information Administration）預測，再生能源在全球
總發電量占比，將從2018年的28%，提升到2050年的49%。

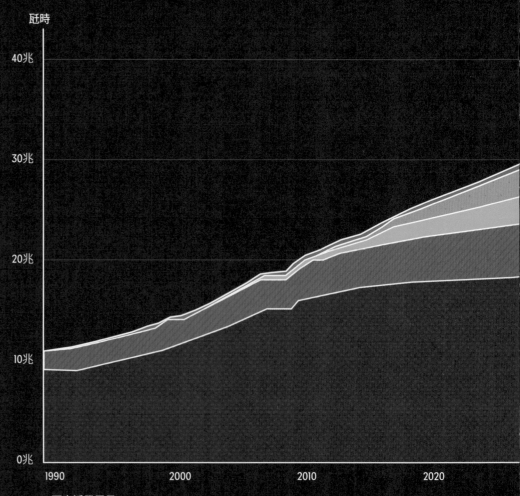

◀ 歷史淨發電量

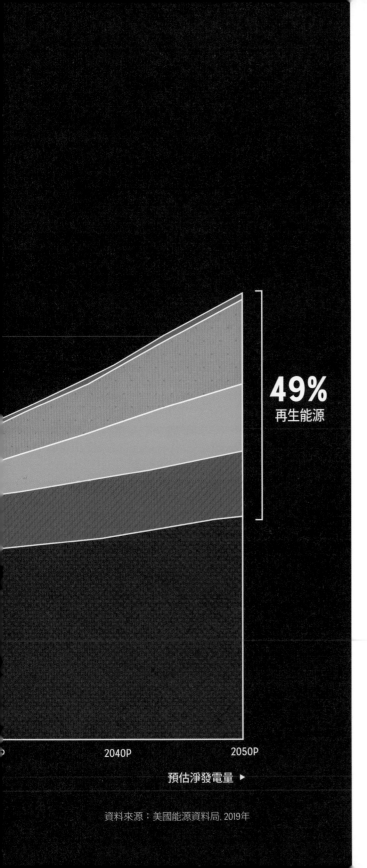

49%
再生能源

2040P　　　2050P

預估淨發電量 ▶

資料來源：美國能源資料局, 2019年

永續投資肯定是主流。

有鑑於更年輕、更具社會意識的新世代將在不久的未來繼承財富、擴大消費能力，永續投資的做法為投資人造就了一個能釋出正面影響力的大好機會，同時仍舊能為投資人帶來豐厚的投資報酬。

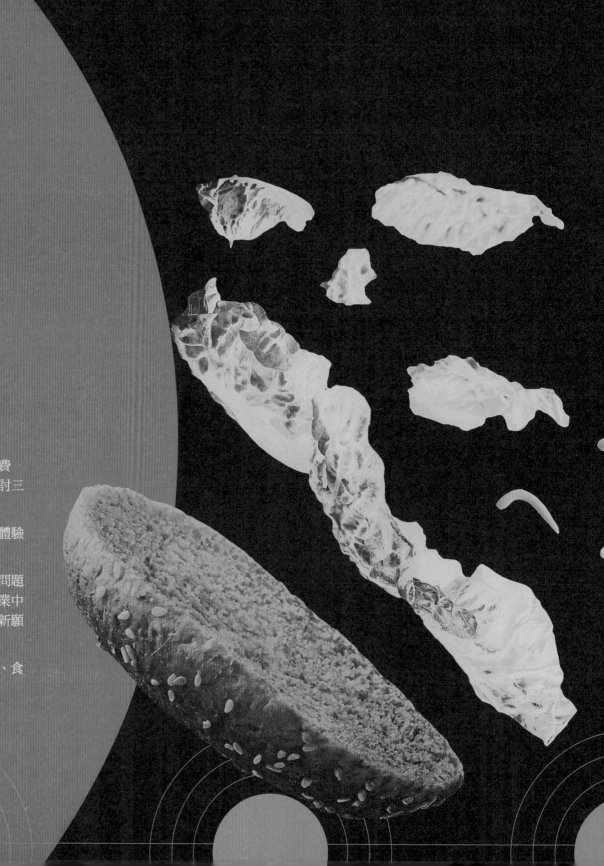

消費者行為

訊號數／ 03

科技可能有助推動創新，但是最終能讓創新順利商業化的還是消費者。在本章中，我們將著眼於擄獲消費者內心和錢包的領域，探討三個不同的新興趨勢。

第一個訊號談的是零售業的進化路徑，正吸引著消費者向無障礙體驗靠攏，而交易、物流和個人化的障礙正在被無縫技術消融。

我們接著會提到人造肉興起的消費現象——這是科技進步與環境問題交織之下，所引發的社會態度轉變。最後，我們將以醫療保健產業中的典範轉移作結，探討對現狀不滿所引爆以消費者為中心的健康新願景。

隨著這些由消費者主導的市場對於產品的需求迅速揚升，在零售、食品和醫療保健領域中發展緩慢的企業有可能落居劣勢。

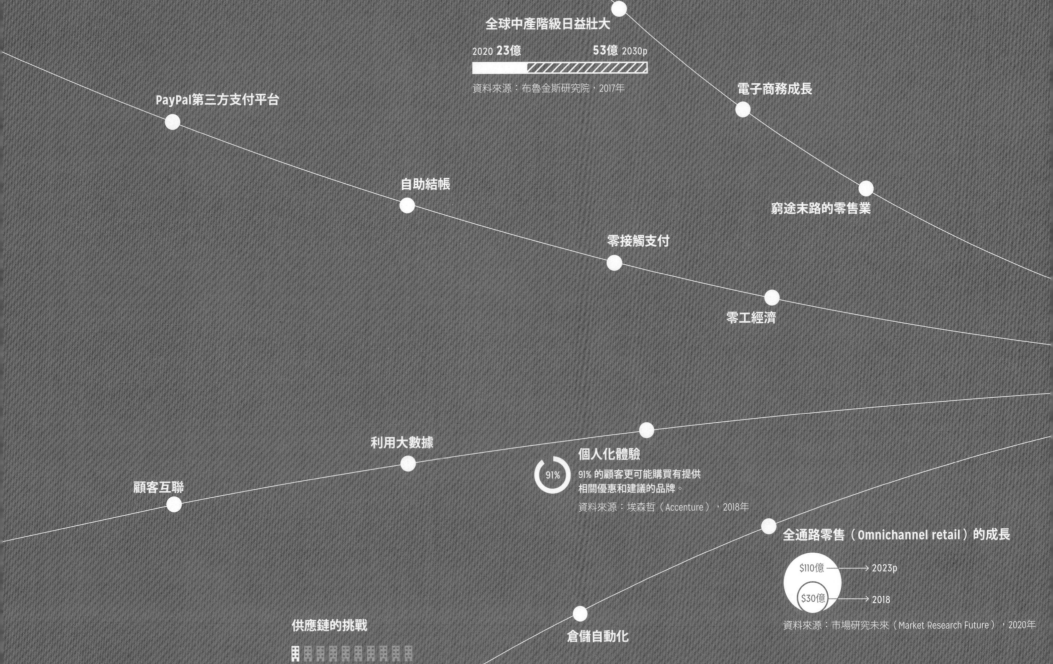

全球中產階級日益壯大

2020 **23億**　　53億 2030p

資料來源：布魯金斯研究院，2017年

電子商務成長

PayPal第三方支付平台

自助結帳

窮途末路的零售業

零接觸支付

零工經濟

利用大數據

個人化體驗

91%　91% 的顧客更可能購買有提供
相關優惠和建議的品牌。

資料來源：埃森哲（Accenture），2018年

顧客互聯

全通路零售（Omnichannel retail）的成長

$110億 ——→ 2023p

$30億 ——→ 2018

資料來源：市場研究未來（Market Research Future），2020年

供應鏈的挑戰

10%的公司擁有以顧客為
中心的供應鏈。

資料來源：埃森哲，
2020年

倉儲自動化

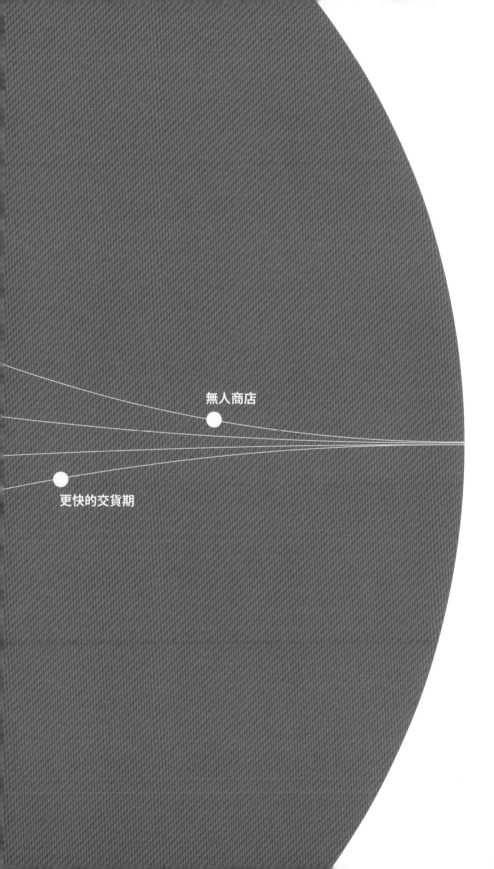

訊號 **22**

無障礙零售

無人商店

更快的交貨期

無障礙零售

零售業正在經歷一場大規模的數位化轉型,以融合創新消除顧客體驗中所產生的摩擦,從而讓購物比以往更快、更簡單。

 訊號範圍 中等(3/5)

訊噪比 中等(3/5)

智慧零售受投資人青睞

全球店內零售科技公司交易和融資

資料來源:CB洞察報告,2020年

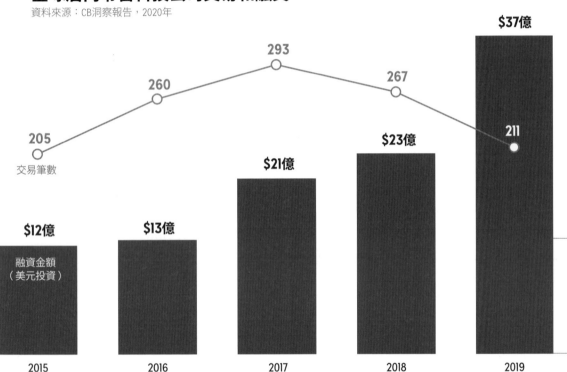

- $37億
- 293
- 260
- 267
- 205
- 211
- 交易筆數
- $21億
- $23億
- $12億
- $13億
- 融資金額（美元投資）
- 2015
- 2016
- 2017
- 2018
- 2019

技術突破、激烈競逐客戶資金以及消費者口味善變的多重夾擊下,零售業大受影響。

零售品牌一方面無情地要求供應鏈提高效率,另一方面則貼心地為顧客尋找實體和數位的創新體驗。

儘管2019年的交易數量減少了21%,但投資金額增加近**60%,達到37億美元**,而交易規模中位數達700萬美元。

關鍵功能 對於在零售和消費性包裝商品上使用人工智慧的公司來說,人工智慧的關鍵功能包括:

 商品推銷　 庫存管理　 免結帳商店技術　 銷售點的損耗監測　 全通路行銷　 零售供應鏈最佳化　 電子商務搜尋

技術開發

物件揀選機器人——執行裝載卸貨等重複性動作——
將成為電子商務供應鏈自動化的要件之一。

倉儲物件揀選機器人市場之收入預測

（美元）

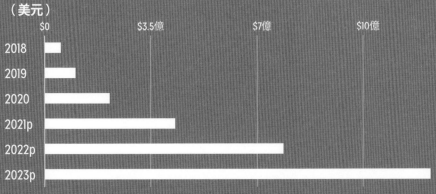

	$0	$3.5億	$7億	$10億	$14億
2018					
2019					
2020					
2021p					
2022p					
2023p					

資料來源：交互分析（Interact Analysis），2020年

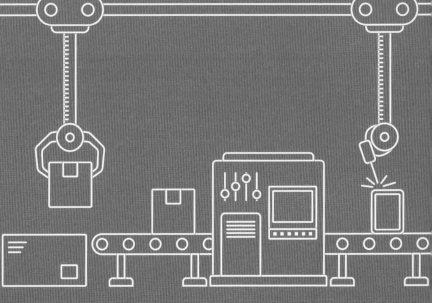

倉儲自動化能磁吸投資，但是同時，
科技也將以其他的方式改變零售業
的格局。這裡列出業界正在投資的
技術。

目前有投資右列技術的
零售、製造和
物流公司之比例

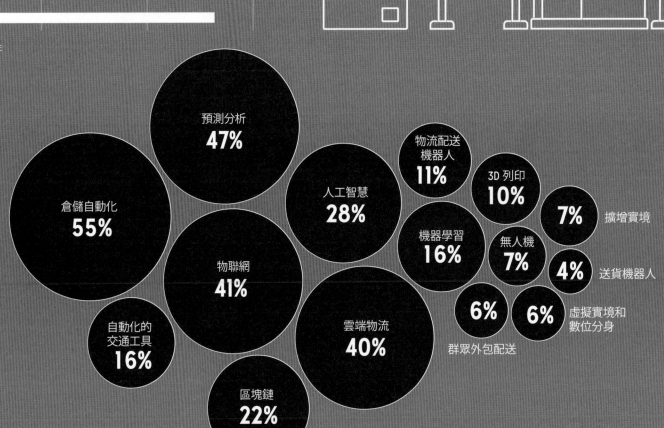

- 預測分析 **47%**
- 物流配送機器人 **11%**
- 3D 列印 **10%**
- 倉儲自動化 **55%**
- 人工智慧 **28%**
- 機器學習 **16%**
- **7%** 擴增實境
- 無人機 **7%**
- 物聯網 **41%**
- **4%** 送貨機器人
- 自動化的交通工具 **16%**
- 雲端物流 **40%**
- **6%**
- **6%** 虛擬實境和數位分身
- 群眾外包配送
- 區塊鏈 **22%**

資料來源：運輸之眼（Eye for Transport），2019年

亞馬遜效應

亞馬遜正以即時滿足顧客需求和無縫體驗來縮小線上和線下購物之間的差距。

亞馬遜PRIME付費會員

資料來源：消費者情報研究合作夥伴（Consumer Intelligence Research Partners LLC），經由數位商務360（Digital Commerce 360）擷取

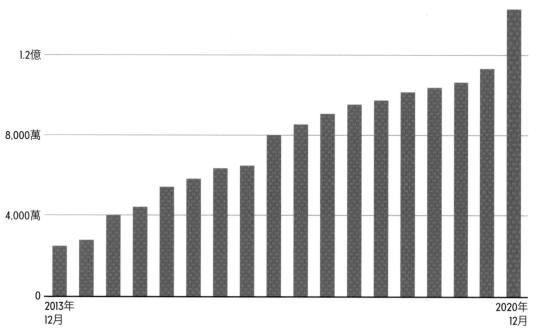

美國會員人數

亞馬遜所造成的二階效應*相當巨大，其配送時間大大衝擊了其他零售商提供服務的速度，使得其他電子商務品牌被迫跟上它的步伐。

資料來源：樂天情報（Rakuten Intelligence），2019年

2020年線上購物從下單到送上門所需時間

天數　　　　　—— 非亞馬遜　　—— 亞馬遜

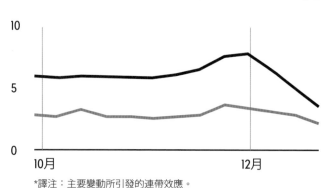

*譯注：主要變動所引發的連帶效應。

亞馬遜還推出名為Amazon Go的無人商店。

Amazon Go的運作方式如下：

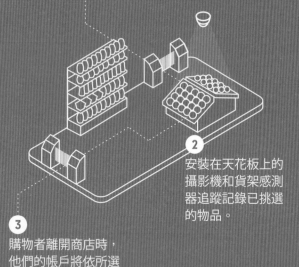

1 購物者掃描應用程式後進入商店。

2 安裝在天花板上的攝影機和貨架感測器追蹤記錄已挑選的物品。

3 購物者離開商店時，他們的帳戶將依所選商品扣款。

Amazon Go只是「隱形支付」技術的一個例子而已，整體市值預計到 2022 年將上達 $780 億美元。

$780億　2022p

$100億　2017

資料來源：瞻博研究（Juniper Research），2017年

無障礙購物

消費者對零售創新的態度會隨著新技術愈趨普遍與時俱進。
如果能讓消費者的購物體驗更輕鬆，大多數人會願意改變他們的購物行為。

願意將店內採購轉移至使用自動化技術的零售商之消費者比例

59% 同意	**22%** 中立	**19%** 不同意

67%
的同意者是千禧世代。

有趣的是，如果消費者可以免掉與零售店員交談，那麼超過一半的人願意在無收銀員的商店花更多錢。

數位錢包似乎是消費者接受無收銀員購物的關鍵開關。

78%
最近使用數位錢包購物的消費者中，有 78 %對於使用自助結帳通道購物感興趣。

資料來源：凱捷（Capgemini），2020年； PYMNTS，2020年

更多品牌將採用這種擴增實境消費的方式，讓消費者能夠透過數位體驗與品牌和產品互動。而這些體驗有助於提供比一般網站更詳細、更直觀的產品資訊。

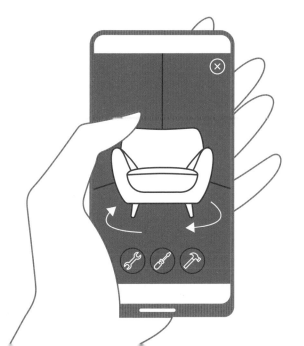

擴增實境購物的機會矩陣

○ 實驗性質　　○ 早期技術上成功的案例　　○ 正向投資報酬率（ROI），推廣採用

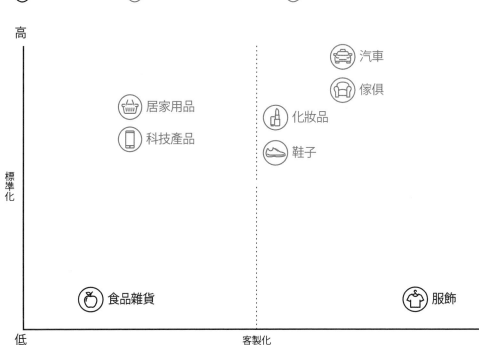

資料來源：德勤分析（Deloitte analysis），2020年

創新的好處

使用創新科技除了提供更好的顧客體驗、員工參與度和更高效的整體流程外，
還可以讓盈利翻倍。

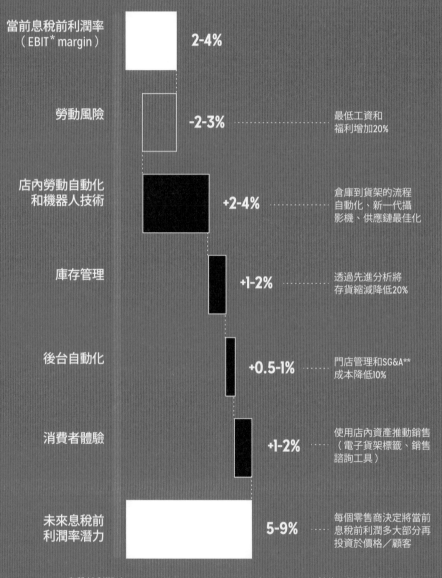

當前息稅前利潤率
（EBIT* margin）　**2-4%**

勞動風險　**-2-3%**　……… 最低工資和
福利增加20%

店內勞動自動化
和機器人技術　**+2-4%**　……… 倉庫到貨架的流程
自動化、新一代攝
影機、供應鏈最佳化

庫存管理　**+1-2%**　……… 透過先進分析將
存貨縮減降低20%

後台自動化　**+0.5-1%**　……… 門店管理和SG&A**
成本降低10%

消費者體驗　**+1-2%**　……… 使用店內資產推動銷售
（電子貨架標籤、銷售
諮詢工具）

未來息稅前
利潤率潛力　**5-9%**　……… 每個零售商決定將當前
息稅前利潤多大部分再
投資於價格／顧客

*EBIT：息稅前利潤（Earnings before interest and taxes）
（譯注：息稅前利潤率〔EBIT margin〕＝EBIT／營收）

**SG&A：銷售、管理和行政費用
（Sales, General, and Administration）

資料來源：麥肯錫，2020年

較之資訊科技等其他產業，零售業在
企業數位化成熟度和建立長期數位計
畫等方面是處於落後的局面。

如果零售商不優先考慮創新，消費者
的忠誠度下降，以及對於無縫體驗的
期望更高，都可能把他們拖下水。

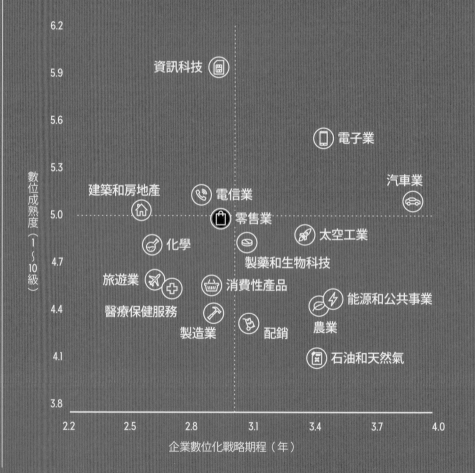

數位成熟度（1～10級）

6.2　資訊科技

5.9

5.6　電子業

5.3　汽車業

建築和房地產　電信業

5.0　零售業

化學　太空工業

4.7　製藥和生物科技

旅遊業　消費性產品

4.4　能源和公共事業

醫療保健服務　農業

製造業　配銷

4.1　石油和天然氣

3.8

2.2　2.5　2.8　3.1　3.4　3.7　4.0

企業數位化戰略期程（年）

資料來源：德勤，2017年

擾亂勞動力市場

整個供應鏈快速創新為零售品牌敲開了機會的大門，包括解決消費者痛點和削減營運成本。這也意味零售和配銷環境中的自動化，最終可能導致全球數百萬的員工失去工作。

零售相關職業被自動化取代的機率

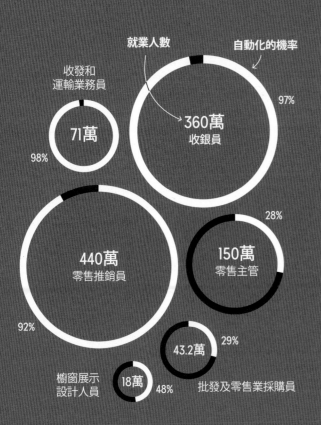

就業人數
自動化的機率

收發和
運輸業務員

71萬
98%

360萬
收銀員
97%

440萬
零售推銷員
92%

150萬
零售主管
28%

43.2萬
29%

櫥窗展示
設計人員

18萬
48%

批發及零售業採購員

資料來源：美國勞工部勞動統計局，2020年；CB‧費（CB Frey），
M‧奧斯本（M Osborne），2013年

████████

無障礙零售是不斷追求
便利的結果。

這種現象既不是線上也不是線下造成的。反倒是消費者對於線上線下緊密交融的體驗有所需求，而使得這兩者的分野正逐漸消失。零售商若善於利用科技來提升效率和消除痛點，將從中獲益。對於消費者而言，日常採購會變得無比輕鬆又簡單。

全球人口成長

77億

97億

2020   2050p

資料來源：聯合國，2019年

食品安全

食品科技的創新

價值觀改變

選擇多樣化

以植物製造為基礎的新創公司
「超越肉類公司」（Beyond Meat）
於2019年上市

超越肉類公司的股價在掛牌交易首日見紅。

資料來源：英國廣播公司（BBC），2019年

不永續的供應鏈

動物福祉

碳足跡

牛肉的碳足跡比豆腐高15倍以上。

資料來源：用數據看世界，2019年

消費者健康意識抬頭

40%介於18至30歲英國人在
飲食上符合純淨飲食
（clean eating）原則。

資料來源：艾倫、狄金生和普里查德
（Allen、Dickinson & Prichard），
「純淨飲食的汙點」（The Dirt on Clean Eating），2018年

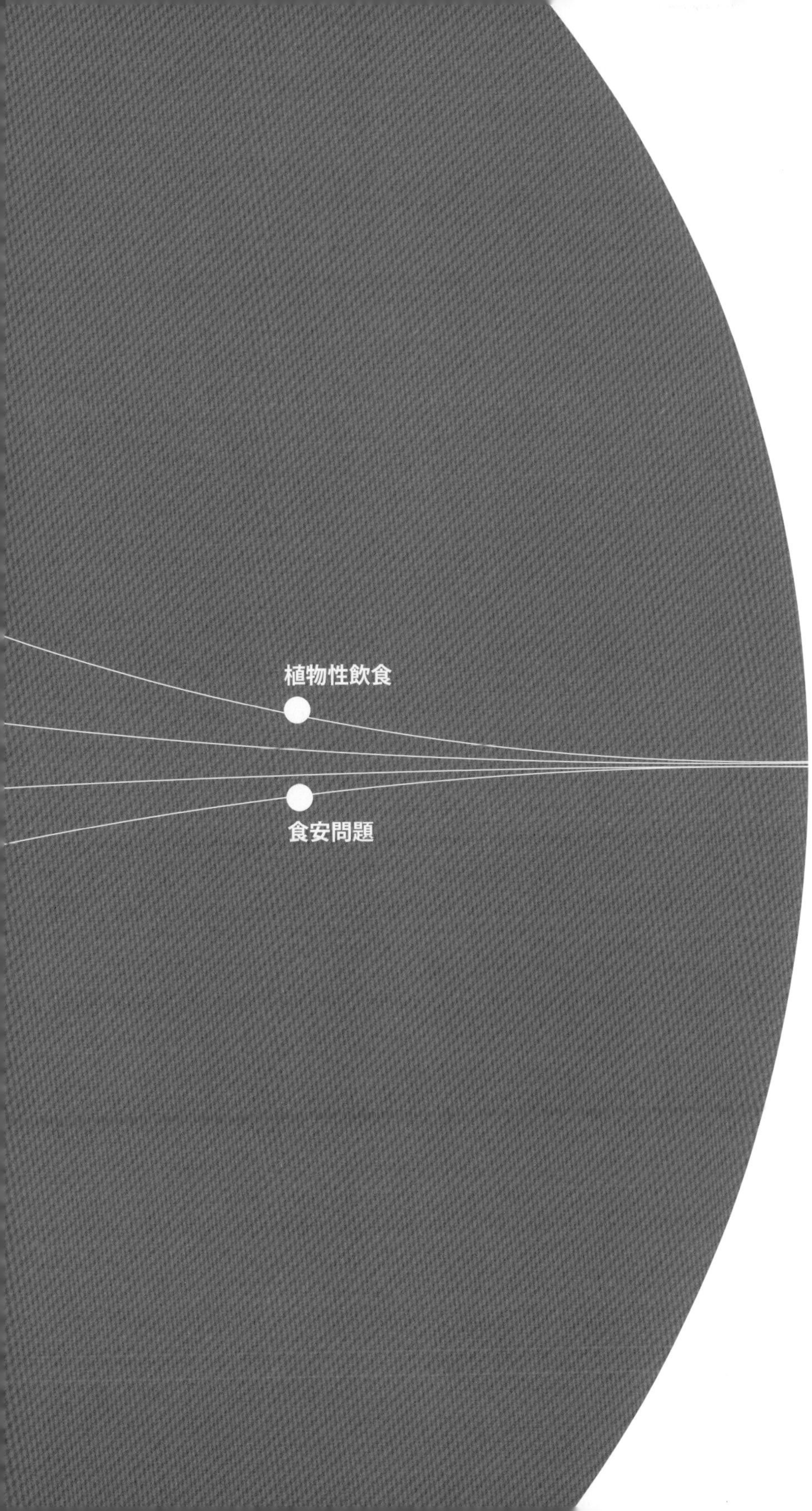

植物性飲食

食安問題

人造肉的風潮

人造肉的風潮

訊號範圍
中等（3／5）

訊噪比
中等（3／5）

肉類替代品在全球迅速普及開來。研究顯示人造肉的廣泛採用可為人類和地球帶來好處，但也可能擾亂傳統肉品業。

⚙訊號 全球肉類替代品市場預測（美元）

到2040年，肉類替代品的銷售值預計將超過傳統肉品。

● 傳統肉品　　● 肉類替代品

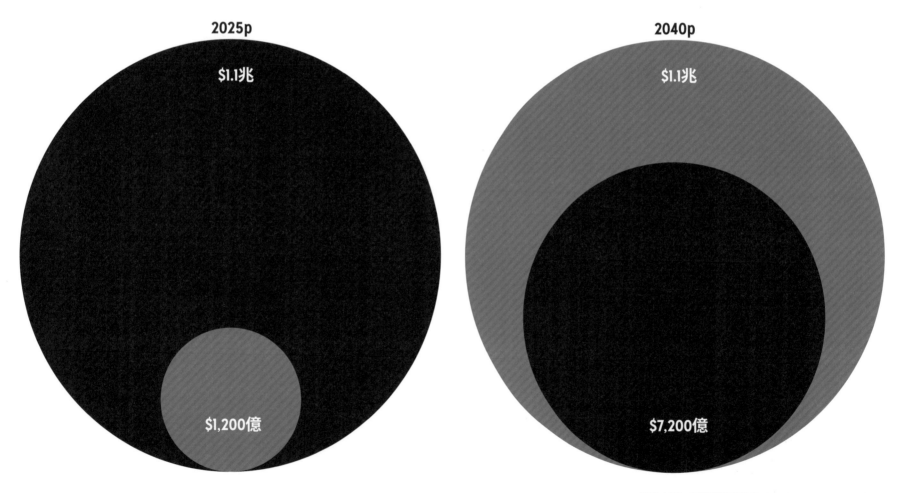

2025p
$1.1兆
$1,200億

2040p
$1.1兆
$7,200億

資料來源：科爾尼管理諮詢公司（Kearney），2020年

全球肉類消費規模（美元）

傳統肉品的消費規模在預測期間可能會下降33%以上。

- ● 傳統肉類
- ◐ 培養肉
- ○ 新型純素肉類替代品

 培養肉
在實驗室利用動物
細胞培養而成

新型純素肉類替代品
模仿動物肉質的植物肉

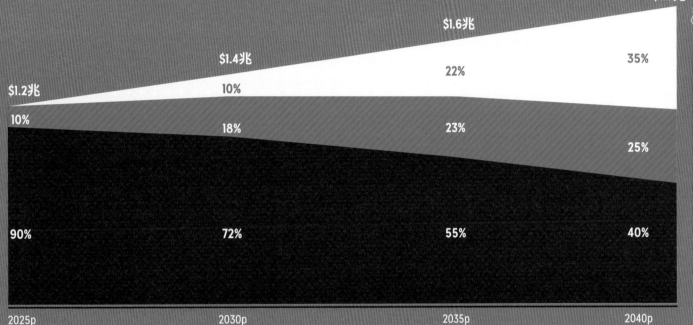

$1.8兆

$1.6兆

$1.4兆

$1.2兆

35%

22%

10%

10% 18% 23% 25%

90% 72% 55% 40%

2025p   2030p   2035p   2040p

年複合成長率
（2025-2040年）

+41% ◀ 到2040年，技術長足進步和
消費者偏好改變可能會使得
培養肉的消費規模大過新型
純素植物肉。

+9%

-3% ◀ 儘管肉類消費量每年增加3%，
但對傳統肉品的需求估計每
年下降約3%。

資料來源：科爾尼管理諮詢公司，2020年

對蛋白質飲食的興趣

自2016年以來，消費者對替代蛋白質的興趣激增。

以最高點為準（＝100）標準化之網路查詢熱度（根據網際網路搜尋量）

○ 純素　○ 素食　● 高蛋白　◐ 不含乳製品

120

80

40

0

2004   2008   2012   2016

資料來源： Google搜尋趨勢（Google Trends），2019年

美國植物肉市場總額（億美元）

銷售額

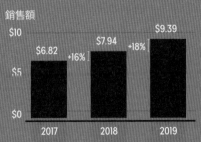

$10

$5

$0

$6.82 +16% $7.94 +18% $9.39

2017   2018   2019

儘管美國在2017年至2019年間整體零
售食品銷售額僅微幅增加4%，但是
替代蛋白質成長了38%，而這種需求
反映在植物肉的銷售上。

資料來源：好食品研究中心
（Good Food Institute），2020年

對健康的影響

對環境有負面影響的食物也與死亡率明顯降低有關。

每日每份食用量對健康和環境的影響

ℹ️ **解讀包**

食物對環境的衝擊深受農業生產的影響。例如，有機食品比起非有機食品，往往需要更多的土地，因而每單位食品會造成更多汙染。

堅果的用水量取決於型態和該區域可取用情況。

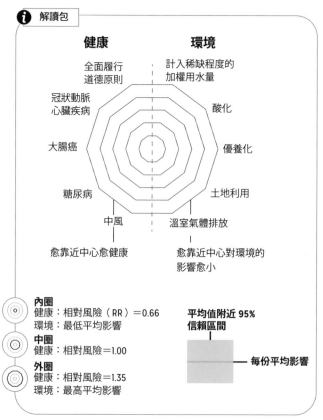

健康

- 全面履行道德原則
- 冠狀動脈心臟疾病
- 大腸癌
- 糖尿病
- 中風

愈靠近中心愈健康

環境

- 計入稀缺程度的加權用水量
- 酸化
- 優養化
- 土地利用
- 溫室氣體排放

愈靠近中心對環境的影響愈小

內圈
健康：相對風險（RR）＝0.66
環境：最低平均影響

中圈
健康：相對風險＝1.00

外圈
健康：相對風險＝1.35
環境：最高平均影響

平均值附近 95%
信賴區間

每份平均影響

全穀類

水果

蔬菜

堅果

豆類

馬鈴薯

精製穀物

無數據

魚類

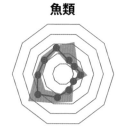

乳製品

蛋類

未加工肉品

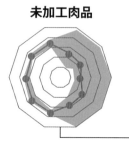

加工肉品

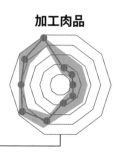

全部食物

雞肉

生產一份雞肉比生產大多數其他食物對環境造成的破壞更大。

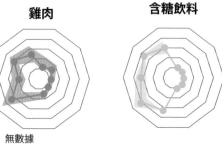

無數據

含糖飲料

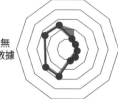

橄欖油

無數據

雖然食用兩種肉品都會明顯增加疾病風險，但加工紅肉的風險更高。

這兩種肉類在所有研究的食物中，對環境的平均影響也最高，部分原因是溫室氣體排放量偏高。

資料來源：史普因曼（Springman）等人，2019年

動物福祉

如果更多人飲食以植物為主，
因肉類生產而被宰殺的動物數量就會下降。

2018年因產製肉品而被殺死的動物總數

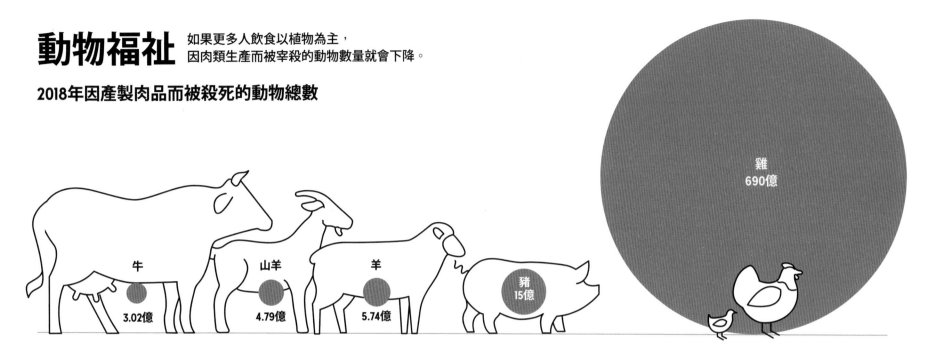

牛
3.02億

山羊
4.79億

羊
5.74億

豬
15億

雞
690億

資料來源：聯合國糧食及農業組織，2020年，經由用數據看世界擷取

深入了解
土地使用情況

要增加植物性飲食意味所需飼養的牲畜
減少，那麼騰出的土地將可用作其他用
途。目前美國有超過1.27億英畝（約50萬
平方公里）的土地用於飼養牲畜，大約
相當於加州的面積。

資料來源：彭博社，2018年

肉品市場大混戰

肉品公司的動物產品收入

全球肉品巨頭泰半收入都仰賴動物產品，
他們在肉類替代品市場成長的情況下，
可能會受到波及。

公司	市值 （以2019年美元計之）	2016年 動物產品收入
Hormel Foods 荷美爾食品公司（Hormel Foods）	$226億	67%
Tyson 泰森食品（Tyson Foods）	$206億	82%
JBS JBS肉品加工公司	$87億	69%
Pilgrim's 皮爾格林普拉德公司（Pilgrim's Pride）	$41億	94%
Sanderson Farms 桑德森飼養場公司（Sanderson Farms）	$24億	100%
Bachoco 帕丘可（Bachoco）家禽加工公司	$21億	78%

其中幾家公司已在投資替代蛋白新創公司和新品開發，
蓄勢待發要加入這個戰場。

資料來源：CB洞察報告，2019年

替代品市場擴大的轉折點

除了肉類，其他植物製替代品市場也獲得大量創新，
並有望在未來幾年展現成長之姿。

全球乳製替代品市場預測 （美元）

$210億
2020

$370億
2025P

年複合成長率
11.4%

資料來源：市場之間，2020年

激烈的競爭

以植物為基礎的生態系統隨著新品進入市場，一年比一年更具競爭力。

● 純素　● 素食　○ 不含乳製品　◐ 高蛋白　● 倫理道德考量

2,000 個新產品　　　4,000　　　6,000

2007　2008　2009　2010　2011　2012　2013　2014　2015　2016

資料來源：麥肯錫，2019年

市場規模亟待擴大

這塊市場若要成功，替代品的定價將要先大幅降低才能吸引更廣大的群眾。

2018年美國不同肉品每100公克的定價

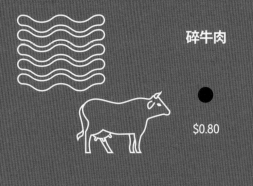

碎牛肉

$0.80

新型純素替代品

$2.50

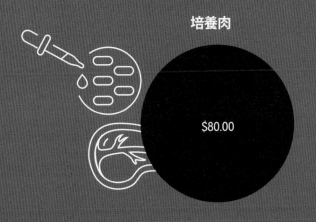

培養肉

$80.00

資料來源：科爾尼管理諮詢公司，2020年

俗話說：

「吃什麼像什麼。」

雖然圍繞著以肉類為基礎的飲食有其好處的論戰已持續數十年，但有愈來愈多的研究支持減少食用肉類。

當全球風向轉為植物性飲食時，可能有兩大意義，不僅可以改善健康，還可以對治氣候變遷。

網際網路連線增加

全球網際網路使用人口總數
每年都在增加。

2015	28億
2016	32億
2017	36億
2018	38億
2019	42億
2020	45億

資料來源：維奧斯社廣告公司、社群網路服務公司互隨，2020年

人口老化

到了2050年，世界上每六人會有一人年齡
是65歲以上，高於2019年的每十一人中有一人。

2019

2050P

資料來源：聯合國，2019年

消費者期待一直在變

收入變多

對傳統醫療保健不滿

強調以病人為中心的模式

健康數位化

應用於診斷、治療和管理的數位化工具，
採用情形會因地點而異。

消費者穿戴式裝置

對可負擔之解決方案的需求不斷增加

純淨飲食增加

▲11%　2018年至2019年，美國植物性食品銷售額增加了11%，
締造45億美元的市場佳績。

資料來源：植物食品協會（PBFA），2019年

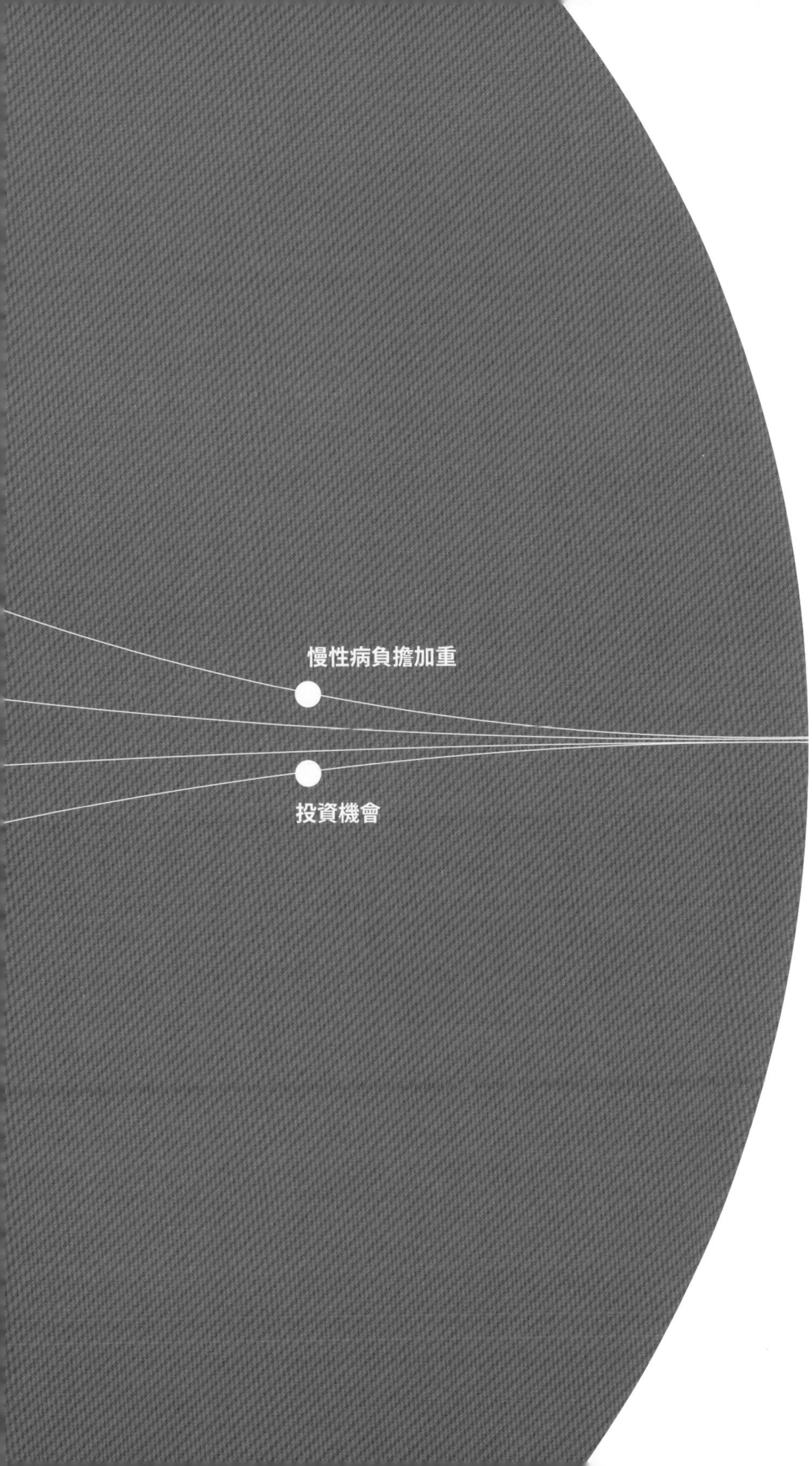

慢性病負擔加重

投資機會

訊號 **24**

互聯健康

互聯健康

訊號範圍
廣（4／5）

訊噪比
中等（3／5）

消費者對於傳統醫療保健系統不滿意，因而著手了解攸關自身健康的資訊，
做好自己掌握健康的準備。

訊號 數位健康工具的採用率

● 2015 ● 2019

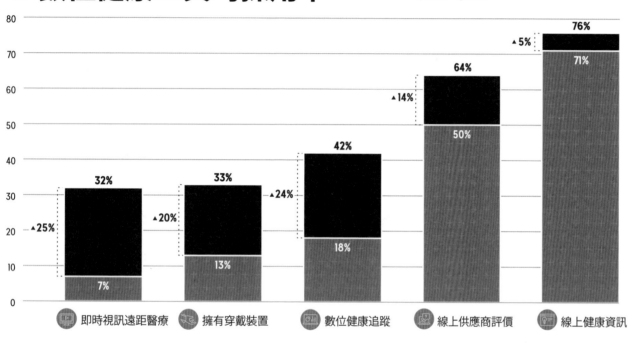

資料來源：滾石健康投資基金（Rock Health），2020年

愈來愈多的消費者採用健康管理創新工具，例如為了預防慢性病使用穿戴式裝置。

這種對健康採取積極主動的態度，正減少其對傳統醫療保健形式的依賴，迫使醫療保健服務重新評估他們與患者的互動方式。

在過去12個月曾向基層醫療醫師就診的消費者百分比

年份	百分比
2014	83%
2016	74%
2018	70%

資料來源：麥肯錫，2019年

看醫生的人數逐年減少。
然而，出於一些原因，從無法配合醫生時間約診，到醫生在他們需要時沒看診，他們仍繼續使用緊急醫療服務。

對現狀感到沮喪

各年齡層的消費者都願意嘗試非傳統服務，但年輕一代特別不滿意他們的醫療保健品質，從而推動對加強數位能力的需求。

對傳統醫療保健方面不滿意的比例

● Z世代　○ 千禧世代　● X世代　○ 戰後嬰兒潮世代　● 沉默世代

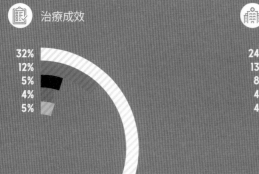

治療成效
- 32%
- 12%
- 5%
- 4%
- 5%

就醫地點或管道的便利性
- 24%
- 13%
- 8%
- 4%
- 4%

照護透明度
- 23%
- 13%
- 9%
- 9%
- 3%

營運效率（例：電子帳單）
- 18%
- 16%
- 11%
- 8%
- 5%

資料來源：埃森哲，2019年

互聯健康裝置愈來愈風行

主動

使用情況
（最近一週）

被動

- 智慧手錶
- 大尺寸平板電腦
- 桌上型電腦
- 筆記型電腦
- 智慧型手機
- 健身帶
- 小尺寸平板電腦
- 可攜式遊戲機
- 電子閱讀器
- 虛擬實境頭戴式裝置

低　　　　滲透率（整體）　　　　高

消費者更經常將穿戴式之類的新型數位裝置融入到日常生活中。因為穿戴式裝置在消費者管理整體健康上發揮愈來愈大的作用，對消費者而言，穿戴式裝置甚至可能比平板電腦和桌上型電腦等成熟的電子產品還要切身相關。

事實上，穿戴式裝置可以借助5G高速網路流行起來，這將提高數據精度並容許更小巧、不礙眼的款式設計。

資料來源：德勤，2018年

什麼是互聯健康？

互聯健康是一種整合健康照護解決方案，利用數位技術（例如遠距醫療或遠距病患監護）
建立以患者而非從業者為中心的服務模式。

在一項針對慢性心臟衰竭
患者的研究中，遠距護理
與傳統護理相比，可使死
亡率降低15%～56%。

資料來源：VMware，2017年；卓巴克（Drobac）等人，2014年

節省潛在的成本

拜數位創新有助於改善健康之賜，到2040年
全球GDP可能會增加12兆美元左右。例如，
人工智慧系統可能對某些分子技術來說具
革命性意義，像是可節省大量成本的基因
編輯技術。

資料來源：麥肯錫，2020年

改善健康為GDP帶來的潛在經濟效益

2040年潛在GDP：**$153.7兆**

2040年基準預測情境GDP：**$142兆**
較少早逝人數：**$1.4兆**
較少健康問題：**$4.2兆**
擴大參與生產：**$4.1兆**
生產力提升：**$2.0兆**

健康科技產業爆衝

互聯醫療保健需求開創了一個新市場，其市值將在2020年至2030年間以21.8%的年複合成長率擴大至8,840億美元。

認為數據和可互操作性到2030年將成為業界指標的高階主管比例

94% 同意

新一代數據共享和可互操作性解決方案能使臨床醫護團隊共享大部分患者數據。

88% 同意

個人健康科技被消費者廣泛使用，其與照護服務相結合之下，可提供更加個人化、量身定制的照護。

86% 同意

由病人產生的數據資料自動匯集到電子健康紀錄中，提供給臨床醫生和病人作為決策之用。

資料來源：德勤，2020年

當科技巨頭牽上醫療龍頭

自2010年以來，美國科技巨頭＊一直在搶攻數位健康應用領域，其中以Google最為積極。

交易數量居前十五的領域類別

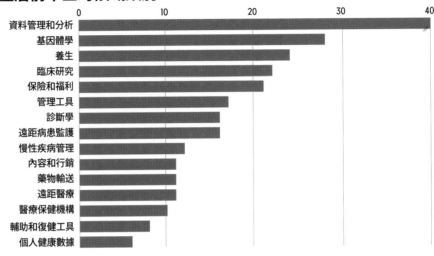

資料來源：CB洞察報告，2019年
＊按截至2018年的市值。

隨著投資活動水位上升，關於使用數位健康工具有效性的研究證據也在增加。

關於數位健康工具功效的研究發表情況

● 觀察型研究　● 隨機對照試驗　● 系統審查或批判性評論的主題　● 統合分析

研究發表數量 　2007～2017年間共571篇功效研究

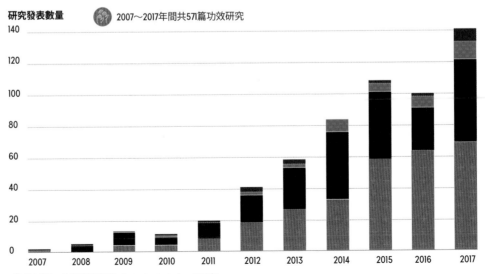

資料來源：艾昆緯研究所（Iqvia Institute），2017年

健康養生生態圈

消費者健康意識抬頭，打開了通往價值數兆美元的健康養生生態圈的閘道。

養生經濟部門

$1兆

個人照護、
美容和抗衰老

$7,020億

健康飲食、
營養和瘦身

$6,390億

養生旅遊

$5,950億

健身與身心調養

$5,750億

預防性和
個人化醫療與公共衛生

$3,600億

傳統與
輔助性醫學

$1,340億
養生房地產

$1,190億
水療經濟

$560億
溫泉和礦泉

$480億
職場健康
管理與促進

資料來源：全球養生協會（Global Wellness Institute），2018年

前所未有的資金

2020年，美國的數位健康公司所募集的創業投資金額共140億美元，
幾乎是2019年的兩倍。

美國的數位健康創投資金

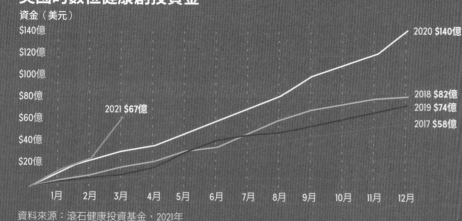

資金（美元）

$140億
$120億
$100億
$80億
$60億
$40億
$20億

2020 $140億
2018 $82億
2019 $74億
2017 $58億
2021 $67億

1月 2月 3月 4月 5月 6月 7月 8月 9月 10月 11月 12月

資料來源：滾石健康投資基金，2021年

醫療保健領域的破壞式創新

專家預測數位健康解決方案將以平價、有效且可讀取的
病患解決方案，徹底改變醫療保健產業。

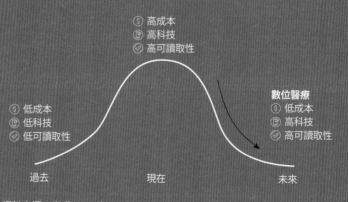

Ⓢ 高成本
🖳 高科技
✅ 高可讀取性

Ⓢ 低成本
🖳 低科技
✅ 低可讀取性

數位醫療
Ⓢ 低成本
🖳 高科技
✅ 高可讀取性

過去　　現在　　未來

資料來源：高盛，2015年

資料隱私疑慮

消費者擔心與公司共享他們的個人資料，
這表示建立信任將是未來的重大挑戰。

美國和英國共享個人資料的
安心度

- 我覺得**很安心**
- 我覺得**有點安心**
- **我不確定**我的感受
- 我覺得**有些不安心**
- 我覺得**很不安心**
- 寧可不說

你的醫生或健康照護提供者

45%
27%
16%
6%
4%
2%

科技公司（例如：Google）

13%
21%
26%
18%
21%
1%

人工智慧研究公司

13%
24%
32%
15%
15%
1%

資料來源：全球網路指數（Global Web Index），2020年

「預防勝於治療。」

——班傑明・富蘭克林（Benjamin Franklin）

儘管消費者在以患者為中心的互聯醫療保健上態度堅定，但傳統醫療保健系統在順應遷就相關需求時可能會面臨嚴峻的挑戰。

無論如何，這事實在在都證明數位科技是一股一直向前的強大力量，將能夠為這世界激增的人口打造永續醫療保健系統。

07

地緣政治的格局

訊號數／ 03

選舉週期很短,手起刀未落,政權又易主。

然而,在尋常的政治潮起潮落之外,實際上還有更強大的力量在塑造地緣政治格局。雖然經濟、貨幣和文化層面出現轉變的速度,比起政治會較為平和漸進,但從長遠來看,它們的轉變更加強而有力。

本章將特別關注一股影響全球經濟的長程趨勢所掀起漣漪效應——中國經濟崛起。

中國經濟實力激增不僅帶來兩大截然不同的全球貿易影響,甚至讓網際網路也一分為二,形成看法互異的相競局面。我們會探討這些明確訊號的相關數據,以及全球化自身的本質正經歷什麼樣的變化。

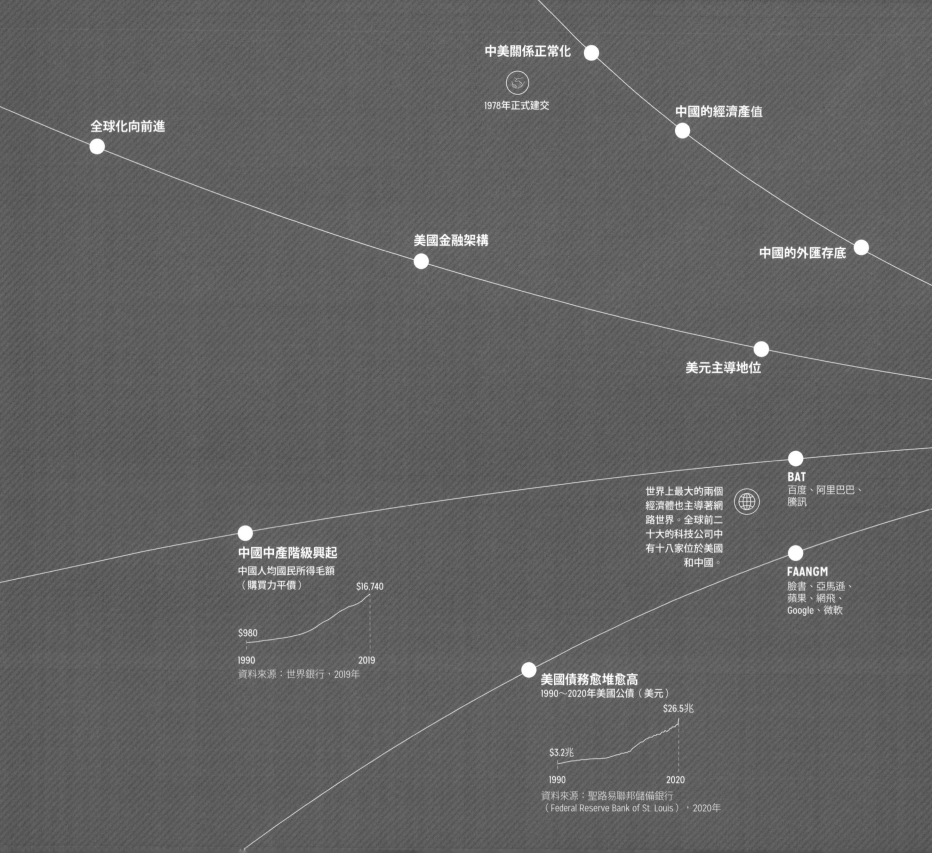

中美關係正常化

1978年正式建交

全球化向前進

中國的經濟產值

美國金融架構

中國的外匯存底

美元主導地位

BAT
百度、阿里巴巴、
騰訊

世界上最大的兩個經濟體也主導著網路世界。全球前二十大的科技公司中有十八家位於美國和中國。

中國中產階級興起
中國人均國民所得毛額
（購買力平價）

$16,740

$980

1990　　　　　2019
資料來源：世界銀行，2019年

FAANGM
臉書、亞馬遜、
蘋果、網飛、
Google、微軟

美國債務愈堆愈高
1990～2020年美國公債（美元）

$26.5兆

$3.2兆

1990　　　　　2020
資料來源：聖路易聯邦儲備銀行
（Federal Reserve Bank of St. Louis），2020年

一帶一路倡議

兩極世界

兩極世界

訊號範圍
廣（4／5）

訊噪比
極高（5／5）

中國正與美國位居世界唯一超級大國之角色相抗衡。
由於中國影響力日益擴大，預計主導全球的勢力將會邁向雙極。

量化經濟實力

1980～2020年購買力平價／占全球比重

● 中國　● 美國

（圖表：1980～2019年間中國與美國占全球購買力平價比重折線圖，縱軸為0至25%，橫軸為1980、1984、1988、1992、1996、2000、2004、2008、2012、2016、2019。美國比重由約22%逐漸下降至約14.5%；中國比重由約2.5%逐漸上升至約19.5%，兩線於2016年前後交叉。）

世界兩大支柱正在形塑世界貿易和金融架構。自二戰以來，美國一直穩坐全球超級大國之位，從強調美元主導地位、多邊主義和軍事實力可見一斑。與此同時，中國也漸漸在鞏固實力。

中國經濟自1978年市場開放以來，每八年翻漲一倍。 世界上規模最大銀行有四家（按資產計算）在中國——在貨幣寬鬆時代，它是世界上最大的債權國之一。

基於衡量標準不同，世界上最強大經濟體的歸屬在中美之間搖擺不定。美國在多個戰略領域中雄霸單一主導地位的時代正受到挑戰，並產生一些二階效應。

2019年名目GDP

中國經濟以名目GDP衡量會較小的原因之一，
是其商品價格較低。

中國名目GDP　　美國名目GDP

中國名目GDP	美國名目GDP
$14.3 兆	$21.4 兆

資料來源：國會研究服務處（Congressional Research Service），2019年

按地理區域來看，2018年誰是主要的貿易夥伴？

中國在短期間內已超前美國，在全世界一百九十個國家中成為一百二十八國的第一大貿易夥伴國。
事實上，2018年有九十個國家對中國的貿易總額幾乎是對美國的兩倍。

◎ 對中國貿易總額超出對美國兩倍　◉ 主要與中國貿易　● 主要與美國貿易　● 對美國貿易總額是中國的兩倍　○ 無資料

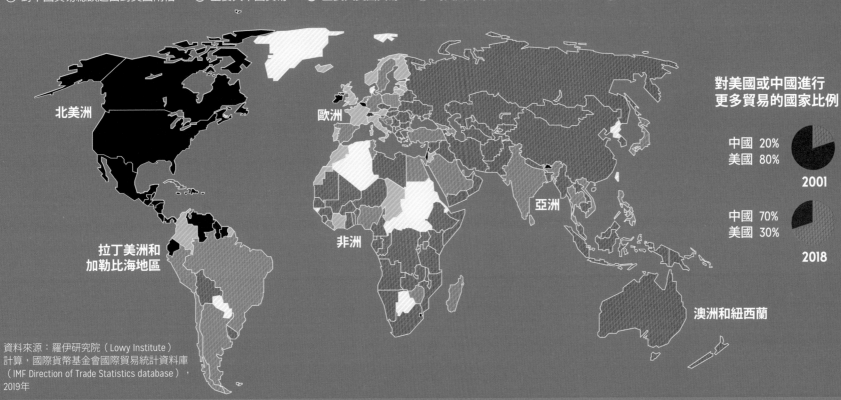

北美洲

歐洲

亞洲

拉丁美洲和
加勒比海地區

非洲

澳洲和紐西蘭

**對美國或中國進行
更多貿易的國家比例**

中國　20%
美國　80%

2001

中國　70%
美國　30%

2018

資料來源：羅伊研究院（Lowy Institute）
計算，國際貨幣基金會國際貿易統計資料庫
（IMF Direction of Trade Statistics database），
2019年

人民幣：地位逐年提升的貿易計價貨幣

中國不斷擴大的貿易格局可能預
示多國會轉向人民幣靠攏。換句
話說，人民幣可能取代美元成為
主要的貿易貨幣。自2010年以來，
依人民幣（RMB）而非美元的跨
境貿易結算，以指數速率在激升。

跨境貿易人民幣結算

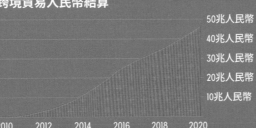

50兆人民幣
40兆人民幣
30兆人民幣
20兆人民幣
10兆人民幣

2010　2012　2014　2016　2018　2020

資料來源：司爾亞司數據信息有限公司（CEIC），中國人民銀行
（The People's Bank of China），2020年

中美貿易動態

與此同時，中美貿易額在過去三十年中成長十倍以上。
當然，近日的貿易戰導致兩國貿易關係破裂。

中美雙邊貿易

1980　$50億

2018　　　　　　　　　　　　　　$6,600億

資料來源：國會研究服務處，2019年

外交政策與「一帶一路倡議」

中國的「一帶一路倡議」（BRI）以外交政策計畫的形式，已與一百三十八個國家簽署基礎設施協議，其中有許多是發展中國家。「一帶一路」沿線國家占中國貿易量的比重愈來愈高。

一帶一路沿線國家的貿易量

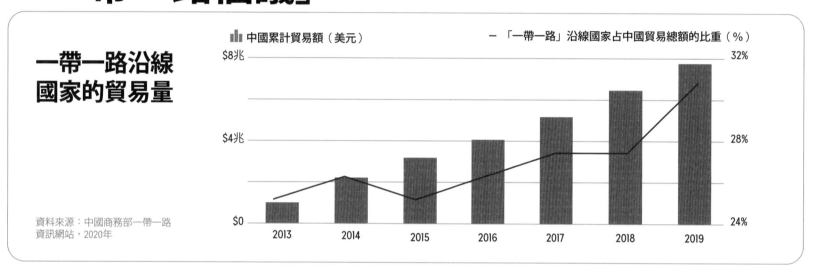

▮▮ 中國累計貿易額（美元）　　　　　— 「一帶一路」沿線國家占中國貿易總額的比重（%）

資料來源：中國商務部一帶一路資訊網站，2020年

經濟關係益形緊密

「一帶一路」沿線國家與中國的雙邊關係也可用關鍵經濟指標來說明：自中國進口和對中國外債。

● 自中國進口　　● 對中國外債

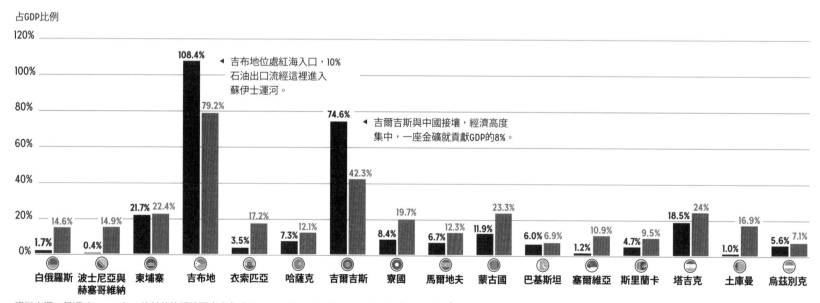

占GDP比例

◀ 吉布地位處紅海入口，10%石油出口流經這裡進入蘇伊士運河。

◀ 吉爾吉斯與中國接壤，經濟高度集中，一座金礦就貢獻GDP的8%。

資料來源：景順（Invesco），格林伯格經濟研究中心（Greenberg Center for Economic Studies），2017年

中國官方出資金額最高的 25個巨型工程計畫

以2009年固定美元計算

中國複雜的基礎設施計畫是其金融外交策略的核心部分。在全球超過三千四百八十五個由中國政府支持的大型計畫中，有許多屬於「一帶一路倡議」。這些計畫總價值超過3,500億美元。

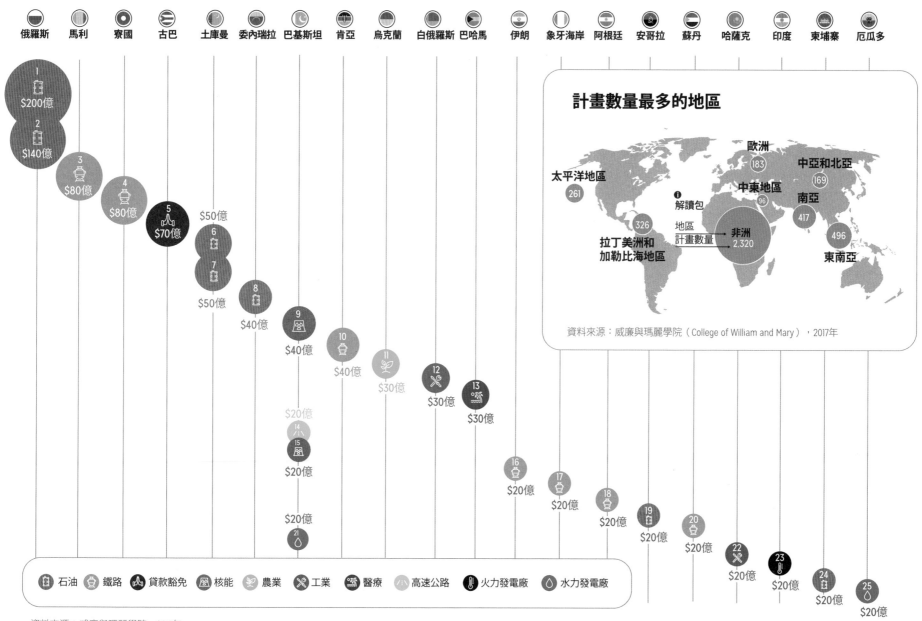

俄羅斯　馬利　寮國　古巴　土庫曼　委內瑞拉　巴基斯坦　肯亞　烏克蘭　白俄羅斯　巴哈馬　伊朗　象牙海岸　阿根廷　安哥拉　蘇丹　哈薩克　印度　柬埔寨　厄瓜多

1　$200億
2　$140億
3　$80億
4　$80億
5　$70億
$50億
6
7
$50億
8　$40億
9　$40億
10　$40億
11　$30億
12　$30億
13　$30億
$20億
14
15
$20億
16　$20億
17　$20億
18　$20億
19　$20億
20　$20億
$20億
21
22　$20億
23　$20億
24　$20億
25　$20億

石油　鐵路　貸款豁免　核能　農業　工業　醫療　高速公路　火力發電廠　水力發電廠

計畫數量最多的地區

歐洲 (183)
中亞和北亞 (169)
太平洋地區 (261)
中東地區 (96)
南亞 (417)
拉丁美洲和加勒比海地區 (326)

解讀包
地區
計畫數量 → 非洲 2,320

東南亞 (496)

資料來源：威廉與瑪麗學院（College of William and Mary），2017年

資料來源：威廉與瑪麗學院，2017年

全球影響

在中國積極擴展雙邊關係之下，人民幣明顯站穩了腳跟。儘管以美元作為主要準備貨幣的集團仍占全球最大比重，
但人民幣集團少說也占了全球GDP的30%。

各區域所屬的準備貨幣集團

● 歐元 ● 英鎊 ○ 日圓 ◐ 美元 ○ 人民幣 ○ 無資料

ℹ️ 準備貨幣集團是在特定國家最有威信的準備
貨幣。反過來看，這些集團影響著全球匯率。

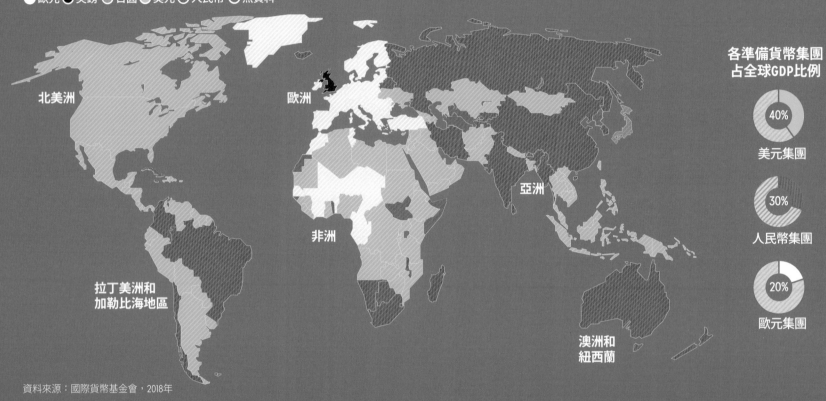

北美洲

歐洲

亞洲

非洲

拉丁美洲和
加勒比海地區

澳洲和
紐西蘭

各準備貨幣集團
占全球GDP比例

40%
美元集團

30%
人民幣集團

20%
歐元集團

資料來源：國際貨幣基金會，2018年

挑戰美國的金融霸主地位

儘管中國大崛起令人望而生畏，但全球金融體系仍由美國主導。美國自
二戰以來，隨著國際貨幣基金會和世界銀行創建，控制了世界金融管路。
舉例來說，環球銀行金融電信協會（SWIFT）在全球擁有的一萬一千家
會員銀行每天發送的銀行間交易就超過三千七百萬筆。

與此同時，美元仍然是世界上最安全的保值標的，它支撐著大部分外匯
存底、全球供應鏈和國際放款——至少目前如此。

資料來源：巴黎經濟學院（Paris School of Economics），2019年；
環球銀行金融電信協會，2020年

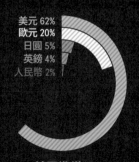

美元 62%
歐元 20%
日圓 5%
英鎊 4%
人民幣 2%

外匯準備

美元 59%
歐元 21%
日圓 4%

國際放款

美元 63%
歐元 22%
日圓 3%

國際債務

貨幣中心地位

重點在於，在全球支付使用的貨幣中，美元占了40%，而人民幣只占2%。這種差距可能要歷時數年才會有所改變。

全球支付使用的貨幣

美元 40%

歐元 34%

英鎊 7%

日圓 4%

人民幣 2%

資料來源：巴黎經濟學院，2019年；英格蘭銀行，2019年

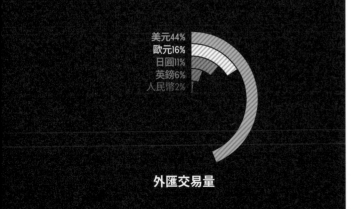

美元44%
歐元16%
日圓11%
英鎊6%
人民幣2%

外匯交易量

「強國有強大的貨幣。」

——羅伯特・曼德爾（Robert Mundell），1993 年諾貝爾獎得主

拜貿易網絡擴散蔓延和強大的貨幣所賜，中國正朝新興超級大國的地位加速邁進。

然而，美國在世界金融架構中根深蒂固，中國的勢力是否能擴大到足以取代美國成為世界第一超級大國，仍未見分曉。

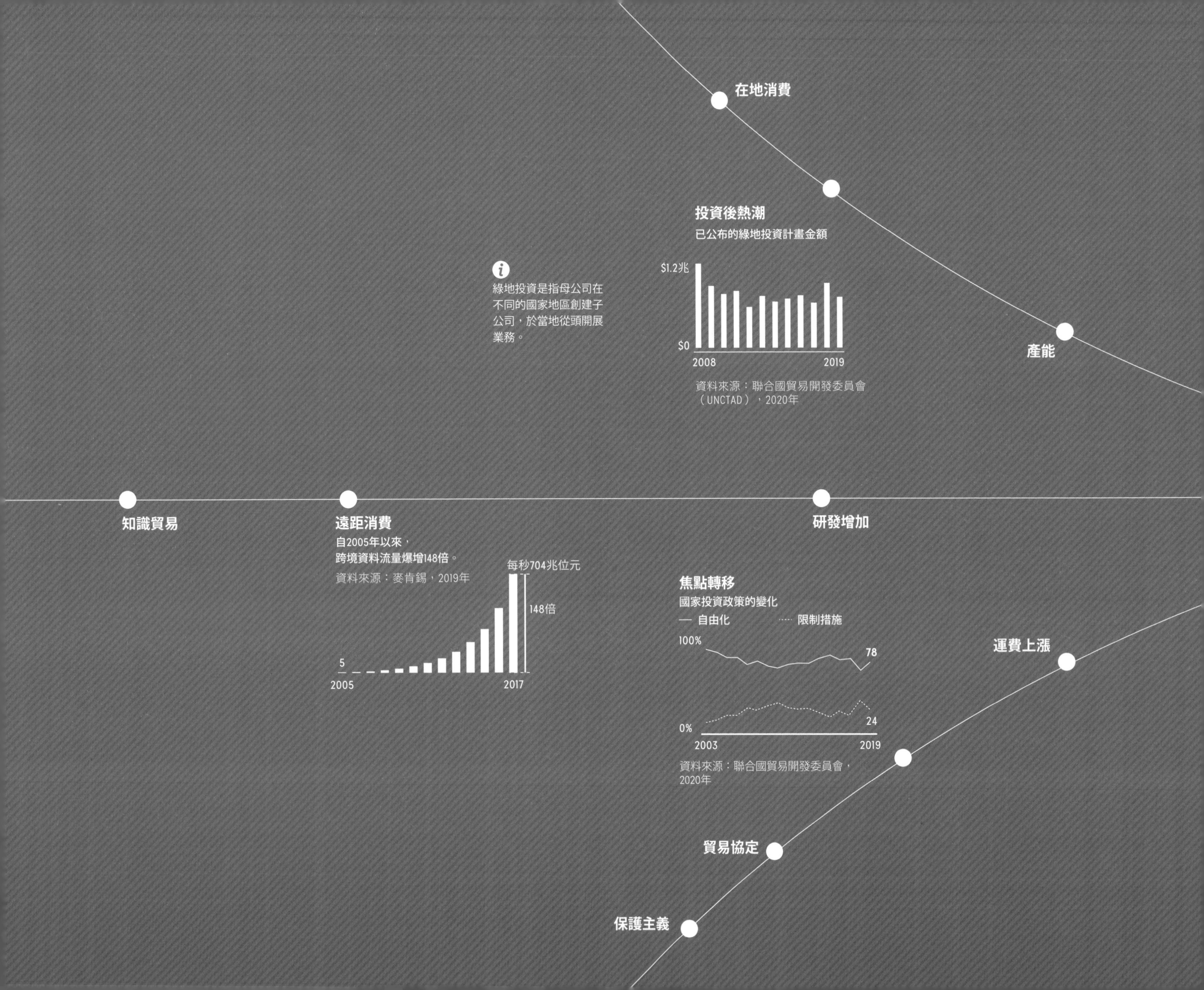

在地消費

投資後熱潮
已公布的綠地投資計畫金額

$1.2兆

$0

2008　　　　2019

資料來源：聯合國貿易開發委員會
（UNCTAD），2020年

ⓘ
綠地投資是指母公司在
不同的國家地區創建子
公司，於當地從頭開展
業務。

產能

知識貿易

研發增加

遠距消費
自2005年以來，
跨境資料流量爆增148倍。

資料來源：麥肯錫，2019年

每秒704兆位元

148倍

5

2005　　　　2017

焦點轉移
國家投資政策的變化

—— 自由化　　　…… 限制措施

100%

78

0%

24

2003　　　　2019

資料來源：聯合國貿易開發委員會，
2020年

運費上漲

貿易協定

保護主義

勞動力出口減少

在全球商品貿易中，
只有 18% 是因為追求
勞動套利所帶動。

資料來源：麥肯錫，2019年

ℹ️ 勞動套利是指勞動力
出口國的人均GDP為
進口國的五分之一或
以下之獲利方式。

後新冠肺炎時代的安全議題

訊號 26

全球化的顛峰

◉◉○

全球化的顛峰

全球金融危機2008年全面爆發，長達幾十年橫衝直撞式成長戛然而止。
全球貿易自此經歷一場轉型，而似乎不久之後，全球化又將有丕變。

 訊號範圍
廣（4／5）

訊噪比
中等（3／5）

訊號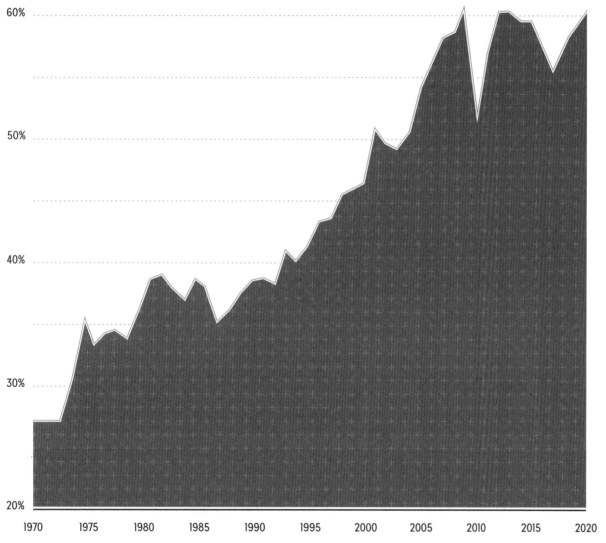

全球貿易占GDP的百分比

全球化既非靜態，亦非恆常不變的。
許多因素在影響複雜的國際貿易網絡。
儘管複雜，有一點卻日漸清晰——全
球化快速擴張的腳步已經停滯下來。
這種轉變對全球經濟和地緣政治影響
重大。

平均交易量成長

1990～2007年

比實質GDP快 2.1 倍

2011年以後

比實質GDP快 1.1 倍

資料來源：庫茲涅佐夫（Kuznetsov），2019年

保護主義抬頭

自金融危機以來，美國帶頭的市場保護主義一直是勢之所趨。

二十國集團（G20）國家採取的保護主義措施

自2008年11月以來強制實施的歧視性干預措施數量

■ 2010　▦ 2020

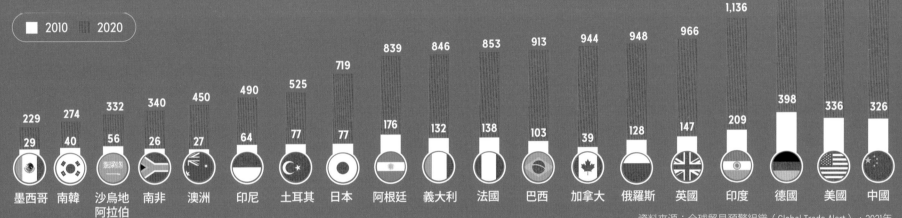

	墨西哥	南韓	沙烏地阿拉伯	南非	澳洲	印尼	土耳其	日本	阿根廷	義大利	法國	巴西	加拿大	俄羅斯	英國	印度	德國	美國	中國
2020	229	274	332	340	450	490	525	719	839	846	853	913	944	948	966	1,136	1,968	2,480	2,952
2010	29	40	56	26	27	64	77	77	176	132	138	103	39	128	147	209	398	336	326

資料來源：全球貿易預警組織（Global Trade Alert），2021年

貿易自由化正在逆轉嗎？

美國實質關稅稅率

1941年
大西洋憲章
美國—英國

1947年
成立關稅暨貿易
總協定（GATT）

1964～1967年
關稅暨貿易總協定
甘迺迪回合談判
（Kennedy Round）

1973年
放棄固定匯率

1994年
簽訂北美自由
貿易協定（NAFTA）

1995年
世界貿易組織
（WTO）成立

1997～1999年
世貿組織針對資
訊科技、電信、
金融服務簽訂協議

2020e預測

到2019年底，有 40% 的
世界商品貿易量因民粹
主義時代的貿易扭曲而
受影響。

資料來源：布魯金斯研究院，
2020年

資料來源：瑞士信貸，2019年

「水漲船高」

全球化的鼎盛時期

到本世紀初，全球化在世界舞台上似乎是勢不可擋。
這部分歸功於重大技術進步和地緣政治發展——
全球化持續拓展、貿易占GDP的比例一直攀升。

貨櫃化

標準貨櫃降低了運輸成本和大幅提高港口裝卸效率，徹底改變世界經濟。

鐵幕傾頹

1991年蘇聯解體，東、西歐之間開始踏上長期融合的進程。自二戰以來，
新獨立國家首次可以自由探索新式貿易關係。

印度和中國的市場改革

印度政府在經歷1990年代初期的金融危機後，進行了全面政策變革——
包括放鬆監管和許可證管制，以及為鼓勵競爭貿易進行貨幣貶值。

而中國正在加速實施經濟改革，全國各地都在成立自由貿易經濟區。
中國於2001年加入世界貿易組織，並在21世紀竄升為「世界工廠」，
以新興全球超級大國之姿急起直追美國。

美國占據經濟主導地位

美國在比爾·柯林頓（Bill Clinton）擔任總統期間推動了全球化和自由貿易。
此外，美國在歷經後蘇聯時期的經濟大蕭條和亞洲金融風暴之後，有能力鞏
固其在全球事務中的領導地位。

可負擔的飛航旅行

當世界上有更廣大的人口負擔得起機票錢時，旅遊和移民大幅增加了人們的
足跡傳播。

網際網路

網際網路的發展加快跨境通訊的速度，為電子商務的興起鋪路。

資料來源：惠譽解決方案（FitchSolutions）、《哈佛商業評論》、世界貿易組織、經濟政策研究中心
（VOXEU, CEPR）、全球貿易預警組織及麥肯錫

成長見緩的時代

2008年市場大崩盤後，
經濟復甦時好時壞，世界貿易擴張趨於平緩。
是什麼因素導致全球化遲滯不前？

硬碰硬

許多人認為中美之間的雙邊關係對於世界的影響是重中之重，
但近年來兩國相處一直有如箭在弦上。貿易戰未見緩和，甚至
鎖定特定公司進行報復行動，讓全球經濟功能失調，同時注入
了不確定性。

保護主義抬頭

市場保護主義在過去十年一片漲勢，全球皆然。事實上，自
2008年以來，已經有超過**一萬四千項政策干預**涉及歧視外國
商品生產國。

新冠肺炎

儘管新冠肺炎疫情大流行的確對全球經濟造成莫大影響，但國際
市場的整合似乎並未就此瓦解。也就是說，新冠肺炎暴露出全球
供應鏈中的破口。隨著疫情在中國蔓延，供應鏈中斷凸顯許多國
家對世界最大出口國的依賴程度。

區域化

各國為因應保護主義和世貿組織問題，已紛紛著手建立區域貿易
集團。中國帶頭的區域全面經濟夥伴協定（RCEP）即是絕佳例子
之一。

工資成本套利式微

目前從低收入國家到高收入國家的商品貿易僅占14%，這表示利用
工資成本套利這項因素，變得沒那麼重要了。

全球貿易的本質不斷在變

全球化可用四大支柱來說明。

| 貿易 | 資本 | 資訊 | 人民 |

儘管這四個支柱大多歷經平緩或不穩定的成長，但只要加以衡量，便能看出資訊之柱的影響力一直在攀升。

全球連通性指數

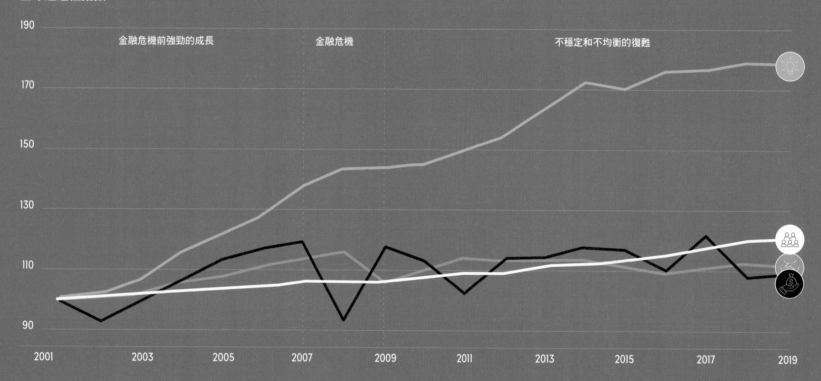

金融危機前強勁的成長　　金融危機　　不穩定和不均衡的復甦

190 / 170 / 150 / 130 / 110 / 90

2001　2003　2005　2007　2009　2011　2013　2015　2017　2019

服務貿易的成長速度比商品貿易快60%

商品 2.4%　　服務 3.9%

資料來源：麥肯錫，2019年

服務在國際貿易統計中也被低估。從另一角度來看，服務貿易可能已經比商品貿易還要有價值。

資料來源：麥肯錫，2019年

商品
（附加價值貿易）

$13.0兆

$13.0兆

服務
（附加價值貿易）

$5.1兆 服務貿易總額

$4.3兆 隨商品貿易產生之服務

$3.2兆 提供給外國子公司的無形資產

$0.8兆 免費的跨境數位服務

$13.4兆

全球化的下一階段

國家、公司和工人的不同組合將
得益於全球化的新篇章。

可能受益者

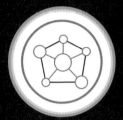

先進經濟體

就近大型消費市場的
發展中經濟體

需要調適者

較無相互關聯的
發展中經濟體

資料來源：麥肯錫，2019年

___

按照傳統衡量指標，全球化似乎已經觸及極限。

然而，全球貿易仍以不可測的新方式逐步發展中，而全球化也隨之在演變。政策制定者和企業領袖必須了解貿易局勢正發生怎樣的變化，萬事齊備迎接全球化的下一個階段——以及面對它將帶來的機遇和難關。

美國先進網路研究計畫（ARPANET）
1969年，「網際網路」只有四個節點：
加州大學洛杉磯分校（UCLA）、加州大學
聖塔巴拉分校（UCSB），以及猶他大學
（University of Utah）和史丹福研究中心（SRI）。

資料來源：《史密森尼雜誌》（*Smithsonian Magazine*），2013年

史丹福研究中心
猶他大學
加州大學
聖塔巴拉分校
加州大學洛杉磯分校

TCP／IP 標準

**美國通過第230條
（Section 230）**
美國1996年通過第230條*。它免除
網際網路服務提供商和網路託管公
司對其客戶在線上發布或共享訊息
的法律責任。

*譯注：《通訊規範法》（Communications Decency Act）。
資料來源：康乃爾大學法學院（Cornell Law School），2020年

**俄羅斯通過嚴格的
資料本地化法律**

**網際網路指定名稱與
號碼（ICANN）的發展**

歐盟頒布一般資料保護規則（GDPR）

中國金盾工程

中國通過刑法修訂案（1997年修訂，CL97）
此為監管兩大類「網路犯罪」的法律：
針對電腦網路犯罪和透過電腦在網際網
路上犯罪。

海底光纜網路

1988年，第一條洲際光纜（稱為 TAT-8）
穿過大西洋海底。

加拿大

英國
法國

美國

資料來源：路透社，經由《洛杉磯時報》
（*LA Times*）擷取，1988 年

中國網路安全法（2016年）

訊號 **27**

分裂的網路

分裂的網路

由於許多地區限制變多，
導致全球網際網路愈來愈支離破碎。

 訊號

網際網路自由使用狀況 占全球上線人口比例

 訊號範圍
廣（4／5）

 訊噪比
中等（3／5）

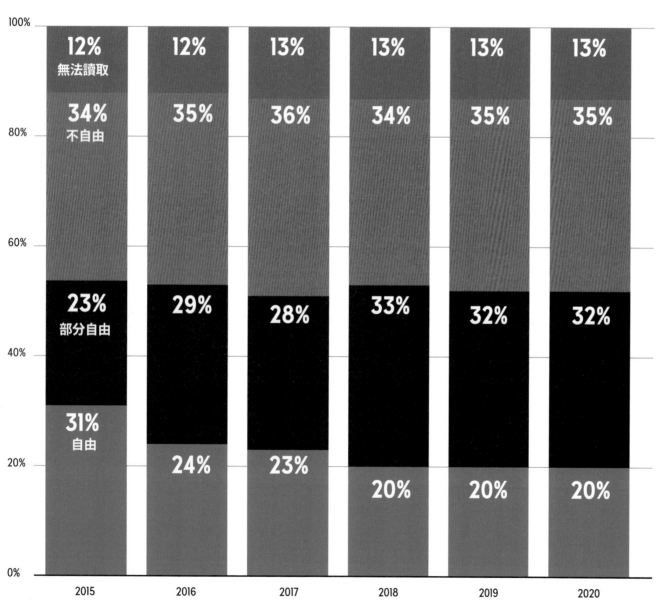

	2015	2016	2017	2018	2019	2020
無法讀取	12%	12%	13%	13%	13%	13%
不自由	34%	35%	36%	34%	35%	35%
部分自由	23%	29%	28%	33%	32%	32%
自由	31%	24%	23%	20%	20%	20%

資料來源：自由之家（Freedom House），2020年

有大批勢力在反對自由開放的
網際網路，但也許最令人擔憂
的是數位威權主義持續升溫的
趨勢。久而久之，愈來愈多的
全球上線人口生活在被視為是
「不自由」的國家。

自由之家以讀取障礙、內容限
制和侵犯用戶權利為衡量指標，
對每個國家／地區評分。高分
意味著一個國家擁有高度網際
網路自由。

● 自由（70～100）
● 部分自由（40～69）
● 不自由（0～39）

網路說斷就斷

我們現下身處的網路環境已截然不同於全球相連的網際網路，有愈來愈多國家內部網路成了氣候，它們在其中進行審查、內容過濾和跟蹤。許多國家現在有能力按其需求完全關閉網際網路服務。

2016～2019年全球性網路中斷次數正在增多

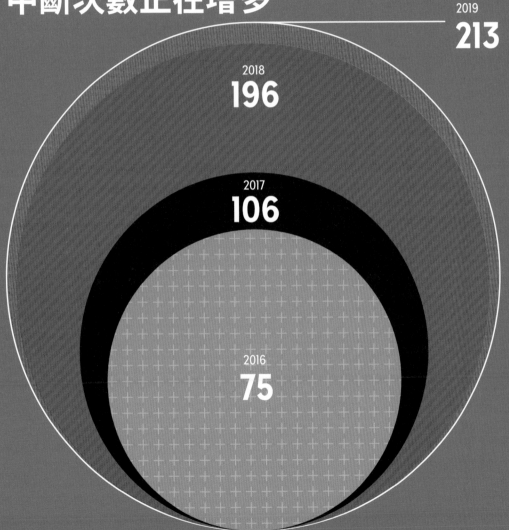

2019
213

2018
196

2017
106

2016
75

資料來源：國際數位人權組織AccessNow，2020年

網際網路關閉的若干原因：

示威抗議

選舉

考試

武力鎮壓

政府怎樣關閉網際網路？

網際網路服務提供商

政府控管的基礎設施

政府

數位世界分裂

以下是世界各地網際網路監控、限制和徹底關閉的一些例子。

❶ 碎裂化

歐盟的一般資料保護規則加強隱私，但創建了新的法遵層，可能會因此限制資訊和數位服務的讀取權限。

❷ 關閉

倫敦地鐵交通系統上的無線網路在2019年一場抗議活動中被關閉。

❸ 封鎖

非洲查德封鎖社群媒體和通訊平台長達一年多。

❹ 關閉

在政變失敗後，衣索匹亞關閉使用人口超過一億的網際網路。

❺ 國家內網

伊朗表示有興趣（可能）與中國合作，實行一個與全球網際網路分開的「國家網路」。

❻ 節流

塔吉克承認限制了大多數社交網路，包括臉書、推特和Instagram，宣稱它們「容易受到恐怖活動的影響」。

❼ 關閉

印度地方當局經常限制連線，以抗議、假消息、考試和維護公共秩序為由關閉網路。

❽ 國家內網

北韓人民只能使用該國官方認可的內網光明網（Kwangmyong）上網。只有一小部分精英可以造訪全球網際網路。

❾ 內容過濾

南韓經常封鎖被認為對國家安全和公共道德構成威脅的網站。

資料來源：國家數位人權組織AccessNow，2020年；英國廣播公司，2020 年；《富比士》，2020年；非洲新聞網（AfricaNews），2019年

中國如何
控管網際網路

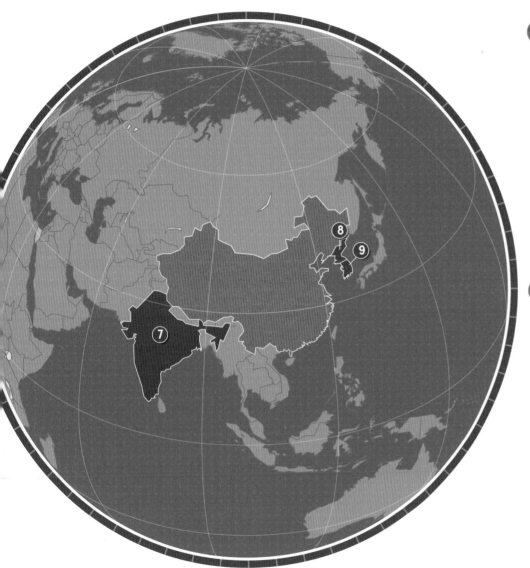

資料主權

自1990年代以來,資料在地化一直是中國實質的要求,並已透過法律正式確立。這意味著任何在中國境內經營的企業都必須將中國公民的個人資料和其他「重要數據」儲存在國內伺服器上。任何離開中國的資料都必須通過政府的安全評估。

中國的防火長城

中國的防火長城是世界上最複雜的審查生態系統,其中包含了世界上最多的網際網路使用者。中國的網際網路只透過幾台受國家嚴密監控的伺服器與全球資訊網相連。

內容審核

中國科技公司僱用數千名人工審核員來幫助審查政府視為不當的內容。即使是通訊應用軟體中的私人對話也要接受審核。

身分登錄

網際網路公司和服務提供商有責任在用戶註冊時向其索取和核實真實姓名。雖然這能防止匿名可能帶來的負面問題,但同時也使政府更容易追蹤和迫害網際網路使用者。

中國的「大炮」
(GREAT CANNON)

雖然這種網路戰武器往往非公開部署,但它可能對其目標造成毀滅性影響。大炮基本上會對目標發動大規模的分散式阻斷服務攻擊(DDoS attack),中國曾於2019年拿來對抗一個當紅的香港民主論壇。

資料來源:硯台新聞(Inkstone News),2019年

被自由之家列為「不自由」的國家，在OECD的數位貿易限制指數（Digital Trade Restrictiveness Index）上表現明顯較差。

● 自由 　◯ 不自由

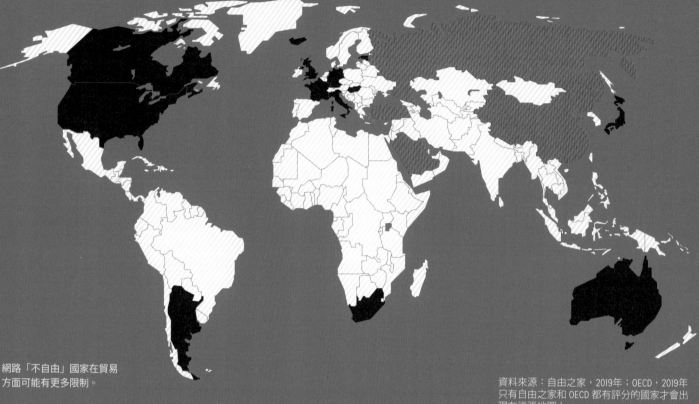

自由

⊖ 阿根廷	◒ 冰島
◑ 澳洲	◐ 義大利
⬤ 加拿大	◉ 日本
⬛ 愛沙尼亞	⊗ 南非
◑ 法國	⊕ 英國
⬤ 德國	◒ 美國
⊖ 匈牙利	

2014～2019年評分變動
▼ 0.008

不自由

☺ 中國	⬤ 沙烏地阿拉伯
◖ 俄羅斯	☺ 土耳其

2014～2019年評分變動
▼ 0.115

網路「不自由」國家在貿易方面可能有更多限制。

資料來源：自由之家，2019年；OECD，2019年
只有自由之家和 OECD 都有評分的國家才會出現在這張地圖上。

一如任何翻騰巨變，在一個更加碎裂和複雜的網際網路世界中，有贏家也有輸家。

贏家

大型雲供應商
AWS和Azure等服務，具備順應區域要求和資料主權規則的規模。

中國科技公司
為中國提供大型解決方案的華為和中國電子進出口有限公司（CEIEC）有意藉此控制本國網際網路。

臉書和Google
在網際網路變得更形複雜之下，廣告商信任Google和臉書符合世界各地的當地法規。

輸家

美國零售和數位服務
許多美國公司陷在封閉的中國市場和歐洲嚴格的一般資料保護規則之間，服務起國

廣告科技聯播網
隨著不同司法管轄區各自頒布新的隱私法，要營運仰仗cookie的廣告聯播網，勢將功敗垂成。

言論自由
那些生活在審查日益嚴格和時時面臨網際網路被斷線的人民，終將看到他們的言論自由受到箝制。

分裂網路和兩極世界

從本質上講,分裂的網路這個訊號,是關於兩個網域相互競比網際網路應該是什麼樣子的故事,而兩造各由世界兩大強權底下的公司負責帶頭:

🌐 中國　🇺🇸 美國

> 「我認為現在最可能的情況不是四分五裂,而是分叉成中國主導的網際網路和美國主導的非中國式網際網路。」
>
> ——埃里克·施密特(Eric Schmidt),前Google執行長

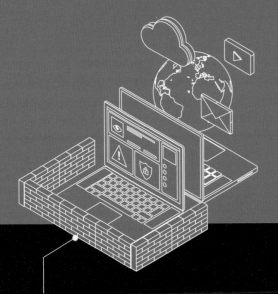

那些協助促成中國防火長城的公司能夠為他們的技術找到新市場。

> 「我們應該尊重各國選擇網路發展道路的自主權。」
>
> ——中國國家主席習近平

很久很久以前,一個構築在自由、開放網際網路上的烏托邦夢想就消失了。

一如越趨嚴格的隱私法所示,即便是「自由開放」的網際網路也絕非完美。每個社會和政府對於資訊網路理想國應該是什麼樣子各有各的想法。直到最近,世界上大部分地區都在使用深受矽谷技術官僚價值觀影響的網際網路。

隨著各國積極維護其對於虛擬領土的控制權力,網際網路是否仍舊是一張全球網,或者國家內網會成常態,還有待觀察。

訊號由你掌握。

在人工智慧和機器學習的輔助之下，人類現在處理的資料量，涵括所有你想像所及的事物。

正如美國全國廣播公司財經頻道記者伊蒙‧賈弗斯（Eamon Javers）所說，我們可以把它想成是麥可‧路易士（Michael Lewis）的書籍改編電影《魔球》（*Moneyball*）——但不僅是棒球，而是所有所有的一切*。

毫無疑問，這巨量數據可以帶來新的觀點見解，但在我們的大腦和機器可以直接對話之前，人類仍然無法用處理能力非常有限的大腦理解如此複雜的數據世界。

本書的重點不是預言將來會發生什麼。相反地，它是為了幫助你建立大局觀的心智模型——一張以數據驅動的概念性地圖，當中描繪了能塑造商業、投資和整個未來世界的磅礴之力。

我們藉由大書特書人口結構幾十年變化背後所蘊含的故事，或技術進步所帶動的連鎖反應，從更廣的角度觀察到大局。

運用這個框架，數據世界發出的喧囂噪音會少很多，因而更能夠善加發揮你偶然俯拾的新洞見。

傑夫‧戴斯賈丁斯
「視覺圖解資本家」總編輯

* 資料來源：伊蒙‧賈弗斯，「在如此瘋狂的大數據世界裡：到底是什麼被處理了」（Insid the wacky world of weird date: what's getttinng cruunccheed），美國全國廣播公司，2014 年 2 月 12 日。

參考文獻

第一章　社會和人口統計

訊號 01　老年化的世界

起源故事
→ United Nations, Department of Economic and Social Affairs, Population Division. (2019). World Urbanization Prospects: The 2018 Revision, Online Edition. *United Nations*. Retrieved September 8, 2020, from https://population.un.org/wpp/
• OECD. (2020). OECD Labour Force Statistics 2020. OECD *Publishing, Paris*. Retrieved September 8, 2020, from https://doi.org/10.1787/5842cc7f-en
• Farley, T. and Cohen, D. (2006, May 1). Prescription for a Healthy Nation: A New Approach to Improving Our Lives by Fixing Our Everyday World. *Beacon Press*.
• O'Neill, A. (June, 2019). Fertility rate of the world and continents 1950-2020. *Statista*. Retrieved September 8, 2020, from https://www.statista.com/statistics/1034075/fertility-rate-world-continents-1950-2020/

訊號
→ United Nations, Department of Economic and Social Affairs, Population Division. (2019). 2019 Revision of World Population Prospects. *United Nations*. Retrieved September 8, 2020, from https://population.un.org/wpp

解碼
→ United Nations, Department of Economic and Social Affairs, Population Division. (2019). 2019 Revision of World Population Prospects. *United Nations*. Retrieved September 8, 2020, from https://population.un.org/wpp/
• United Nations, Department of Economic and Social Affairs, Population Division (2018). World Population Ageing 2019. *United Nations*. Retrieved September 8, 2020, from https://www.un.org/en/development/desa/population/publications/pdf/ageing/WorldPopulationAgeing2019-Highlights.pdf

影響
→ World Economic Forum. (2017, May). We'll Live to 100 - How Can We Afford It?. *World Economic Forum*. Retrieved September 8, 2020, from http://www3.weforum.org/docs/WEF_White_Paper_We_Will_Live_to_100.pdf
• National Transfer Accounts. (2016). National Transfer Accounts: Data Sheet. *National Transfer Accounts Project*. Retrieved September 9, 2020, from https://www.ntaccounts.org/doc/repository/NTA%20Data%20Sheet%202016.pdf
• Lee, R. and Mason, A. (2017, March). Cost of Aging. International Monetary Fund - *Finance and Development, Vol. 54, No. 1*. Retrieved September 9, 2020, from https://www.imf.org/external/pubs/ft/fandd/2017/03/lee.htm

訊號 02　城市演化

起源故事
→ Florida, R. (2018, October 23). Wages Are Higher in Urban Areas, But Growing Faster in Rural Ones. Bloomberg CityLab. Retrieved September 9, 2020, from https://www.bloomberg.com/news/articles/2018-10-23/urban-wages-in-the-u-s-are-higher-rural-wages-are-growing-more
• World Bank, via Our World in Data. (2018). Share of the labor force employed in agriculture, 1991 to 2017. Our World in Data. Retrieved September 12, 2020, from https://ourworldindata.org/grapher/share-of-the-labor-force-employed-in-agriculture?tab=chart&time=1991..2017&country=~OWID_WRL

訊號
→ Ritchie, H. and Roser, M. (2018, September). Urbanization. Our World In Data. Retrieved September 9, 2020, from https://ourworldindata.org/urbanization
• World Bank. (2020, April 20). Urban Development Overview. The World Bank. Retrieved September 9, 2020, from https://www.worldbank.org/en/topic/urbandevelopment/overview
• Satterthwaite, D. (2020, January 16). The world's 100 largest cities from 1800 to 2020, and beyond. International Institute for Environment and Development. Retrieved September 9, 2020, from https://www.iied.org/worlds-100-largest-cities-1800-2020-beyond
• Hoornweg, D. and Pope, K. (2014, January). Global Cities Institute Working Paper No. 04: Socioeconomic Pathways and Regional Distribution of the World's 101 Largest Cities. Global

Cities Institute. Retrieved September 9, 2020, from https://docs.wixstatic.com/ugd/672989_62cfa13ec4ba47788f78ad660489a2fa.pdf

解碼
- Lin, V. et al. (2017, March 20) Synergistic Development in the Beijing-Tianjin-Hebei Region: An International Comparative Perspective. Boston Consulting Group. Retrieved September 9, 2020, from https://www.bcg.com/en-ca/synetic-development-in-the-beijing-tianjin-hebei-region-an-international-comparative-perspective
- Ritchie, H. and Roser, M. (2018, September). Urbanization. Our World In Data. Retrieved September 9, 2020, from https://ourworldindata.org/urbanization

影響
- Phys Org. (2019, August 16). Sinking city: Indonesia's capital on brink of disaster. Phys.org. Retrieved September 9, 2020, from https://phys.org/news/2019-08-city-indonesia-capital-brink-disaster.html
- Geophysical Fluid Dynamics Laboratory, NOAA. (2020, June 12). Global Warming and Hurricanes. NOAA. Retrieved September 12, 2020, from https://www.gfdl.noaa.gov/global-warming-and-hurricanes/
- Hauer, M. (2017, April 17). Migration induced by sea-level rise could reshape the US population landscape. Nature climate change 7, 321–325. Retrieved September 9, 2020, from https://doi.org/10.1038/nclimate3271
- Climate Impact Lab. (2019). Climate Change and Heat-Induced Mortality in India. Tata Center For Development at UChicago. Retrieved September 9, 2020, from https://epic.uchicago.edu/wp-content/uploads/2019/10/IndiaMortality_webv2.pdf
- CoreLogic. (2019). 2019 Wildfire Risk Report. CoreLogic, Inc. Retrieved September 9, 2020, from https://www.corelogic.com/downloadable-docs/wildfire-report_0919-01-screen.pdf

訊號 03　新興中產階級

起源故事
- Fuglie, K.. (2020). Harvesting Prosperity: Technology and Productivity Growth in Agriculture. World Bank Group. Retrieved September 9, 2020, from https://openknowledge.worldbank.org/bitstream/handle/10986/32350/9781464813931.pdf
- OECD. (2019). Equity Market Review of Asia 2019. OECD Capital Market Series, Paris. Retrieved September 9, 2020, from http://www.oecd.org/daf/ca/oecd-equity-market-review-asia.htm
- Pramanik, A. K.. (2017, February 24). The Technology That's Making a Difference in the Developing World. U.S. Global Leadership Coalition. Retrieved September 9, 2020, from https://www.usglc.org/blog/the-technology-thats-making-a-difference-in-the-developing-world/

訊號
- Gapminder. (2020). Number of People by Income [online chart tool]. Gapminder Foundation. Retrieved September 9, 2020, from https://www.gapminder.org/tools/#$chart-type=mountain
- Hellebrandt, T. and Mauro, P. via Our World in Data. (2013). Global Income Inequality. Our World in Data. Retrieved September 9, 2020, from https://ourworldindata.org/global-economic-inequality
- Kharas, H.. (2017, February 28). The unprecedented expansion of the global middle class. The Brookings Institution. Retrieved September 9, 2020, from https://www.brookings.edu/research/the-unprecedented-expasion-of-the-global-middle-class-2/
- McNamara CL, Labonte R, Schram A, et al Glossary on free trade agreements and health part 1: the shift from multilateralism and the rise of 'WTO-Plus' provisions. J Epidemiol Community Health 2021;75:402-406

解碼
- World Data Lab via The Brookings Institution. (2018, September 27). A global tipping point: Half the world is now middle class or wealthier. The Brookings Institution. Retrieved September 9, 2020, from https://www.brookings.edu/blog/future-development/2018/09/27/a-global-tipping-point-half-the-world-is-now-middle-class-or-wealthier/
- World Data Lab. (2019, April 17). Emerging Trends in The Global Middle Class: A Private Conversation with Dr. Homi Kharas. World Data Lab. Retrieved September 9, 2020, from https://worlddata.io/blog/emerging-trends-in-the-global-middle-class-a-private-conversation-with-dr-homi-kharas
- Canals, C.. (2019, September 16). The emergence of the middle class: an emerging-country phenomenon. Caixa Bank Research. Retrieved September 9, 2020, from https://www.caixabankresearch.com/en/economics-markets/labour-market-demographics/emergence-middle-class-emerging-country-phenomenon
- Kharas, H.. (2017, February 28). The unprecedented expansion of the global middle class. The Brookings Institution. Retrieved September 9, 2020, from https://www.brookings.edu/wp-content/uploads/2017/02/global_20170228_global-middle-class.pdf

影響
- World Bank. (2019). GDP per capita (current US$) [online chart tool]. World Bank Group. Retrieved May 2019, from https://data.worldbank.org/indicator/NY.GDP.PCAP.CD
- OECD. (2019). Meat consumption [online chart tool]. OECD. Retrieved May 2019, from https://data.oecd.org/agroutput/meat-consumption.htm#indicator-chart
- Federal Reserve Bank of Cleveland. (2020, February 12). Is the Middle Class Worse Off Than It Used to Be? Federal Reserve Bank of Cleveland. Retrieved September 9, 2020. https://www.clevelandfed.org/newsroom-and-events/publitions/e-conomic-commentary/2020-economic-commentaries/ec-202003-is-middle-class-worse-off.aspx
- Keyu, K. J.. (2015, November 12). What's holding back China's consumers? World Economic Forum. Retrieved September 9, 2020. https://www.weforum.org/agenda/2015/11/whats-holding-back-chinas-consumers

- Lung, R. and Batbold, D.. (2018). The Geography of the Global Middle Class: Where They Live, How They Spend. Visa and Oxford Economics. Retrieved September 9, 2020. https://usa.visa.com/dam/VCOM/global/partner-with-us/documents/middle-class-spending-whitepaper.pdf

訊號 04 媒體去中心化

起源故事

- Kepios, We Are Social, and Hootsuite. (2021). Digital 2021 Global Overview Report. We Are Social and Hootsuite. Retrieved June 14, 2021, from https://wearesocial.com/digital-2021
- Edelman, via Salmon, F. (2021, January 21) Media trust hits new low. Axios. Retrieved June 14, 2021 from https://www.axios.com/media-trust-crisis-2bf0ec1c-00c0-4901-9069-e26b21c283a9.html
- Hindman, D. B. and Wiegand, K. (2008, March). The Big Three's Prime-Time Decline: A Technological and Social Contact. Journal of Broadcasting & Electronic Media. Retrieved September 8, 2020, from https://robertoigarza.files.word-press.com/2008/10/art-the-big-threes-prime-time-decline-hindman-2008.pdf
- Perrin, N.. (2019, March 21). US Advertisers Still Eager to Target at Scale with Duopoly. eMarketer. Retrieved 8 September, 2020, from https://www.emarketer.com/content/us-advertisers-still-eager-to-target-at-scale-with-duopoly
- Wasserman, T. (2013, August 09). This Is the World's First Banner Ad. Mashable. Retrieved September 12, 2020, from https://mashable.com/2013/08/09/first-banner-ad/

訊號

- Watson, A. via Statista (2020, February 21). Number of commercial radio stations in the U.S. from 1952 to 2019. Statista. Retrieved September 8, 2020, from https://www.statista.com/statistics/252235/number-of-commercial-radio-stations-in-the-us/
- Watson, A. via Statista (2019, November 21). Number of commercial TV stations in the U.S. 1950-2017. Statista. Retrieved September 8, 2020, from https://www.statista.com/statistics/189655/number-of-commercial-television-stations-in-the-us-since-1950/
- Watson, A. via Statista (2020, March 3). Number of daily newspapers in the U.S. 1970-2018. Statista. Retrieved September 8, 2020, from https://www.statista.com/statistics/183408/number-of-us-daily-newspapers-since-1975/
- Kepios, We Are Social, and Hootsuite. (2021). Digital 2021 Global Overview Report. We Are Social and Hootsuite. Retrieved June 14, 2021, from https://wearesocial.com/digital-2021
- Internet Live Stats (n.d.). Total Number of Websites. Internet Live Stats. Retrieved June 15, 2021, from https://www.internetlivestats.com/total-number-of-websites/
- Pew Research Center. (1996, May 13). TV News Viewership Declines. Pew Research Center. Retrieved September 11, 2020, from https://www.pewresearch.org/politics/1996/05/13/tv-news-viewership-declines/
- Pew Research Center via Suciu, P. for Forbes. (2019, October 11). More Americans Are Getting Their News From Social Media. Forbes. Retrieved September 11, 2020, from https://www.forbes.com/sites/petersuciu/2019/10/11/more-americans-are-getting-their-news-from-social-media/
- Domo. (2019). Data Never Sleeps 7.0. Domo. Retrieved September 9, 2020, from https://www.domo.com/learn/data-never-sleeps-7
- Wordpress. (2020). About us [webpage]. Wordpress. Retrieved September 9, 2020, from https://wordpress.com/about/?aff=2718
- Clement, J. via Statista. (2020, August 25). Hours of video uploaded to YouTube every minute as of May 2019. Statista. Retrieved 9 September, 2020, from https://www.statista.com/statistics/259477/hours-of-video-uploaded-to-youtube-every-minute/

解碼

- Shampnois, B. (2019, May 23). Personalization & Customer Data: Why Context is Critical To Optimize Your Customer Experience. Brooks Bell. Retrieved September 9, from https://www.brooksbell.com/resource/blog/personalization-customer-data-why-context-is-critical-to-optimize-your-customer-experience/
- PwC. (2020). IAB Internet advertising revenue report. PricewaterhouseCoopers. Retrieved September 9, 2020, from https://www.iab.com/wp-content/uploads/2020/05/FY19-IAB-Internet-Ad-Revenue-Report_Final.pdf
- eMarketer. (2019, February 20). US Digital Ad Spending Will Surpass Traditional in 2019. eMarketer. Retrieved September 9, 2020, from https://www.emarketer.com/newsroom/index.php/us-digital-ad-spending-will-surpass-traditional-in-2019/
- Berg, M. (2020, December 18) The Highest-Paid YouTube Stars of 2020. Forbes. Retrieved June 14, 2021 from https://www.forbes.com/sites/maddieberg/2020/12/18/the-highest-paid-youtube-stars-of-2020/?sh=4b784f0d6e50

影響

- Gallup. (2018). Indicators of News Media Trust. Gallup Foundation. Retrieved September 9, 2020, from https://kf-site-production.s3.amazonaws.com/media_elements/files/000/000/216/original/KnightFoundation_Panel4_Trust_Indicators_FINAL.pdf
- UNC Hussman School of Journalism and Media. (2020). News Deserts and Ghost Newspapers: Will Local News Survive? UNC Hussman School of Journalism and Media. Retrieved September 9, 2020, from https://www.usnewsdeserts.com/reports/news-deserts-and-ghost-newspapers-will-local-news-survive/the-news-landscape-in-2020-transformed-and-diminished/vanishing-newspapers/
- Newman, N. (2020). Journalism, Media, and Technology Trends and Predictions 2020. Reuters Institute for the Study of Journalism. Retrieved September 9, 2020, from http://www.digitalnewsreport.org/publications/2020/journalism-media-and-technology-trends-and-predictions-2020
- Pew Research Center. (2020, January 24). U.S. Media Polarization and the 2020 Election: A Nation Divided. Pew Research Center. Retrieved September 9, 2020, from https://www.journalism.org/2020/01/24/u-s-media-polarization-and-the-2020-election-a-nation-divided/

訊號 05 財富不均惡化

起源故事
- U.S. Bureau of Labor Statistics. (2020). Databases, Tables & Calculators by Subject [online tool]. U.S. Bureau of Labor Statistics. Retrieved September 7, 2020, from https://www.bls.gov/data/
- U.S. Bureau of Labor Statistics. (2020). Consumer Price Index for All Urban Consumers: Medical Care in U.S. City Average [CPIMEDSL]. Federal Reserve Bank of St. Louis (FRED). Retrieved September 12, 2020, from https://fred.stlouisfed-.org/series/CPIMEDSL
- Boyington, B., & Kerr, E. (2019, September 19). 20 Years of Tuition Growth at National Universities. US News. Retrieved September 7, 2020, from https://www.usnews.com/education/best-colleges/paying-for-college/articles/2017-09-20/see-20-years-of-tuition-growth-at-national-universities

訊號
- Credit Suisse. (2019). Global Wealth Report 2019. Credit Suisse Research Institute. Retrieved September 7, 2020, from https://www.credit-suisse.com/media/assets/corporate/docs/about-us/research/publications/global wealth-report-2019-en.pdf
- Roser, M. and Ortiz-Ospina, E. via Our World in Data. (2013, May 25). Global Extreme Poverty. Our World in Data. Retrieved September 7, 2020, from https://ourworldindata.org/extreme-poverty
- GDP and spending - Gross domestic product (GDP) - OECD Data. (n.d.). Retrieved September 07, 2020, from https://data.oecd.org/gdp/gross-domestic-product-gdp.htm
- Forbes 2019 Billionaire List. (n.d.). Retrieved September 7, 2020, from https://www.forbes.com/billionaires/

解碼
- FRED Economic Data. (2019). Federal Reserve Bank of St. Louis. Retrieved September 07, 2020, from https://fred.stlouisfed.org/
- Distribution of Household Wealth in the U.S. since 1989 (2020). Federal Reserve. Retrieved September 07, 2020, from https://www.federalreserve.gov/releases/z1/dataviz/dfa/distribute/chart/
- Parker, K. and Fry, R. (2020, July 27). More than half of U.S. households have some investment in the stock market. Pew Research Center. Retrieved September 7, 2020, from https://www.pewresearch.org/fact-tank/2020/03/25/more-than-half-of-u-s-households-have-some-investment-in-the-stock-market/
- Yahoo Finance - Stock Market Live, Quotes, Business & Finance News. (n.d.). Retrieved September 7, 2020, from https://ca.finance.yahoo.com/

影響
- Mishel, L., & Kandra, J. (2020, August 18). CEO compensation surged 14% in 2019 to $21.3 million. Economic Policy Institute. Retrieved September 7, 2020, from https://www.epi.org/publication/ceo-compensation-surged-14-in-2019-to-21-3-million-ceos-now-earn-320-times-as-much-as-a-typical-worker/
- Shierholz, H. (2019, August 27). Labor Day 2019: Working people have been thwarted in their efforts to bargain for better wages by attacks on unions. Economic Policy Institute. Retrieved September 7, 2020, from https://www.epi.org/publication/labor-day-2019-collective-bargaining/
- Trade Union - OECD data. (n.d.). OECD.Stat. Retrieved September 07, 2020, from https://stats.oecd.org/Index.aspx?DataSetCode=TUD#
- Horowitz, J. M. et al. (2020, January 9). Views of U.S. economic inequality. Pew Research Center. Retrieved September 7, 2020, from https://www.pewsocialtrends.org/2020/01/09/views-of-economic-inequality/

第二章　環境

訊號 06 氣候壓力

起源故事
- BP p.l.c. (2020). bp Statistical Review of World Energy 2020. BP p.l.c.. Retrieved September 8, 2020, from https://www.bp.com/content/dam/bp/business-sites/en/global/corporate/pdfs/energy-economics/statistical-review/bp-stats-review-2020-full-report.pdf
- Earth System Research Laboratories Global Monitoring Laboratory (2020, August). Trends in Atmospheric Carbon Dioxide. NOAA Oceanic and Atmospheric Research. Retrieved September 8, 2020, from https://www.esrl.noaa.gov/gmd/webdata/ccgg/trends/co2_data_mlo.pdf
- Food and Agriculture Organization of the United Nations (2012). State of the World's Forests 2012. Food and Agriculture Organization of the United Nations. Retrieved September 8, 2020, from http://www.fao.org/3/a-i3010e.pdf
- Kharas, H. and Hamel, K. (2018, September 27). A global tipping point: Half the world is now middle class or wealthier. The Brookings Institute. Retrieved September 8, 2020, from https://www.brookings.edu/blog/future-development/2018/09/27/a-global-tipping-point-half-the-world-is-now-middle-class-or-wealthier/

訊號
- Jia, G. et al. via the Intergovernmental Panel on Climate Change (2020, January). Climate Change and Land. Intergovernmental Panel on Climate Change. Retrieved September 8, 2020, from https://www.ipcc.ch/site/assets/uploads/sites/4/2020/08/05_Chapter-2-V3.pdf

- Lindsey, R. (2020, August 14). Climate Change: Atmospheric Carbon Dioxide. NOAA Climate.gov. Retrieved June 14, 2021, from https://www.climate.gov/news-features/understanding-climate/climate-change-atmospheric-carbon-dioxide
- Navigant. (2019). Total GHG emissions worldwide: 53.7 Gt CO eq (2017). Navigant, a Guidehouse Company. Retrieved September 11, 2020, from https://guidehouse.com/-/media/www/site/downloads/energy/2019/asn_navigant_emissionsflowchart.pdf

解碼

- Union of Concerned Scientists (2008, July 16; revised 2020, August 12). Each Country's Share of CO2 Emissions. Union of Concerned Scientists. Retrieved September 8, 2020, from https://www.ucsusa.org/resources/each-countrys-share-co2-emissions
- Intergovernmental Panel on Climate Change (2020, January). Climate Change and Land. Intergovernmental Panel on Climate Change. Retrieved September 8, 2020, from https://www.ipcc.ch/site/assets/uploads/sites/4/2020/02/SPM_Updated-Jan20.pdf
- Union of Concerned Scientists. (2018, Jun 4; revised 2018, June 6).The Science Connecting Extreme Weather to Climate Change. Union of Concerned Scientists. Retrieved September 8, 2020, from https://www.ucsusa.org/resources/science-connecting-extreme-weather-climate-change

影響

- Climate Action Tracker. (2021). Temperatures - Addressing Global Warming. Climate Action Tracker. Retrieved June 16, 2021, from https://climateactiontracker.org/global/temperatures/
- The Economist Intelligence Unit (2019, November 20). Global economy will be 3 percent smaller by 2050 due to lack of climate resilience. The Economist Intelligence Unit. Retrieved September 8, 2020, from https://www.eiu.com/n/global-economy-will-be-3-percent-smaller-by-2050-due-to-lack-of-climate-resilience/
- Fagan, M. and Huang, C. (2020, October 16). Many globally are as concerned about climate change as about the spread of infectious diseases. Pew Research Center. Retrieved June 14, 2021, from https://www.pewresearch.org/fact-tank/2020/10/16/many-globally-are-as-concerned-about-climate-change-as-about-the-spread-of-infectious-diseases/

訊號 07 水資源短缺

起源故事

- Ritchie, H. and Roser, M. via Our World in Data. (2015; revised 2018, July). Water Use and Stress. Our World in Data. Retrieved September 11, 2020, from https://ourworldindata.org/water-use-stress
- World Health Organization. (2019, June 18). 1 in 3 people globally do not have access to safe drinking water – UNICEF, WHO. World Health Organization. Retrieved September 11, 2020, from https://www.who.int/news-room/detail/18-06-2019-1-in-3-people-globally-do-not-have-access-to-safe-drinking-water-unicef-who
- NASA. (2019; updated 2020, September 9). Arctic Sea Ice Minimum. NASA's Jet Propulsion Laboratory. Retrieved September 11, 2020, from https://climate.nasa.gov/vital-signs/arctic-sea-ice/

訊號

- Luo, T. et al. via World Resources Institute. (2015, August). Aqueduct Projected Water Stress Country Rankings. World Resources Institute. Retrieved September 11, 2020, from https://www.wri.org/publication/aqueduct-projected-water-stress-country-rankings?utm_campaign=WRIAqueduct&utm_source=blogpostgraphic&utm_medium=image
- UN Water. (2020, March 21). World Water Development Report 2020: Water and Climate Change. United Nations. Retrieved September 11, 2020, from https://www.unwater.org/publications/world-water-development-report-2020/
- Perlman, H. et al. via U.S. Geological Survey. (2019). All of Earth's water in a single sphere!. United States Geological Survey. Retrieved September 11, 2020, from https://www.usgs.gov/media/images/all-earths-water-a-single-sphere

解碼

- Otto, B. and Schleifer, L. via World Resources Institute. (2020, February 10). Domestic Water Use Grew 600% Over the Past 50 Years. World Resources Institute. Retrieved September 11, 2020, from https://www.wri.org/blog/2020/02/growth-domestic-water-use
- Urban Population (% of total population) [online chart tool]. (2019). World Bank Group. Retrieved September 11, 2020, from https://data.worldbank.org/indicator/SPURB.TOTL.IN.ZS
- UN Water. (2019, March 18). World Water Development Report 2019: Leaving No One Behind. United Nations. Retrieved September 11, 2020, from https://www.unwater.org/publications/world-water-development-report-2019/
- OECD-FAO. (2019). OECD-FAO Agricultural Outlook 2019-2028. OECD iLibrary. Retrieved September 11, 2020, from https://www.oecd-ilibrary.org/agriculture-and-food/oecd-fao-agricultural-outlook-2019-2028_agr_outlook-2019-en
- UN/FAO via Roser, M. for Our World in Data. (2019). Pesticides. Our World in Data. Retrieved September 11, 2020, from https://ourworldindata.org/pesticides

影響

- Strong, C. et al. via World Resources Institute. (2020, January). Achieving Abundance: Understanding the Cost of a Sustainable Water Future. World Resources Institute. Retrieved September 11, 2020, from https://files.wri.org/s3fs-public/achieving-abundance.pdf
- Global Commission on Adaptation (2019) and World Bank (2016) via World Resources Institute. (2020, January). Achieving Abundance: Understanding the Cost of a Sustainable Water Future. World Resources Institute. Retrieved September 11, 2020, from https://files.wri.org/s3fs-public/achieving-abundance.pdf
- Gleick, P. et al. (2018) via World Resources Institute. (2020, September). Ending Conflicts Over Water. World Resources Institute. Retrieved September 11, 2020, from https://www.wri.org/publication/ending-conflicts-over-water

訊號 08 全面電氣化

起源故事

- Goldenberg, C. et al. via Rocky Mountain Institute (RMI). (2018, February). Demand Flexibility: The Key to Enabling a Low-Cost, Low-Carbon Grid. Rocky Mountain Institute. Retrieved September 11, 2020, from https://rmi.org/wp-content/uploads/2018/02/Insight_Brief_Demand_Flexibility_2018.pdf
- Hutchins, P. via U.S. Energy Information Administration. (2019, July 10). U.S. utility-scale battery storage power capacity to grow substantially by 2023. U.S. Energy Information Administration. Retrieved September 11, 2020, from https://www.eia.gov/todayinenergy/detail.php?id=40072
- Access to Electricity (% of Population). (2019). World Bank Group. Retrieved June 14, 2021, from https://data.worldbank.org/indicator/EG.ELC.ACCS.ZS?end=2018&start=1990&view=chart&year_high_desc=true
- Newzoo (2021). Global Mobile Market Report. Newzoo. Retrieved June 14, 2021, from https://newzoo.com/key-numbers/
- Gu, T. via Newzoo. (2019, September 17). Newzoo's Global Mobile Market Report: Insights into the World's 3.2 Billion Smartphone Users, the Devices They Use & the Mobile Games They Play. Newzoo. Retrieved September 11, 2020, from https://newzoo.com/insights/articles/newzoos-global-mobile-market-report-insights-into-the-worlds-3-2-billion-smartphone-users-the-devices-they-use-the-mobile-games-they-play/

訊號

- National Renewable Energy Laboratory. (2018, July 9). NREL Analysis Explores Demand-Side Impacts of a Highly Electrified Future. National Renewable Energy Laboratory. Retrieved September 11, 2020, from https://www.nrel.gov/news/program/2018/analysis-demand-side-electrification-futures.html
- IEA. (2019, November 21). Global electricity demand by region in the Stated Policies Scenario, 2000-2040. International Energy Agency. Retrieved September 11, 2020, from https://www.iea.org/data-and-statistics/charts/global-electricity-demand-by-region-in-the-stated-policies-scenario-2000-2040
- Jadun, P. et al. via National Renewable Energy Laboratory (2017). Electrification Futures Study: End-Use Electric Technology Cost and Performance Projections through 2050. National Renewable Energy Laboratory. Retrieved September 11, 2020, from https://www.nrel.gov/docs/fy18osti/70485.pdf
- IEA. (2019, November 21). Electricity generation by fuel and scenario, 2018-2040. International Energy Agency. Retrieved September 11, 2020, from https://www.iea.org/data-and-statistics/charts/electricity-generation-by-fuel-and-scenario-2018-2040 ta-are-giant-tech-companies-collecting-from-you.html

解碼

- IEA. (2019, November 26). Electricity demand growth by end-use and scenarios in advanced and developing economies, 2018-2040. International Energy Agency. Retrieved September 11, 2020, from https://www.iea.org/data-and-statistics/charts/electricity-demand-growth-by-end-use-and-scenarios-in-advanced-and-developing-economies-2018-2040
- Billimoria, S. et al. via Rocky Mountain Institute (RMI). (2018). The Economics of Electrifying Buildings. Rocky Mountain Institute. Retrieved September 11, 2020, from https://rmi.org/insight/the-economics-of-electrifying-buildings/
- Mosquet, X. et al. via Boston Consulting Group. (2020, January 02). Who Will Drive Electric Cars to the Tipping Point? Boston Consulting Group. Retrieved September 11, 2020, from https://www.bcg.com/en-us/publications/2020/drive-electric-cars-to-the-tipping-point
- IEA. (2020, Jan 29). Installed power generation capacity by source in the Stated Policies Scenario, 2000-2040. International Energy Agency. Retrieved September 11, 2020, from https://www.iea.org/data-and-statistics/charts/installed-power-generation-capacity-by-source-in-the-stated-policies-scenario-2000-2040
- Heiligtag, S. via McKinsey & Company. (2019, May 9). Fueling the energy transition: Opportunities for financial institutions. McKinsey & Company. Retrieved September 11, 2020, from https://www.mckinsey.com/industries/electric-power-and-natural-gas/our-insights/fueling-the-energy-transition-opportunities-for-financial-institutions

影響

- Energy Insights by McKinsey. (2019, January). Global Energy Perspective 2019: Reference Case. McKinsey & Company. Retrieved September 11, 2020, from https://www.mckinsey.com/~/media/McKinsey/Industries/Oil%20and%20Gas/Our%20Insights/Global%20Energy%20Perspective%202019/McKinsey-Energy-Insights-Global-Energy-Perspective-2019_Reference-Case-Summary.ashx
- Benchmark Mineral Intelligence. (2019, July 30). Lithium's Price Paradox. Benchmark Mineral Intelligence. Retrieved September 12, 2020, from https://www.benchmarkminerals.com/lithiums-price-paradox/
- Mosquet, X. et al. via Boston Consulting Group. (2020, January 02). Who Will Drive Electric Cars to the Tipping Point? Boston Consulting Group. Retrieved September 11, 2020, from https://www.bcg.com/en-us/publications/2020/drive-electric-cars-to-the-tipping-point

第三章　數位世界

訊號 9　資訊超載

起源故事

- Jarich, P. et al. via GSMA Intelligence. (2019). Global Mobile Trends 2020 New decade, new industry?. GSMA Intelligence. Retrieved September 11, 2020, from https://data.

gsmaintelligence.com/api-web/v2/research-file-download?id=47743151&file=2863-071119-GMT-2019.pdf

- Reinsel, D. et al. via IDC. (2018, November). The Digitization of the World From Edge to Core. International Data Corporation (IDC). Retrieved September 8, 2020, from https://www.seagate.com/files/www-content/our-story/trends/files/idc-seagate-dataage-whitepaper.pdf
- Pielot, M. et al. (2018, September). Dismissed!: a detailed exploration of how mobile phone users handle push notifications. MobileHCI'18 Article No. 3, 1-11. Retrieved September 11, 2020, from https://dl.acm.org/doi/10.1145/3229434.3229445

訊號
- Reinsel, D. et al. via IDC. (2018, November). The Digitization of the World From Edge to Core. International Data Corporation (IDC). Retrieved September 8, 2020, from https://www.seagate.com/files/www-content/our-story/trends/files/idc-seagate-dataage-whitepaper.pdf
- eMarketer via Bond Internet Trends. (2019). Daily Hours Spent with Digital Media per Adult User, USA. Bond Internet Trends. Retrieved September 11, 2020, from https://www.bondcap.com/report/itr19/#view/41
- Nielsen. (2020, August 13). The Nielsen Total Audience Report: August 2020. Nielsen. Retrieved September 11, 2020, from https://www.nielsen.com/us/en/insights/report/2020/the-nielsen-total-audience-report-august-2020/
- U.S. Bureau of Labor Statistics. (2020). Reading For Personal Interest: Average hours spent reading per day, U.S. adults. U.S. Bureau of Labor Statistics. Retrieved September 11, 2020, from https://www.bls.gov/
- Watson, A. via Statista. (2019, December 9). Number of podcast listeners in the U.S. 2014-2023. Statista. Retrieved September 11, 2020, from https://www.statista.com/statistics/786826/podcast-listeners-in-the-us/
- StreamHatchet. (2020). COVID-19 Impact on Streaming Audiences. StreamHatchet. Retrieved September 11, 2020, from https://docs.google.com/presentation/d/11jqIT3R4tmTgqBzy0_Kt6EaIsISD30EkKAuAihmRrJ4/present?slide=id.p

解碼
- Clinton, D. via Loup Ventures. (2018, June 12). Defining the Future of Human Information Consumption. Loup Ventures. Retrieved September 11, 2020, from https://loupventures.com/defining-the-future-of-human-information-consumption/

影響
- Reinsel, D. et al. via IDC. (2018, November). The Digitization of the World From Edge to Core. International Data Corporation (IDC). Retrieved September 8, 2020, from https://www.seagate.com/files/www-content/our-story/trends/files/idc-seagate-dataage-whitepaper.pdf
- Wojcik, S. via Pew Research Center. (2018, April 9). 5 things to know about bots on Twitter. Pew Research Center. Retrieved September 11, 2020, from https://www.pewresearch.org/fact-tank/2018/04/09/5-things-to-know-about-bots-on-twitter/

訊號 10 數據作為護城河

起源故事
- Amazon. (n.d.). The beginners guide to selling on Amazon. Amazon.com, Inc.. Retrieved September 9, 2020, from https://sell.amazon.com/beginners-guide.html
- Apple. (2020, January 28). Apple Reports First Quarter Results. Apple Inc.. Retrieved September 9, 2020, from https://www.apple.com/newsroom/2020/01/apple-reports-record-first-quarter-results/
- Brandom, R. (2019, May 7). There are now 2.5 billion active Android devices. The Verge. Retrieved September 12, 2020, from https://www.theverge.com/2019/5/7/18528297/google-io-2019-android-devices-play-store-total-number-statistic-keynote
- Clement, J. via Statista. (2020, August 10). Number of monthly active Facebook users worldwide as of 2nd quarter 2020. Statista. Retrieved September 9, 2020, from https://www.statista.com/statistics/264810/number-of-monthly-active-facebook-users-worldwide/
- IBM. (2018, September 6). Hu-manity.co Collaborates with IBM Blockchain on Consumer App to Manage Personal Data Property Rights. IBM Inc.. Retrieved September 9, 2020, from https://newsroom.ibm.com/2018-09-06-Hu-manity-co-Collaborates-with-IBM-Blockchain-on-Consumer-App-to-Manage-Personal-Data-Property-Rights
- Elumalai, A. and Roberts, R. via McKinsey. (2019, August 26). Unlocking business acceleration in a hybrid cloud world. McKinsey Digital. Retrieved September 9, 2020, from https://www.mckinsey.com/business-functions/mckinsey-digital/our-insights/unlocking-business-acceleration-in-a-hybrid-cloud-world

訊號
- Macrotrends. (2005-2019). Stock Comparisons: Revenue. Macrotrends. Retrieved September 9, 2020, from https://www.macrotrends.net/stocks/stock-comparison?s=revenue&axis=single&comp=AMZN:GOOGL:AAPL:FB:MSFT
- Clement, J. via Statista. (2020, August 10). Number of monthly active Facebook users worldwide as of 2nd quarter 2020. Statista. Retrieved September 9, 2020, from https://www.statista.com/statistics/264810/number-of-monthly-active-facebook-users-worldwide/
- Valens Research (2020, August 6). Do you want your brand to reach a wider audience? Use this email platform that has 1.8 billion users. Valens Research. Retrieved September 10, 2020, from https://www.valens-research.com/dynamic-marketing-communique/do-you-want-your-brand-to-reach-a-wider-audience-use-this-email-platform-that-has-1-8-billion-users-every-thursday-fyo/
- Amazon. The beginners guide to selling on Amazon. Amazon. Retrieved September 9, 2020, from https://sell.amazon.com/beginners-guide.html

- Apple. (2020, January). Apple Reports First Quarter Results. Apple. Retrieved September 9, 2020, from https://www.apple.com/newsroom/2020/01/apple-reports-record-first-quarter-results/
- CB Insights. (2019, September 17). The Race For AI: Here Are The Tech Giants Rushing To Snap Up Artificial Intelligence Startups. CB Insights. Retrieved September 9, 2020, from https://www.cbinsights.com/research/top-acquirers-ai-startups-ma-timeline/

解碼

- Vigderman, A. and Turner, G. (2020, July). The Data Big Tech Companies Have on You. Security.org. Retrieved September 9, 2020, from https://www.security.org/resources/data-tech-companies-have/
- Digital Information World. (2020, August 12). The Information Major Tech Companies Collect from Their Users. Digital Information World. Retrieved September 9, 2020, from https://www.mckinsey.com/business-functions/mckinsey-digital/our-insights/unlocking-business-acceleration-in-a-hybrid-cloud-world
- Elumalai, A. and Roberts, R. via McKinsey. (2019, August 26). Unlocking business acceleration in a hybrid cloud world. McKinsey Digital. Retrieved September 9, 2020, from https://www.mckinsey.com/business-functions/mckinsey-digital/our-insights/unlocking-business-acceleration-in-a-hybrid-cloud-world
- Amazon. (2020, January 31). 10-K 2019. https://ir.aboutamazon.com/sec-filings/default.aspx
- Apple. (2019, October 31). 10-K 2019. https://investor.apple.com/sec-filings/sec-filings-details/default.aspx?FilingId=13709514
- Alphabet. (2020, February 4). 10-K 2019. https://abc.xyz/investor/static/pdf/20200204_alphabet_10K.pdf?cache=cdd6dbf
- Microsoft. (2020, July 31). 10-K 2019. https://microsoft.gcs-web.com/static-files/4e7064ed-bbf7-4140-a8cb-79aba77421b9
- Facebook. (2020, January 30). 10-K 2019. http://d18rn0p25nwr6d.cloudfront.net/CIK-0001326801/45290cc0-656d-4a88-a2f3-147c8de86506.pdf
- IDC. (2019, September 4). Worldwide Spending on Artificial Intelligence Systems Will Be Nearly $98 Billion in 2023, According to New IDC Spending Guide. International Data Corporation. Retrieved September 9, 2020, from https://www.idc.com/getdoc.jsp?containerId=prUS45481219#:~:text=According%20to%20the%20recently%20updated,will%20be%20spent%20in%202019
- IDC. (2020, August 25). Worldwide Spending on Artificial Intelligence Is Expected to Double in Four Years, Reaching $110 Billion in 2024, According to New IDC Spending Guide. International Data Corporation. Retrieved September 9, 2020, from https://www.businesswire.com/news/home/20200825005099/en/Worldwide-Spending-Artificial-Intelligence-Expected-Double-Years

影響

- PwC. (2017). Sizing the prize What's the real value of AI for your business and how can you capitalise? PricewaterhouseCoopers. Retrieved September 07, 2020, from https://www.pwc.com/gx/en/issues/data-and-analytics/publications/artificial-intelligence-study.html

訊號 11 網路的狂野大西部

起源故事

- Bravo, T. (2020, January 15). Wild Wide Web. World Economic Forum. Retrieved September 8, 2020, from https://reports.weforum.org/global-risks-report-2020/wild-wide-web/
- ITU. (n.d.). Individuals using the internet 2005-2019*. ITU. Retrieved September 8, 2020, from https://www.itu.int/en/ITU-D/Statistics/Pages/stat/default.aspx
- Gomez, M. (2020, July 12). Dark Web Price Index 2020. Privacy Affairs. Retrieved September 8, 2020, from https://www.privacyaffairs.com/dark-web-price-index-2020/
- McGuire, M. (2018, April 20). Into the Web of Profit. Bromium.com. Retrieved September 7, 2020, from https://www.bromium.com/wp-content/uploads/2018/05/Into-the-Web-of-Profit_Bromium.pdf

訊號

- ITRC. (2021, January 28). 2020 End-of-Year Data Breach Report. Identity Theft Resource Center. Retrieved June 11, 2021, from https://notified.idtheftcenter.org/s/
- Eoyang, M. et al. (2018, October 29). To Catch a Hacker: Toward a comprehensive strategy to identify, pursue, and punish malicious cyber actors. Third Way. Retrieved September 12, 2020, from https://www.thirdway.org/report/to-catch-a-hacker-toward-a-comprehensive-strategy-to-identify-pursue-and-punish-malicious-cyber-actors
- F-secure. (2019, July 31). Cyber Threat Landscape for the Finance Sector. F-Secure. Retrieved September 12, 2020, from https://blog-assets.f-secure.com/wp-content/uploads/2019/08/01125725/f-secure-cyber-threat-landscape-finance-sector.pdf
- IBM. (2020, July 29). Cost of a Data Breach Study. IBM. Retrieved September 8, 2020, from https://www.ibm.com/security/data-breach

解碼

- IBM. (2020, July 29). Cost of a Data Breach Study. IBM. Retrieved September 8, 2020, from https://www.ibm.com/security/data-breach
- databreaches.net, IDTheftCentre and media reports via McCandless, D. et al. (2020, May 11). World's Biggest Data Breaches & Hacks. Information is beautiful. Retrieved September 8, 2020, from https://www.informationisbeautiful.net/visualizations/worlds-biggest-data-breaches-hacks/
- VPN mentor. (2020, June 16). Report: Data Breach in Biometric Security Platform Affecting Millions of Users. VPN Mentor. Retrieved September 12, 2020, from https://www.vpnmentor.com/blog/report-biostar2-leak/
- Whittaker, Z. (2019, September 4). A huge database of Facebook users' phone numbers found online. Techcrunch. Retrieved September 12, 2020, from https://techcrunch.com/2019/09/04/facebook-phone-numbers-exposed/?guccounter=1
- Sandler, R. (2019, July 29). Capital One Says Hacker Breached Accounts Of 100 Million People; Ex-Amazon Employee Arrested. Forbes. Retrieved September 12, 2020, from https://www.

forbes.com/sites/rachelsandler/2019/07/29/capital-one-says-hacker-breached-accounts-of-100-million-people-ex-amazon-employee-arrested/#27002a9541d2

影響
- CBInsights. (2019, July 30) Cybersecurity Trends. CBInsights. Retrieved September 07, 2020, from https://www.cbinsights.com/reports/CB-Insights_Cybersecurity-Trends.pdf
- Deloitte. (2019, March 4). The Future of Cyber survey 2019. Deloitte & Touche LLP. Retrieved September 7, 2020, from https://www2.deloitte.com/content/dam/Deloitte/us/Documents/finance/us-the-future-of-cyber-survey.pdf
- Australian Cyber Security Growth Network. (2019, December 19). Australia's Cyber Security Sector Competitiveness Plan 2019. Australian Cyber Security Growth Network. Retrieved September 7, 2020, from https://www.austcyber.com/resources/sector-competitiveness-plan/chapter1

第四章　科技創新

訊號 12　科技突飛猛進

起源故事
- Laws, D. (2018, April 02). 13 Sextillion & Counting: The Long & Winding Road To The Most Frequently Manufactured Human Artifact in History. Computer History Museum. Retrieved September 8, 2020, from https://computerhistory.org/blog/13-sextillion-counting-the-long-winding-road-to-the-most-frequently-manufactured-human-artifact-in-history/
- Reinsel, D. et al. via IDC. (2018, November). The Digitization of the World From Edge to Core. International Data Corporation (IDC). Retrieved September 8, 2020, from https://www.seagate.com/files/www-content/our-story/trends/files/idc-seagate-dataage-whitepaper.pdf
- International Telecommunication Union (2019). Measuring Digital Development - Facts and figures 2019. International Telecommunication Union. Retrieved September 8, 2020, from https://www.itu.int/en/ITU-D/Statistics/Documents/facts/FactsFigures2019.pdf
- Schrittweiser, J. et al. (2019, November 19). Mastering Atari, Go, Chess, and Shogi by Planning with a Learned Model. DeepMind. Retrieved September 8, 2020, from https://deepmind.com/research/publications/Mastering-Atari-Go-Chess-and-Shogi-by-Planning-with-a-Learned-Model
- Wetterstrand, KA. (2020, August 25). DNA Sequencing Costs: Data from the NHGRI Genome Sequencing Program (GSP). National Human Genome Research Institute. Retrieved September 8, 2020 from https://www.genome.gov/about-genomics/fact-sheets/DNA-Sequencing-Costs-Data

訊號
- Jurveston, S. (2016, December 10). Moore's Law Over 120 Years. Flickr. Retrieved September 8, 2020, from https://www.flickr.com/photos/jurvetson/31409423572/
- Kurzweil, R. (2005, September 22). The Singularity Is Near. Page 67. Viking Press. Retrieved September 8, 2020, from http://www.singularity.com/charts/page67.html
- Experts Exchange (2015) via Routley, N. (2017, November 4). Visualizing the Trillion-Fold Increase in Computing Power. Visual Capitalist. Retrieved September 8, 2020, from https://www.visualcapitalist.com/visualizing-trillion-fold-increase-computing-power/
- Ritchie, H. (2017). Technology Adoption. Our World In Data. Retrieved September 8, 2020, from https://ourworldindata.org/technology-adoption

解碼
- Top500. (2020, June). Performance Development. Top500. Retrieved September 8, 2020, from https://www.top500.org/statistics/perfdevel/
- Cisco. (2020, March 9). Cisco Annual Internet Report (2018-2023) White Paper. Retrieved September 8, 2020, from https://www.cisco.com/c/en/us/solutions/collateral/executive-perspectives/annual-internet-report/white-paper-c11-741490.html
- Reinsel, D. (2018, November). The Digitization of the World From Edge to Core. International Data Corporation (IDC). Retrieved September 8, 2020, from https://www.seagate.com/files/www-content/our-story/trends/-files/idc-seagate-dataage-whitepaper.pdf
- Taylor, B. (2018, April 10). 200 Years of the United States Stock Market in One Graph. Global Financial Data. Retrieved September 8, 2020, from http://www.globalfinancialdata.com/200-years-of-the-united-states-stock-market-in-one-graph/
- Unesco Institute for Statistics. (2020). How Much Does Your Country Invest in R&D?. Unesco Institute for Statistics. Retrieved September 9, 2020 from http://uis.unesco.org/apps/visualisations/research-and-development-spending/
- Renaissance Capital. (2020, January 5). US IPO Market: 2020 Annual Review. Renaissance Capital. Retrieved June 1, 2021 from https://www.renaissancecapital.com/review/2020USReview_Public.pdf
- Behrmann, E. and Wilkes, W. (2021, May 6). BMW CEO Sees Semiconductor Investment Wave Easing Supply Crunch. BNN Bloomberg. Retrieved June 1, 2021, from https://www.bnnbloomberg.ca/bmw-ceo-sees-semiconductor-investment-wave-easing-supply-crunch-1.1600235

影響
- World Economic Forum. (2016). The Global Risks Report 2016: 11th Edition. World Economic Forum. Retrieved September 9, 2020 from http://www3.weforum.org/docs/GRR/WEF_GRR16.pdf

- Renaissance Capital. (2019, December 23). US IPO Market: 2019 Annual Review. Renaissance Capital. Retrieved September 9, 2020 from https://www.renaissancecapital.com/review/2019_US_IPO_Review_Press.pdf
- International Data Corporation (IDC). (2020). IDC - Global ICT Spending: Forecast 2020-2023. International Data Corporation (IDC). Retrieved September 9, 2020 from https://www.idc.com/promo/global-ict-spending/forecast

訊號 13　5G 革命

起源故事
- Fortune Business Insights. (2019, July). 5G Infrastructure Market Size, Share and Industry Analysis By Component (Fibers, Cables, Antenna, Transceiver, Wireless Backhaul, Modem, Router), By Communication Infrastructure (Small Cell, Macro Cell, Radio Access Network (RAN), Distributed Antenna System (DAS)), and Regional Forecast 2019-2026. Fortune Business Insights. Retrieved September 10, 2020, from https://www.fortunebusinessinsights.com/industry-reports/ 5g-infrastructure-market-100869
- Gartner. (2019, October 17). Gartner Predicts Outdoor Surveillance Cameras Will Be Largest Market for 5G Internet of Things Solutions Over Next Three Years. Gartner, Inc. Retrieved September 10, 2020, from https://www.gartner.com/en/newsroom/press-releases/2019-10-17-gartner-predicts-outdoor-surveillance-cameras-will-be
- Statcounter. (2020). Desktop vs Mobile vs Tablet Market Share Worldwide. Statcounter GlobalStats. Retrieved September 10, 2020, from https://gs.statcounter.com/platform-market-share/desktop-mobile-tablet
- 3GPP. (2020). 3GPP: A Global Initiative. Retrieved September 10, 2020, from https://www.3gpp.org/

訊號
- McKinsey & Company. (2020, January). The 5G era. McKinsey & Company. Retrieved September 10, 2020, from https://www.mckinsey.com/~/media/mckinsey/industries/advanced%20electronics/our%20insights/the%205g%20era%20new%20horizons%20for%20advanced%20electronics%20and%20industrial%20companies/the-5g-era-new-horizons-for-advanced-electronics-and-industrial-companies.ashx
- GSMA. (2020). 5G Global Launches & Statistics. GSM Association. Retrieved September 10, 2020, from https://www.gsma.com/futurenetworks/ip_services/understanding-5g/5g-innovation/
- World Economic Forum & PWC. (2020, January). The Impact of 5G: Creating New Value across Industries and Society. World Economic Forum. Retrieved September 10, 2020, from http://www3.weforum.org/docs/WEF_The_Impact_of_5G_Report.pdf

解碼
- IHS Markit. (2019, November). The 5G Economy: How 5G will contribute to the global economy. IHS Markit. Retrieved September 10, 2020, from https://www.qualcomm.com/media/documents/files/ihs-5g-economic-impact-study-2019.pdf
- McKinsey & Company. (2020, January). The 5G era. McKinsey & Company. Retrieved September 10, 2020, from https://www.mckinsey.com/~/media/mckinsey/industries/advanced%20electronics/our%20insights/the%205g%20era%20new%20horizons%20for%20advanced%20electronics%20and%20industrial%20companies/the-5g-era-new-horizons-for-advanced-electronics-and-industrial-companies.ashx

影響
- Kennedy, S. via Center for Strategic & International Studies. (2020, July 27). Washington's China Policy Has Lost Its Wei. Center for Strategic & International Studies. Retrieved September 10, 2020, from https://www.csis.org/analysis/washingtons-china-policy-has-lost-its-wei
- Business Performance Innovation Network. (2019, May). Opportunities and Challenges in a 5G Connected Economy. BPI Network. Retrieved September 10, 2020, from https://futurecio.tech/wp-content/uploads/2019/09/2019Report_SecuringFutureSmartWorld.pdf
- GSMA. (2020). 5G Global Launches & Statistics. GSM Association. Retrieved September 10, 2020, from https://www.gsma.com/futurenetworks/ip_services/understanding-5g/5g-innovation/

訊號 14　新太空競賽

起源故事
- Euroconsult. (2019). Satellites To Be Built and Launched by 2028. Euroconsult. Retrieved September 9, 2020, from https://www.euroconsult-ec.com/research/WS319_free_extract_2019.pdf
- Union of Concerned Scientists. (2005, December 8; Updated 2020, April 1). UCS Satellite Database. Union of Concerned Scientists. Retrieved September 9, 2020, from https://www.ucsusa.org/resources/satellite-database
- Markets and Markets. (2020, August 12). Small Satellite Market worth $7.1 billion by 2025. Markets and Markets. Retrieved September 9, 2020, from https://www.marketsandmarkets.com/Market-Reports/small-satellite-market-150947396.html
- Mosher, D. (2018, December 15). Elon Musk beat a world record for rocket launches in 2018. Here's every history-making SpaceX mission of the year. Business Insider. Retrieved September 9, 2020, from https://www.businessinsider.com/spacex-falcon-9-commercial-rocket-record-most-launches-2018-12

訊號
- Euroconsult. (2019). Satellites To Be Built and Launched by 2028. Euroconsult. Retrieved September 9, 2020, from https://www.euroconsult-ec.com/research/WS319_free_extract_2019.pdf

- Union of Concerned Scientists. (2005, December 8; Updated 2020, April 1). UCS Satellite Database. Union of Concerned Scientists. Retrieved September 9, 2020, from https://www.ucsusa.org/resources/satellite-database

解碼

- Johnson-Freese, J. (2018, December 19). China launched more rockets into orbit in 2018 than any other country. MIT Technology Review. Retrieved September 9, 2020, from https://www.technologyreview.com/2018/12/19/66274/china-launched-more-rockets-into-orbit-in-2018-than-any-other-country/
- Euroconsult. (2019). Satellites To Be Built and Launched by 2028. Euroconsult. Retrieved September 9, 2020, from https://www.euroconsult-ec.com/research/WS319_free_extract_2019.pdf
- Union of Concerned Scientists. (2005, December 8; Updated 2020, April 1). UCS Satellite Database. Union of Concerned Scientists. Retrieved September 9, 2020, from https://www.ucsusa.org/resources/satellite-database

影響

- Euroconsult. (2019). Satellites To Be Built and Launched by 2028. Euroconsult. Retrieved September 9, 2020, from https://www.euroconsult-ec.com/research/WS319_free_extract_2019.pdf
- Grijpink, F. et al. (2020, February). Connected world: An evolution in connectivity beyond the 5G revolution. McKinsey Global Institute. Retrieved September 9, 2020, from https://www.mckinsey.com/~/media/mckinsey/industries/ technology%20media%20and%20telecommunications/telecommunications/our%20insights/connected%20world%20an%20evolution%20in%20connectivity%20beyond%20the%205g%20revolution/mgi_connected-world_ discussion-paper_february-2020.pdf
- Federal Aviation Association, via Bloomberg. (2018). The New Rockets Racing to Make Space Affordable. Bloomberg. Retrieved September 12, 2020, from https://www.bloomberg.com/graphics/2018-rocket-cost/

訊號 15　基因飛鏢（CRISPR）：大規模的基因編輯

起源故事

- Zimmer, C. (2015, February 6). Breakthrough DNA Editor Born of Bacteria. Quanta magazine. Retrieved September 9, 2020, from https://www.quantamagazine.org/crispr-natural-history-in-bacteria-20150206/
- Lewis, T. (2013, April 14). Human Genome Project Marks 10th Anniversary. Live Science. Retrieved September 9, 2020, from https://www.livescience.com/28708-human-genome-project-anniversary.html
- Weintraub, K. (2016, July 5). 20 Years After Dolly the Sheep Led the Way—Where Is Cloning Now? Scientific American. Retrieved September 9, 2020 from https://www.scientificamerican.com/article/20-years-after-dolly-the-sheep-led-the-way-where-is-cloning-now/

訊號

- Wetterstrand, KA. (2020, August 25). DNA Sequencing Costs: Data from the NHGRI Genome Sequencing Program (GSP). National Human Genome Research Institute. Retrieved September 9, 2020, from https://www.genome.gov/about-genomics/fact-sheets/DNA-Sequencing-Costs-Data
- The Economist (2015, August 22). Genome editing: The age of the red pen. The Economist Group Limited. Retrieved September 9, 2020 from https://www.economist.com/briefing/2015/08/22/the-age-of-the-red-pen
- Hsu, P. et al. (2014, June 5). Development and Applications of CRISPR-Cas9 for Genome Engineering. Cell Vol. 157, Issue 6, Pages 1262-1278. Retrieved September 9, 2020, from https://www.sciencedirect.com/science/article/pii/S0092867414006047

解碼

- Bergan, B. (2017, August 07). 11 incredible Things CRISPR Has Helped Us Achieve in 2017. Futurism. Retrieved September 9, 2020, from https://futurism.com/neoscope/11-incredible-things-crispr-has-helped-us-achieve-in-2017
- Plumer B., et al. (2018, December 27). A simple guide to CRISPR, one of the biggest science stories of the decade. Vox. Retrieved September 9, 2020 from https://www.vox.com/2018/7/23/17594864/crispr-cas9-gene-editing
- Veerasamy, K. (2018, November 21). CRISPR: Discovery and Potential Applications. Xeraya Capital. Retrieved September 9, 2020 from https://www.slideshare.net/kumaraguruveerasamy/crispr-discovery-potential-applications-123587963
- Schwartz, M. (2018). Target, Delete, Repair: CRISPR is a revolutionary gene-editing tool, but it's not without risk. Stanford Medicine. Retrieved September 9, 2020 from https://stanmed.stanford.edu/2018winter/CRISPR-for-gene-edit-ing-is-revolutionary-but-it-comes-with-risks.html
- Cohen, J. (2019, August 1). Did CRISPR help—or harm—the first-ever gene-edited babies? Science. Retrieved September 9, 2020 from https://www.sciencemag.org/news/2019/08/did-crispr-help-or-harm-first-ever-gene-edited-babies
- Brodwin, E. (2020, April 16). Scientists tap CRISPR's search-and-detect skills to create a rapid COVID-19 test. STAT. Retrieved September 9, 2020 from https://www.statnews.com/2020/04/16/coronavirus-test-crispr-mammoth-biosciences/
- Zsögön, A. et al. (2018, October 01). De novo domestication of wild tomato using genome editing. Nature biotechnology. Retrieved September 9, 2020 from https://www.nature.com/articles/nbt.4272

影響

- iPlytics. (2019, February 8). Recent patent trends in CRISPR. iPlytics. Retrieved September 9, 2020 from https://www.iplytics.com/report/recent-patent-trends-crispr/
- Plumer B., et al. (2018, December 27). A simple guide to CRISPR, one of the biggest science stories of the decade. Vox. Retrieved September 9, 2020 from https://www.vox.com/2018/7/23/17594864/crispr-cas9-gene-editing
- Scheufele, D. et al. (2017, August 11). U.S. attitudes on human genome editing. Science. Retrieved September 9, 2020 from https://science.sciencemag.org/content/357/6351/553
- AP-NORC Center. (2018). Human Genetic Engineering: December 2018 Poll. The Associated Press and NORC. Retrieved September 12, 2020, from https://apnorc.org/projects/human-genetic-engineering/

第五章　貨幣與市場

訊號 16　負債累累的世界

起源故事

- OECD. (2020). Household Debt (indicator). OECD. Retrieved September 7, 2020, from https://data.oecd.org/hha/household-debt.htm
- Banerjee, R. and Hofmann, B. (2018). The rise of zombie firms: causes and consequences. BIS Quarterly Review. Retrieved September 9, 2020, from https://www.bis.org/publ/qtrpdf/r_qt1809g.pdf
- OECD. (2020). General Government Debt (indicator). OECD. Retrieved September 7, 2020, from https://data.oecd.org/gga/general-government-debt.htm

訊號

- Tiftik, E. et al. (2020, January 13). Global Debt Monitor - Sustainability Matters. Institute of International Finance. Retrieved September 07, 2020, from https://www.iif.com/Portals/0/Files/content/Global Debt Monitor_January2020_vf.pdf
- Tiftik, E. and Mahmood, K. (2020, April 6). Global Debt Monitor COVID-19 Lights a Fuse. International Institute of Finance. Retrieved September 07, 2020, from https://www.iif.com/Portals/0/Files/content/Research/Global Debt Monitor_April2020.pdf
- The Economist Intelligence Unit. (2012, September 03). The Global Debt Clock.The Economist. Retrieved September 7, 2020, from https://www.economist.com/content/global_debt_clock

解碼

- Gaspar, V., Lam, W., and Raissi, M. (2020, April 15). Fiscal Policies to Contain the Damage from COVID-19. IMFBlog. Retrieved September 7, 2020, from https://blogs.imf.org/2020/04/15/fiscal-policies-to-contain-the-damage-from-covid-19/
- Peter G. Peterson Foundation. (2020). Key Drivers of the National Debt. PGPF. Retrieved September 7, 2020, from https://www.pgpf.org/the-fiscal-and-economic-challenge/drivers
- International Monetary Fund. (2019, October). Global Financial Stability Report: Lower for Longer. International Monetary Fund. Retrieved September 7, 2020, from https://www.imf.org/en/Publications/GFSR/Issues/2019/10/01/-global-financial-stability-report-october-2019
- International Monetary Fund. (2020, April). Global Financial Stability Report: Markets in the Time of COVID-19. International Monetary Fund. Retrieved September 7, 2020, from https://www.imf.org/en/Publications/GFSR/Issues/2020/04/14/-global-financial-stability-report-april-2020

影響

- Tiftik, E., and Guardia, P. D. (2020, March 26). IIF Weekly Insight COVID-19 exacerbates household debt burdens. Institute of International Finance. Retrieved September 7, 2020, from https://www.iif.com/Portals/0/Files/content/200326WeeklyInsight_vf.pdf
- Stolba, S. L. (2020, March 9). Debt Reaches New Highs in 2019, but Credit Scores Stay Strong. Experian. Retrieved September 7, 2020, from https://www.experian.com/blogs/ask-experian/research/consumer-debt-study/
- Tiftik, E. and Mahmood, K. (2020, April 6). Global Debt Monitor COVID-19 Lights a Fuse. International Institute of Finance. Retrieved September 07, 2020, from https://www.iif.com/Portals/0/Files/content/Research/Global Debt Monitor_April2020.pdf

訊號 17　利率下滑

起源故事

- Roser, M. (2016). War and Peace. Our World in Data. Retrieved September 10, 2020, from https://ourworldindata.org/war-and-peace
- Benigno, G. and Fornaro, L. (2019, April 1). The Keynesian Growth Approach to Macroeconomic Policy and Productivity. Liberty Street Economics, Federal Reserve Bank of New York. Retrieved September 10, 2020, from https://libertystreeteconomics.newyorkfed.org/2019/04/the-keynesian-growth-approach-to-macroeconomic-policy-and-productivity.html
- Schmelzing, P. (2018, May 24). The 'suprasecular' stagnation. VoxEU. Retrieved September 10, 2020, from https://voxeu.org/article/suprasecular-stagnation
- Schmelzing, P. (2020, January). Eight centuries of global real interest rates, R-G, and the 'suprasecular' decline, 1311–2018. Bank of England. Retrieved September 7, 2020, from https://www.bankofengland.co.uk/-/media/boe/files/working-paper/2020/eight-centuries-of-global-real-interest-rates-r-g-and-the-suprasecular-decline-1311-2018.pdf

訊號
- Schmelzing, P. (2020, January 3). Eight centuries of global real interest rates, R-G, and the 'suprasecular' decline, 1311–2018.
- Goldman Sachs Investment Research via Isabelnet. (2019, May 15). More than 200 Years of US Interest Rates in One Chart. Retrieved September 8, 2020, from https://www.isabelnet.com/more-than-200-years-of-us-interest-rates-in-one-chart/
- International Monetary Fund via World Bank. Real interest rate (%) - United States. [online chart tool] (n.d.). World Bank Group. Retrieved September 8, 2020, from https://data.worldbank.org/indicator/FR.INR.RINR?locations=US

解碼
- OECD. (2021). Short term interest rates (indicator). OECD. Retrieved June 14, 2021, from https://data.oecd.org/interest/short-term-interest-rates.htm
- Mortgage Rates. (2020, September 03). Freddie Mac. Retrieved September 8, 2020, from http://www.freddiemac.com/pmms/
- Schmelzing, P. (2020, January 3). Eight centuries of global real interest rates, R-G, and the 'suprasecular' decline, 1311–2018.
- Mee, K. (2019, September 04). Six reasons why it can make sense to buy a bond with a negative yield. Schroders. Retrieved September 8, 2020, from https://www.schroders.com/en/uk/adviser/insights/markets/six-reasons-why-it-can-make-sense-to-buy-a-bond-with-a-negative-yield/

影響
- Neely, C. J. (2020, February 28). Negative U.S. Interest Rates? Federal Reserve Bank of St. Louis. Retrieved September 8, 2020, from https://research.stlouisfed.org/publications/economic-synopses/2020/02/28/negative-u-s-interest-rates
- International Monetary Fund via World Bank. Deposit interest rate (%) [online chart tool]. (n.d.). World Bank Group. Retrieved September 08, 2020, from https://data.worldbank.org/indicator/FR.INR.DPST?end=2019
- Mercer. (2019, July 2). European Asset Allocation Survey 2019. Mercer. Retrieved September 7, 2020, from https://www.mercer.com/content/dam/mercer/attachments/private/ie-2019-mercer-european-asset-allocation-survey-2019-final.pdf

訊號 18 無能為力的央行

起源故事
- Population growth (annual %). (2019). World Bank Group. Retrieved September 7, 2020, from https://data.worldbank.org/indicator/SP.POP.GROW?end=2019
- Rabouin, D. (2020, June 15). "Zombie" companies may soon represent 20% of U.S. firms. DB Global Research via Axios Visuals. Retrieved September 7, 2020, from https://www.axios.com/zombie-companies-us-e2c8be18-6786-484e-8fbe-4b56cf3800ac.html
- FRED Economic Data (2019). Federal Reserve Bank of St. Louis. Retrieved September 7, 2020, from https://fred.stlouisfed.org/

訊號
- Ovaska, M. (2020). Central bank balance sheets. Reuters Graphics. Retrieved September 7, 2020, from https://graphics.reuters.com/GLOBAL-CENTRALBANKS/010041ZQ4B7/index.html
- Bank for International Settlements. (2020). Central Bank Policy Rates. BIS. Retrieved September 7, 2020, from https://www.bis.org/statistics/cbpol.htm
- Central Bank News. (2020). Inflation Targets. Central Bank News. Retrieved September 7, 2020, from http://www.centralbanknews.info/p/inflation-targets.html
- Federal Reserve Bank of Dallas. (2020). Trimmed Mean PCE Inflation Rate. Federal Reserve Bank of St. Louis. Retrieved September 10, 2020, from https://fred.stlouisfed.org/graph/?g=1ED0

解碼
- World Bank, via Macrotrends. (2020). Japan Inflation Rate 1960-2020. Macrotrends. Retrieved September 7, 2020, from https://www.macrotrends.net/countries/JPN/japan/inflation-rate-cpi
- Japan Macro Advisors. (2020, August 4). Bank of Japan Balance sheet. Japan Macro Advisors. Retrieved September 7, 2020, from https://www.japanmacroadvisors.com/page/category/bank-of-japan/boj-balance-sheet/
- Statista Research Department. (2020, June 08). Average annual real wages in Japan from 2000 to 2018. Statista. Retrieved September 7, 2020, from https://www.statista.com/statistics/612513/average-annual-real-wages-japan/
- Federal Reserve Bank of St. Louis. (2019). FRED Economic Data. Federal Reserve Bank of St. Louis. Retrieved September 7, 2020, from https://fred.stlouisfed.org/
- Yahoo Finance - Stock Market Live, Quotes, Business & Finance News. (n.d.). Retrieved September 7, 2020, from https://ca.finance.yahoo.com/

影響
- Bank of America Research Investment Committee and Haver Analytics, via Zerohedge. (2020). Bank of America Research Investment Committee. Retrieved September 7, 2020, from https://www.zerohedge.com/markets/here-stunning-chart-blows-all-modern-central-banking
- Deutsche Bank, via Zerohedge. (2020). Bank of Japan owns almost 80% of all ETFs domiciled in Japan. Deutsche Bank Global Research. Retrieved September 7, 2020, from https://www.zerohedge.com/s3/files/inline-images/BOJ%20owns%2080%25%20of%20ETFs.jpg?itok=-TPsSn4V
- CNBC. (2020). JP10Y-JP: Japan 10 Year Treasury - Stock Price, Quote and News. CNBC. Retrieved September 7, 2020, from https://www.cnbc.com/quotes/?symbol=JP10Y-JP

訊號 19 股市集中化

起源故事
- Kepios, We Are Social, and Hootsuite. (2020). Digital 2020 Global Overview Report. We Are Social and Hootsuite. Retrieved September 9, 2020, from https://wearesocial.com/

digital-2020
- CB Insights. (2019, November 6). The Top 20 Reasons Startups Fail. CB Insights. Retrieved September 9, 2020, from https://www.cbinsights.com/research/startup-failure-reasons-top/
- Greenwich Associates. (2019). Investing in the Digital Age: Media's Role in the Institutional Investor Engagement Journey. Greenwich Associates [research commissioned by LinkedIn]. Retrieved September 9, 2020, from https://business.linkedin.com/content/dam/me/business/en-us/marketing-solutions/cx/2019/pdfs/investing-in-the-digital-age-research-by-greenwich-associates-2019.pdf

訊號

- Hulbert, M. (2020, May 30). Why the stock market right now is stronger than even the most bullish investors believe. MarketWatch. Retrieved June 11, 2021, from https://www.marketwatch.com/story/why-the-stock-market-right-now-is-stronger-than-even-the-most-bullish-investors-believe-2020-05-29
- BMO Global Asset Management. (2020). FAAMG stocks contribution to S&P 500® return. BMO Global Asset Management. Retrieved June 11, 2021, from https://www.bmogam.com/us-en/advisors/market-charts/faamg-stocks-contribution-to-sp-500-return/
- Sources for the chart "Market capitalization of top 5 firms as % of total market capitalization":
  - Euronext. (2020). Euronext Brussels. Euronext. Retrieved September 12, 2020, from https://www.euronext.com/en/markets/brussels
  - Bolsa de Madrid. (2020). IBEX35. Bolsas y Mercados Españoles. Retrieved September 12, 2020, from https://www.bolsamadrid.es/docs/SBolsas/InformesSB/FS-Ibex35_ING.pdf
  - Hang Send Indexes. (2020). Hang Seng Index. Hang Seng Indexes. Retrieved September 12, 2020, from https://www.hsi.com.hk/static/uploads/contents/en/dl_centre/factsheets/hsie.pdf
  - NSE India. (2020). Nifty 50 Index. NSE India. Retrieved September 12, 2020, from https://www.nseindia.com/products-services/indices-nifty50-index
  - MSCI. (2020). MSCI Australia Index. MSCI. Retrieved September 12, 2020, from https://www.msci.com/documents/10199/ec1e0308-fb1a-42b7-baa3-756cab1a9de1
  - MSCI. (2020). MSCI France Index. MSCI. Retrieved September 12, 2020, from https://www.msci.com/documents/10199/a4197489-9d3d-4f46-8c87-c7ec1685c2fe
  - MSCI. (2020). MSCI Canada Index. MSCI. Retrieved September 12, 2020, from https://www.msci.com/documents/10199/641d0cad-f861-4cb0-b9c5-7d37f0d33f55
  - MSCI. (2020). MSCI China All Shares Index. MSCI. Retrieved September 12, 2020, from https://www.msci.com/msci-china-all-shares
  - Nikkei Indexes. (2020). Nikkei 225 Index. Nikei Indexes. Retrieved September 12, 2020, from https://indexes.nikkei.co.jp/en/nkave/index/profile?idx=nk225
  - FTSE Russell. (2020). FTSE 100. FTSE Russell. Retrieved September 12, 2020, from https://www.ftserussell.com/analytics/factsheets/home/constituentsweights
  - S&P 500 via Slickcharts. (2020). S&P 500 Companies by Weight. Slickcharts. Retrieved September 12, 2020, from https://www.slickcharts.com/sp500
  - MSCI (2020). MSCI ACWI. MSCI. Retrieved September 12, 2020.

解碼

- Carlson, B. (2017, July 20). The Biggest Stocks. A Wealth of Common Sense. Retrieved September 9, 2020, from https://awealthofcommonsense.com/2017/07/the-biggest-stocks/
- S&P 500 via Slickcharts. (2020). S&P 500 Companies by Weight. Slickcharts. Retrieved September 9, 2020, from https://www.slickcharts.com/sp500
- S&P Global via finbox. (2020). [online chart tool]. finbox. Retrieved September 9, 2020, from https://finbox.com/NASDAQGS:AAPL/charts
- Gurdus, L. (2019, November 9). ETF assets rise to record $4 trillion and top industry expert says it's still 'early days'. CNBC. Retrieved September 9, 2020, from https://www.cnbc.com/2019/11/09/etf-assets-rise-to-a-record-4-trillion-and-its-still-early-days.html
- Aviva Investors. (2018, November 30). Beware the risks of equity market concentration. Aviva Investors. Retrieved September 12, 2020, from https://www.avivainvestors.com/en-ca/views/aiq-investment-thinking/2018/11/the-risks-of-equity-market-concentration/
- McDevitt, K. and Watson, N.. (2020, January 29). The Decade in Fund Flows: A Recap in 5 Charts. Morningstar Research Services LLC. Retrieved September 9, 2020, from https://www.morningstar.com/insights/2020/01/29/fund-flows-recap
- Divine, J.. (2019, November 14). Has Passive Investing Become Fraught With Risk? U.S. News. Retrieved September 9, 2020, from https://money.usnews.com/investing/funds/articles/do-in-dex-funds-etfs-quietly-pose-a-systemic-risk-michael-burry-thinks-so

影響

- Goldman Sachs Asset Management Connect. (2020, August 19). Concentrating on Market Concentration. Goldman Sachs. Retrieved September 9, 2020, from https://www.gsam.com/content/gsam/us/en/advisors/market-insights/gsam-connect/2020/Concentrating_on_Market_Concentration.html
- S&P Dow Jones Indices. (2020). S&P 500 Equal Weight Index. S&P Global. Retrieved September 9, 2020, from https://www.spglobal.com/spdji/en/indices/equity/sp-500-equal-weight-index/#overview
- Bae, K. et al. (2020, June 29). Why is Stock Market Concentration Bad for the Economy? Journal of Financial Economics (JFE), Forthcoming. Retrieved September 12, 2020, from https://papers.ssrn.com/sol3/papers.cfm?abstract_id=3655312

訊號 20 企業壽命縮短

起源故事

- PitchBook. (2019, August 9). 2019 Unicorn Report. PitchBook. Retrieved September 9, 2020, from https://pitchbook.com/news/reports/2019-unicorn-report
- Bain & Company. (2020). Corporate M&A Report 2020. Bain & Company. Retrieved September 9, 2020, from https://www.bain.com/insights/topics/global-corporate-ma-report/
- Anthony, S. et al. (2018, February). 2018 Corporate Longevity Forecast: Creative Destruction is Accelerating. Innosight. Retrieved September 9, 2020 from https://www.innosight.com/

insight/creative-destruction/

- Kemp, S. (2019, January 31). Digital 2019: Global Digital Overview. Datareportal. Retrieved September 9, 2020, from https://datareportal.com/reports/digital-2019-global-digital-overview

訊號 ➤ Viguerie, S. et al (2021). 2021 Corporate Longevity Forecast. Innosight. Retrieved June 11, 2021, from https://www.innosight.com/wp-content/uploads/2021/05/Innosight_2021-Corporate-Longevity-Forecast.pdf

- S&P Dow Jones Indices. (2020). S&P 500. S&P Dow Jones Indices. Retrieved September 9, 2020, from https://www.spglobal.com/spdji/en/indices/equity/sp-500/#overview
- Mauboussin, M. et al. (2017, February 7). Corporate Longevity: Index Turnover and Corporate Performance. Credit Suisse. Retrieved September 9, 2020, from https://plus.credit-suisse.com/rpc4/ravDocView?docid=V6y0SB2AF-WEr1ce

解碼 ➤ Pitchbook. (2021, April 13). Pitchbook- NVCA Venture Monitor Q1 2021. Pitchbook. Retrieved June 11, 2021, from https://files.pitchbook.com/website/files/pdf/Q1_2021_PitchBook-NVCA_Venture_Monitor.pdf

- Mauboussin, M. et al. (2017, February 7). Corporate Longevity: Index Turnover and Corporate Performance. Credit Suisse. Retrieved September 9, 2020, from https://plus.credit-suisse.com/rpc4/ravDocView?docid=V6y0SB2AF-WEr1ce
- Ritchie, H. (2017). Technology Adoption. Our World In Data. Retrieved September 8, 2020, from https://ourworldindata.org/technology-adoption
- Anthony, S. (2016, July 15). Kodak's Downfall Wasn't About Technology. Harvard Business Review. Retrieved September 9, 2020 from https://hbr.org/2016/07/kodaks-downfall-wasnt-about-technology
- Satell, G. (2014, September 5). A Look Back At Why Blockbuster Really Failed And Why It Didn't Have To. Forbes. Retrieved September 9, 2020, from https://www.forbes.com/sites/gregsatell/2014/09/05/a-look-back-at-why-blockbuster-really-failed-and-why-it-didnt-have-to/#603cc3201d64
- Keyes, D. (2020, February 24). E-commerce sales surpassed 10% of total retail sales in 2019 for the first time. Business Insider. Retrieved September 9, 2020, from https://www.businessinsider.com/ecommerce-topped-10-percent-of-us-retail-in-2019-2020-2
- Droesch, B. (2021, February 1). How will the pandemic affect US ecommerce sales in 2021? eMarketer. Retrieved June 14, 2021, from https://www.emarketer.com/content/how-will-pandemic-affect-us-ecommerce-sales-2021

影響 ➤ Govindarajan, V. et al. (2019, March 20). R&D Spending Has Dramatically Surpassed Advertising Spending. Harvard Business Review. Retrieved September 9, 2020, from https://hbr.org/2019/05/rd-spending-has-dramatically-surpassed-advertising-spending

- PWC. (2020). Talent Trends 2020 - Upskilling: Building confidence in an uncertain world. PWC. Retrieved September 9, 2020, from https://www.pwc.com/gx/en/ceo-survey/2020/trends/pwc-talent-trends-2020.pdf
- PWC. (2019). Talent Trends 2019: Upskilling for a digital world. PWC. Retrieved September 9, 2020, from https://www.pwc.com/gx/en/ceo-survey/2019/Theme-assets/reports/talent-trends-report.pdf
- Garelli, S. (2016). Why you will probably live longer than most big companies. IMD. Retrieved September 12, 2020, from https://www.imd.org/research-knowledge/articles/why-you-will-probably-live-longer-than-most-big-companies
- Reeves, M. (2015, December 2). Die Another Day: What Leaders Can Do About the Shrinking Life Expectancy of Corporations. BCG. Retrieved September 12, 2020, from https://www.bcg.com/publications/2015/strategy-die-another-day-what-leaders-can-do-about-the-shrinking-life-expectancy-of-corporations

訊號 21 永續投資

起源故事 ➤ Hale, J. (2020, February 14). Sustainable Funds U.S. Landscape Report. Morningstar Research. Retrieved September 8, 2020, from https://www.morningstar.com/lp/sustainable-funds-landscape-report

- Global Carbon Atlas (2018). Global CO2 Emissions. Global Carbon Atlas. Retrieved September 8, 2020, from http://www.globalcarbonatlas.org/en/CO2-emissions
- Sabin Center for Climate Change Law (2020). Climate Change Litigation Databases. Sabin Center for Climate Change Law, Arnold & Porter. Retrieved September 8, 2020, from http://climatecasechart.com/

訊號 ➤ Deutsche Bank Research (2019, September). Climate Change and Corporates: Past the tipping point with customers and stock markets. Deutsche Bank Research. Retrieved September 8, 2020, from http://docs.publicnow.com/view-Doc.asp?filename=8046%5CEXT%5C3B53F66870B80187A7F1A1F8B85F2867372367F0_2F12C25AD131FC5E85DBEE3CF39A6D339B1B9C10.PDF

- Collins. S, Sullivan, K. (2020, February, 20). Advancing Environmental, Social, and Governance Investing. Deloitte & Touche LLP. Retrieved September 8, 2020, from https://www2.deloitte.com/us/en/insights/industry/financial-services/esg-investing-performance.html
- Global Sustainable Investment Alliance (2018). 2018 Global Sustainable Investment Review. Global Sustainable Investment Alliance. Retrieved September 8, 2020, from http://www.gsi-alliance.org/wp-content/uploads/2019/06/GSIR_Review2018F.pdf

解碼

- Morgan Stanley Institute for Sustainable Investing (2019). Sustainable Signals: Individual Investor Interest Driven by Impact, Conviction, and Choice. Morgan Stanley Institute for Sustainable Investing. Retrieved September 8, 2020, from https://www.morganstanley.com/pub/content/dam/msdotcom/infographics/sustainable-investing/Sustainable_Signals_Individual_Investor_White_Paper_Final.pdf
- Hamel, K. et al. (2018, April 30). How to harness the spending power of millennials: Move beyond the US. The Brookings Institution. Retrieved September 8, 2020, from https://www.brookings.edu/blog/future-development/2018/04/30/how-to-harness-the-spending-power-of-millennials-move-beyond-the-us/
- MSCI. (2021). MSCI ACWI ESG Leaders Index. MSCI. Retrieved June 14, 2021, from https://www.msci.com/documents/10199/9a760a3b-4dc0-4059-b33e-fe67eae92460
- Governance and Accountability Institute, Inc. (2019). 2020 S&P 500 Flash Report: 90% of S&P 500 Index® Companies Publish Sustainability / Responsibility Reports in 2019. Governance and Accountability Institute. Retrieved September 11, 2020, from https://www.ga-institute.com/research-reports/flash-reports/2020-sp-500-flash-report.html

影響

- Principles for Responsible Investment. (2021). PRI Update Q1 2021. Principles for Responsible Investment. Retrieved June 14, 2021, from https://www.unpri.org/download?ac=12423&adredir=1
- U.S. Energy Information Administration. (2019, October 2). EIA projects that renewables will provide nearly half of world electricity by 2050. United States Energy Information Administration. Retrieved September 11, 2020, from https://www.eia.gov/todayinenergy/detail.php?id=41533#:~:text=EIA%20projects%20that%20renewables%20will%20provide%20nearly%20half%20of%20world%20electricity%20by%202050,-Source%3A%20U.S.%20Energy&text= In%202018%2C%2028%25%20of%20global,%2C%20wind%2C%20and%20solar%20technologies.

第六章　消費者行為

訊號 22　無障礙零售

起源故事

- European Commission. (n.d.). Knowledge for Policy: Growing Consumption. European Commission. Retrieved September 10, 2020, from https://ec.europa.eu/knowledge4policy/growing-consumerism_en
- Accenture Interactive. (2018). Pulse Check 2018. Accenture. Retrieved September 10, 2020, from https://www.accenture.com/_acnmedia/PDF-77/Accenture-Pulse-Survey.pdf
- Nolan, M. via Accenture Newsroom. (2020, June 16).A LICENSE FOR GROWTH Customer-centric supply chains. Accenture. Retrieved September 10, 2020, from https://www.accenture.com/_acnmedia/PDF-127/Accenture-Customer-Centric-Supply-Chains-License-Growth.pdf
- Market Research Future. (2020, September). Global Omnichannel Retail Commerce Platform Market Research Report. Market Research Future. Retrieved September 10, 2020, from https://www.marketresearchfuture.com/reports/omnichannel-retail-commerce-platform-market-6956

訊號

- CBInsights. (2020). State of Retail Tech: Ahead In 2020. CBInsights. Retrieved September 11, 2020, from https://www.cbinsights.com/reports/CB-Insights_Retail-Trends-2020.pdf
- Hadwick, A. via Eye For Transport. (2019). Dynamic Disruption Distribution: 2019 State of Retail Supply Chain Report. Eye For Transport. Retrieved September 11, 2020, https://www.eft.com/publications?qt-reports_page=2#qt-reports_page
- Scriven, R. (2020). Warehouse Automation Market Off to a Strong Start in 2020. Interact Analysis. Retrieved September 12, 2020, from https://www.interactanalysis.com/warehouse-automation-market-off-to-a-strong-start-in-2020/

解碼

- Ali, F. (2021, April 16). Amazon Prime Reaches 200 million members worldwide. Digital Commerce 360. Retrieved June 15, 2021: https://www.digitalcommerce360.com/article/amazon-prime-membership/
- The E-Commerce Observer via Rakuten Intelligence. (2019, May 6). Rakuten Intelligence. Retrieved September 11, 2020, from https://www.rakutenintelligence.com/observer/marriott-tries-home-sharing-amazon-ups-the-ante-on-shipping-speeds
- Bridges, T. et al. via Capgemini Research Institute. (2020). Smart Stores: Rebooting the retail store through in-store automation. Capgemini. Retrieved September 10, 2020, from https://www.capgemini.com/wp-content/uploads/2020/01/Report-%E2%80%93-Smart-Stores-1.pdf
- Cook, A. V. et al. via Deloitte Insights. (2020, January 10). Augmented shopping: The quiet revolution. Deloitte & Touche LLP. Retrieved September 11, 2020, from https://www2.deloitte.com/us/en/insights/topics/emerging-technologies/augmented-shopping-3d-technology-retail.html

影響

- McKinsey & Company. (2020, January). Future of retail operations: Winning in a digital era. McKinsey & Company. Retrieved September 11, 2020, from https://www.mckinsey.

com/~/media/McKinsey/Industries/Retail/Our%20Insights/Future%20of%20retail%20operations%20Winning%20in%20a%20digital%20era/McK_Retail-Ops-2020_FullIssue-RGB-hyperlinks-011620.pdf

- Wellener, P. et al. via Deloitte Insights. (2018, August 23). Distinctive traits of digital frontrunners in manufacturing: Embracing the Fourth Industrial Revolution. Deloitte & Touche LLP. Retrieved September 11, 2020, from https://www2.deloitte.com/us/en/insights/focus/industry-4-0/digital-leaders-in-manufacturing-fourth-industrial-revolution.html
- U.S. Bureau of Labor Statistics. (2020). Employment Projections Data: Employment by detailed occupation. U.S. Bureau of Labor Statistics. Retrieved September 11, 2020, from https://www.bls.gov/emp/tables/emp-by-detailed-occupation.htm
- Frey, C.B., Osborne M. (2013). The Future of Employment: How Susceptible are Jobs to Computerization? Oxford Martin School & University of Oxford. Retrieved June 15, 2021, from, https://www.oxfordmartin.ox.ac.uk/publications/the-future-of-employment/

訊號 23 人造肉的風潮

起源故事

- Ritchie, H. via Our World in Data. (2020, February 04). Less meat is nearly always better than sustainable meat, to reduce your carbon footprint. Our World in Data. Retrieved September 11, 2020, from https://ourworldindata.org/less-meat-or-sustainable-meat
- BBC News. (2019, May 2). Beyond Meat: Shares in vegan burger company sizzle 160%. BBC. Retrieved September 11, 2020, from https://www.bbc.com/news/business-48141428
- United Nations - Department of Economic and Social Affairs. (2019, June 17). World Population Prospects 2019: Highlights. United Nations. Retrieved September 11, 2020, from https://www.un.org/development/desa/publications/world-population-prospects-2019-highlights.html
- Allen, M. et al. (2018, September 8). The Dirt on Clean Eating: A Cross Sectional Analysis of Dietary Intake, Restrained Eating and Opinions about Clean Eating among Women. Nutrients 2018, 10(9), 1266. Retrieved September 11, 2020, from https://www.mdpi.com/2072-6643/10/9/1266

訊號

- Gerhardt, C. et al. via Kearney. (2020). When consumers go vegan, how much meat will be left on the table for agribusiness? Kearney. Retrieved September 11, 2020, from https://www.kearney.com/consumer-retail/article?/a/when-consumers-go-vegan-how-much-meat-will-be-left-on-the-table-for-agribusiness-
- The Good Food Institute. (2020). Plant-based Market Overview. The Good Food Institute. Retrieved September 11, 2020, from https://www.gfi.org/marketresearch
- Google Trends via Bashi, Z. et al. for McKinsey & Company. (2019, August 16). Alternative proteins: The race for market share is on. McKinsey & Company. Retrieved September 11, 2020, from https://www.mckinsey.com/industries/agriculture/our-insights/alternative-proteins-the-race-for-market-share-is-on

解碼

- Springmann, M. et al. (2019, November 12). Multiple health and environmental impacts of foods. PNAS 116(46) 23357-23362. Retrieved September 11, 2020, from https://www.pnas.org/content/116/46/23357
- UN FAO, 2020, via Our World in Data. (2020). Number of animals slaughtered for meat, World, 1961 to 2018 [chart]. Our World in Data. Retrieved September 12, 2020, from https://ourworldindata.org/grapher/animals-slaughtered-for-meat
- Springmann, M. et al. via The Atlantic (2016, March 28). The Economic Case for Worldwide Vegetarianism. Retrieved September 11, 2020, from https://www.theatlantic.com/business/archive/2016/03/the-economic-case-for-worldwide-vegetarianism/475524/

影響

- CBInsights via Monigroup. (2019). Our Meatless Future: How The $90B Global Meat Market Gets Disrupted. Monigroup. Retrieved September 11, 2020, from https://www.monigroup.com/article/our-meatless-future-how-90b-global-meat-market-gets-disrupted
- Markets and Markets. (2020, June 26). Dairy Alternatives Market worth $36.7 billion by 2025. Markets and Markets. Retrieved September 11, 2020, from https://www.marketsandmarkets.com/PressReleases/dairy-alternative-plant-milk-beverages.asp
- Bashi, Z. et al. via McKinsey & Company. (2019, August 16). Alternative proteins: The race for market share is on. McKinsey & Company. Retrieved September 11, 2020, from https://www.mckinsey.com/industries/agriculture/our-insights/alternative-proteins-the-race-for-market-share-is-on
- Gerhardt, C. et al. via Kearney. (2020). When consumers go vegan, how much meat will be left on the table for agribusiness? Kearney. Retrieved September 11, 2020, from kearney.com/consumer-retail/article?/a/when-consumers-go-vegan-how-much-meat-will-be-left-on-the-table-for-agribusiness-

訊號 24 互聯健康

起源故事

- United Nations. (2019). Global Issues: Ageing. United Nations. Retrieved September 11, 2020, from https://www.un.org/en/sections/issues-depth/ageing/
- Roser, M. et al. via Our World in Data. (2015). Internet. Our World in Data. Retrieved September 11, 2020, from https://ourworldindata.org/internet
- Jones, G. L. et al. via McKinsey & Company. (2019, June 20). Promoting an overdue digital transformation in healthcare. McKinsey & Company. Retrieved September 11, 2020, from https://www.mckinsey.com/industries/healthcare-systems-and-services/our-insights/promoting-an-overdue-digital-transformation-in-healthcare
- Plant Based Foods Association (PBFA). (2019, June 12). U.S. Plant-Based Retail Market Worth $4.5 Billion, Growing at 5X Total Food Sales. Plant Based Foods Association. Retrieved September 11, 2020, from https://plantbasedfoods.org/2019-data-plant-based-market/

訊號
- Rock Health and Stanford Center for Digital Health. (2019). Digital Health Consumer Adoption Report 2019. Rock Health. Retrieved September 11, 2020, from https://rockhealth.com/reports/digital-health-consumer-adoption-report-2019/
- Cordina, J. et al. via McKinsey & Company. (2019, April). Healthcare consumerism today: Accelerating the consumer experience. McKinsey & Company. Retrieved September 11, 2020, from https://www.mckinsey.com/~/media/McKinsey/Industries/Healthcare%20Systems%20and%20Services/Our%20Insights/Healthcare%20consumerism%20today%20Accelerating%20the%20consumer%20experience/Healthcare-consumerism-today-Accelerating-the-consumer-experience.pdf
- Accenture - Health. (2019, February 12). Today's consumers reveal the future of healthcare. Accenture. Retrieved September 11, 2020, from https://www.accenture.com/us-en/insights/health/todays-consumers-reveal-future-healthcare
- Ciampa, D. via Deloitte Perspectives. (2018, December 19). The fight for device relevance: Could the practicality of wearables be a boon for future sales? Deloitte & Touche LLP. Retrieved September 11, 2020, from https://www2.deloitte.com/us/en/pages/technology-media-and-telecommunications/articles/wearable-device-usage-versus-penetration.html

解碼
- VMware via YouTube. (2017, July 5). Connected Healthcare: Improving health and saving lives. VMware via YouTube.com. Retrieved September 11, 2020, from https://www.youtube.com/watch?v=6Srk1L6x-DA&ab_channel=VMware
- Drobac et al. (2014, June 20). Connected Care Is Key to Accountable Care: The Case for Supporting Telehealth in ACOs. AJMC. Retrieved September 12, 2020, from https://www.ajmc.com/view/connected-care-is-key-to-accountable-care-the-case-for-supporting-telehealth-in-acos
- Fera, B. et al. via Deloitte Insights. (2020, April 30). The future of virtual health: Executives see industrywide investments on the horizon. Deloitte & Touche LLP. Retrieved September 11, 2020, from https://www2.deloitte.com/us/en/insights/industry/health-care/future-of-virtual-health.html
- Iqvia Institute. (2017, November). The Growing Value of Digital Health: Evidence and Impact on Human Health and the Healthcare System. Iqvia Institute. Retrieved September 11, 2020, from https://www.iqvia.com/-/media/iqvia/pdfs/institute-reports/the-growing-value-of-digital-health.pdf?&_=1599844314147
- CBInsights. (2019, September 13).Where Tech Giants Are Betting On Digital Health. CBInsights. Retrieved September 11, 2020, from https://www.cbinsights.com/research/tech-giants-digital-healthcare-investments/

影響
- Global Wellness Institute. (2018, October). Global Wellness Economy Monitor. Global Wellness Institute. Retrieved September 11, 2020, from https://globalwellnessinstitute.org/wp-content/uploads/2019/04/GWIWellnessEconomyMonitor2018_042019.pdf
- Goldman Sachs via Seeking Alpha. (2015, December 3). Goldman Sachs Predicts Digital Healthcare Will Revolutionize The Industry. Seeking Alpha. Retrieved September 11, 2020, from https://seekingalpha.com/instablog/1240561-ray-dirks/4602236-goldman-sachs-predicts-digital-healthcare-will-revolutionize-industry
- Rock Health via Micca, P. et al. for Deloitte Insights. (2020, March 12). Health tech investment trends: How are investors positioning for the future of health?. Deloitte & Touche LLP. Retrieved September 11, 2020, from https://www2.deloitte.com/us/en/insights/industry/health-care/health-tech-investment-trends.html
- Global Web Index. (2020). Digital healthcare: Understanding the evolution and digitization of healthcare. Global Web Index. Retrieved September 11, 2020, from https://www.globalwebindex.com/hubfs/Downloads/Digital%20Healthcare%20Report.pdf

第七章　地緣政治的格局

訊號 25 兩極世界

起源故事
- GNI per capita, PPP (current international $) - China. (2019). World Bank. Retrieved September 7, 2020, from https://data.worldbank.org/indicator/NY.GNP.PCAP.PP.CD?locations=CN
- Federal Debt: Total Public Debt. (2020, September 01). FRED - Federal Reserve Bank of St. Louis. Retrieved September 8, 2020, from https://fred.stlouisfed.org/series/GFDEBTN
- Bush, R. C., & Rigger, S. (2019, January 16). The Taiwan issue and the normalization of US-China relations. The Brookings Institution. Retrieved September 8, 2020, from https://www.brookings.edu/research/the-taiwan-issue-and-the-normalization-of-us-china-relations/

訊號
- Morrison, W. M. (2019, June 25). China's Economic Rise: History, Trends, Challenges, and Implications for the United States. Congressional Research Service. Retrieved September 7, 2020, from https://fas.org/sgp/crs/row/RL33534.pdf
- Leng, A. and Rajah, R. (2019, December 18). Chart of the week: Global trade through a US-China lens. Lowy Institute. Retrieved September 8, 2020, from https://www.lowyinstitute.org/the-interpreter/chart-week-global-trade-through-us-china-lens
- China: Cross-border RMB Settlement: Accumulation: Trade: Economic Indicators: CEIC. (2020, July 10). CEIC. Retrieved September 8, 2020, from https://www.ceicdata.com/en/china/crossborder-rmb-settlement/crossborder-rmb-settlement-accumulation-trade

解碼
- Ding, Y. and Xiao, A. (2020, June 15).China's Belt and Road initiative in a post-pandemic world. Invesco Limited. Retrieved September 8, 2020, from https://www.invesco.com/invest-china/en/institutional/insights/chinas-belt-and-road-initiative-in-a-post-pandemic-world.html
- Steil, B. and Della Rocca, B. (2019, May 8). Belt and Road Tracker. Greenberg Center for Geoeconomic Studies. Retrieved September 8, 2020, from https://www.cfr.org/article/belt-and-road-tracker
- Dreher, A. et al. (2017, September 15). Aid, China, and Growth: Evidence from a New Global Development Finance Dataset. College of William & Mary. Retrieved September 7, 2020, from https://wmpeople.wm.edu/asset/index/mjtier/aidchinaandgrowth

影響
- Nor, T. M. and Mora, C. T. (2018, January 24). Reserve Currency Blocs: A Changing International Monetary System? International Monetary Fund. Retrieved September 8, 2020, from https://www.imf.org/en/Publications/WP/Issues/2018/01/25/Reserve-Currency-Blocs-A-Changing-International-Monetary-System-45586
- Gourinchas, P. (2019, May 16). The Dollar Hegemon? Evidence and Implications for Policy Makers. Paris School of Economics. Retrieved September 7, 2020, from https://www.parisschoolofeconomics.eu/IMG/pdf/chaire-bdf-sept-2019-speaker-gourinchas.pdf
- Carney, M. (2019, August 23). The Growing Challenges for Monetary Policy in the current International Monetary and Financial System. Bank of England. Retrieved September 7, 2020, from https://www.bankofengland.co.uk/-/media/boe/files/-speech/2019/the-growing-challenges-for-monetary-policy-speech-by-mark-carney.pdf
- SWIFT. (2020). RMB Tracker. SWIFT. Retrieved September 12, 2020, from https://www.swift.com/our-solutions/compliance-and-shared-services/business-intelligence/renminbi/rmb-tracker/rmb-tracker-document-centre

訊號 26　全球化的顛峰

起源故事
- UNCTAD. (January 2020). Global Investment Trends Monitor No. 33. United Nations. Retrieved September 11, 2020, from https://unctad.org/en/PublicationsLibrary/diaeiainf2020d1_en.pdf
- UNCTAD. (2020). World Investment Report 2020: International Production Beyond the Pandemic. United Nations. Retrieved September 11, 2020, from https://unctad.org/en/PublicationsLibrary/wir2020_en.pdf
- Lund, S. et al. via McKinsey Global Institute. (2019, January 16). Globalization in transition: The future of trade and value chains. McKinsey & Company. Retrieved September 11, 2020, from https://www.mckinsey.com/featured-insights/innovation-and-growth/globalization-in-transition-the-future-of-trade-and-value-chains

訊號
- Kuznetsov, A.. (2019). Disintegration of the World Trade System: Reasons and Consequences. Finance: Theory and Practice. 23. 50-61. 10.26794/2587-5671-2019-23-5-50-61.
- Credit Suisse. (2020). Untangling the trade war. Credit Suisse. Retrieved 12 September, 2020, from https://www.credit-suisse.com/microsites/private-banking/investment-outlook/en/global-economy/trade-war.html
- Evenett, S. J. and Fritz, J.. (2020, January 23). How has global trade policy shifted over the past 3 years? Brookings Institute. Retrieved September 12, 2020, from https://www.brookings.edu/blog/future-development/2020/01/23/how-has-global-trade-policy-shifted-over-the-past-3-years/

解碼
- Fitch Solutions. (2016, October 29). Three Scenarios For Globalisation: 2017-2030. Fitch Solutions. Retrieved September 12, 2020, from https://www.fitchsolutions.com/country-risk-sovereigns/economics/three-scenarios-globalisation-2017-2030-29-10-2016
- Altman, S. A.. (2020, May 20). Will Covid-19 Have a Lasting Impact on Globalization? Harvard Business Review. Retrieved September 12, 2020, from https://hbr.org/2020/05/will-covid-19-have-a-lasting-impact-on-globalization
- World Trade Organization. (2019, October 1). WTO lowers trade forecast as tensions unsettle global economy. World Trade Organization. Retrieved September 11, 2020, from https://www.wto.org/english/news_e/pres19_e/pr840_e.htm
- Baldwin, R. E. and Evenett, S. J. (2020, April 29). COVID-19 and Trade Policy: Why Turning Inward Won't Work. Global Trade Alert. Retrieved September 12, 2020, from https://www.globaltradealert.org/reports/53
- Lund, S. et al. (2019, January 16). Globalization in transition: The future of trade and value chains. McKinsey & Company. Retrieved September 12, 2020, from https://www.mckinsey.com/featured-insights/innovation-and-growth/globalization-in-transition-the-future-of-trade-and-value-chains

影響
- Altman, S. A. and Bastian, P. (2020). DHL Global Connectedness Index. DHL. Retrieved June 1, 2021, from https://www.dhl.com/content/dam/dhl/global/dhl-spotlight/documents/pdf/spotlight-g04-global-connectedness-index-2020.pdf
- Lund, S. et al. (2019, January 16). Globalization in transition: The future of trade and value chains. McKinsey & Company.

訊號 27　分裂的網路

起源故事
- Cornell Law School. (2020). U.S. Constitution Communications Decency Act, 47 U.S.C. § 230. Cornell Law School: Legal Information Institute. Retrieved September 11, 2020, from https://www.law.cornell.edu/uscode/text/47/230

- Schultz, C. (2013, August 28). See How Fast ARPANET Spread in Just Eight Years. Smithsonian Magazine. Retrieved September 9, 2020, from https://www.smithsonianmag.com/smart-news/see-how-fast-arpanet-spread-in-just-eight-years-2341268/
- Reuters, via LA Times. (1988, December 13). IN BRIEF : New Transatlantic Cable Ready. LA Times. Retrieved September 9, 2020, from https://www.latimes.com/archives/la-xpm-1988-12-13-mn-382-story.html

訊號

- Freedom House. (2019, November). Freedom on the Internet: The Crisis of Social Media. Freedom House. Retrieved September 9, 2020, from https://freedomhouse.org/sites/default/-files/2019-11/11042019_Report_FH_FOTN_2019_final_Public_Download.pdf
- Taye, B. (2020, February). Targeted, Cut Off, and Left in the Dark. Access Now. Retrieved September 9, 2020, from https://www.accessnow.org/cms/assets/uploads/2020/02/KeepItOn-2019-report-1.pdf
- Haynes, S. (2019, March 28). This African Country Has Had a Yearlong Ban on Social Media. Here's What's Behind the Blackout. Time. Retrieved September 9, 2020, from https://time.com/5559491/chad-social-media-internet-ban-censorship/

解碼

- Taye, B. (2020, February). Targeted, Cut Off, and Left in the Dark. Access Now.
- Tidy, J. and Dale, B. (2020, February 25). What happens when the internet vanishes? BBC. Retrieved September 9, 2020, from https://www.bbc.com/news/technology-51620158
- Volodzko, D. (2019, February 25). Is South Korea Sliding Toward Digital Dictatorship? Forbes. Retrieved September 9, 2020, from https://www.bbc.com/news/technology-51620158
- AfricaNews. (2019, August 1). Ethiopia will cut internet as and when, 'it's neither water nor air' - PM Abiy. AfricaNews. Retrieved September 9, 2020, from https://www.africanews.com/2019/08/02/ethiopia-will-cut-internet-asand-when-it-s-neither-water-nor-air-pm-abiy/
- Huang, Z. (2019, April 18). 8 ways China controls the internet. Inkstone News. Retrieved September 9, 2020, from https://www.inkstonenews.com/tech/what-china-can-teach-world-about-controlling-internet/article/3006687
- Freedom House. (2020). Freedom on the Internet: The Pandemic's Digital Shadow. Freedom House. Retrieved June 11, 2021, from https://freedomhouse.org/sites/default/files/2020-10/10122020_FOTN2020_Complete_Report_FINAL.pdf

影響

- Tech Native. (2019, May 29). Winners and Losers in the Age of the 'Splinternet'. Tech Native. Retrieved September 9, 2020, from https://www.technative.io/winners-and-losers-in-the-age-of-the-splinternet/
- OECD. (2020). Digital Services Trade Restrictiveness Index [online dataset]. OECD. Retrieved September 9, 2020, from https://stats.oecd.org/Index.aspx?DataSetCode=STRI_DIGITAL

莫若以明 BA8030

訊號

【全視覺圖解】決定全球經濟大局的 27 個關鍵趨勢

原 文 書 名／	Signals: Charting the New Direction of the Global Economy
作　　　者／	傑夫·戴斯賈丁斯（Jeff Desjardins）
譯　　　者／	柯文敏
編 輯 協 力／	張語寧
責 任 編 輯／	鄭凱達
版　　　權／	黃淑敏
行 銷 業 務／	周佑潔、林秀津、黃崇華、賴正祐

總　　編　　輯／	陳美靜
總　　經　　理／	彭之琬
事業群總經理／	黃淑貞
發　　行　　人／	何飛鵬
法 律 顧 問／	台英國際商務法律事務所 羅明通律師
出　　　版／	商周出版
	臺北市 104 民生東路二段 141 號 9 樓
	電話：(02) 2500-7008　傳真：(02) 2500-7759
	E-mail: bwp.service @ cite.com.tw
發　　　行／	英屬蓋曼群島商家庭傳媒股份有限公司　城邦分公司
	臺北市 104 民生東路二段 141 號 2 樓
	讀者服務專線：0800-020-299　24 小時傳真服務：(02) 2517-0999
	讀者服務信箱 E-mail: cs@cite.com.tw
	劃撥帳號：19833503　戶名：英屬蓋曼群島商家庭傳媒股份有限公司城邦分公司
訂 購 服 務／	書虫股份有限公司客服專線：(02) 2500-7718；2500-7719
	服務時間：週一至週五上午 09:30-12:00；下午 13:30-17:00
	24 小時傳真專線：(02) 2500-1990；2500-1991
	劃撥帳號：19863813　戶名：書虫股份有限公司
	E-mail: service@readingclub.com.tw
香港發行所／	城邦（香港）出版集團有限公司
	香港灣仔駱克道 193 號東超商業中心 1 樓
	E-mail: hkcite@biznetvigator.com
	電話：(852) 25086231　傳真：(852) 25789337
馬新發行所／	城邦（馬新）出版集團
	Cite (M) Sdn. Bhd.
	41, Jalan Radin Anum, Bandar Baru Sri Petaling, 57000 Kuala Lumpur, Malaysia.
	電話：(603) 9057-8822　傳真：(603) 9057-6622 E-mail: cite@cite.com.my

封 面 設 計／	廖勁智 @ 覓蠹	內頁排版／	薛美惠
印　　　刷／	鴻霖印刷傳媒股份有限公司		
經　　銷　　商／	聯合發行股份有限公司 電話：(02) 2917-8022　傳真：(02) 2911-0053		
	地址：新北市新店區寶橋路 235 巷 6 弄 6 號 2 樓		

■ 2022 年 1 月 6 日初版 1 刷　　　　　　　　　　　　　　　　　　　　　Printed in Taiwan

定價 1200 元，售價 899 元　　　　　版權所有，翻印必究　　　　城邦讀書花園
ISBN: 978-626-318-037-6（紙本）　　　ISBN: 978-626-318-036-9（EPUB）　　www.cite.com.tw

國家圖書館出版品預行編目 (CIP) 資料

訊號：(全視覺圖解) 決定全球經濟大局的 27 個關鍵
趨勢 / 傑夫·戴斯賈丁斯 (Jeff Desjardins) 著；柯文
敏譯 .-- 初版 .-- 臺北市：商周出版：英屬蓋曼群島
商家庭傳媒股份有限公司城邦分公司發行 . 2022.01
面；　公分 . -- (莫若以明：BA8030)
譯　自：Signals : charting the new direction of the global
economy
IISBN 978-626-318-037-6（平裝）

1. 國際經濟 2. 經濟發展 3. 經濟預測

552.1　　　　　　　　　　　　　　　　　110016987